명품
인생대학

멘토 장달식 외 18인의 멘티

1기: 김대민, 이태영, 정수현, 김병곤
2기: 이용석, 조낙현, 문서영, 조영욱, 차상봉, 신상우
3기: 송종훈, 손철웅, 구민효, 송관우, 이재희, 이준엽, 강종환, 황규현

PREMIUM

LIFE

Design Your Life, Manage Your Design!

명품
인생대학

UNIVERSITY

30년 후의 인생을 명품으로 설계하고 훈련하는 대학교

돈이 지배하는 세상을 행복이 지배하는 세상으로 바꾸려는 프로젝트
'행복은 설계 순!'이라는 명제를 증명한 생생한 리포트

가족도 변화되어
초등학생 아들이
장관상을 받게 됨

산업체에서
의식의 전환과
진정한 소통이
이루어지는
기적 체험

돈의 관리를 통해
수천만 원의
채무를 조기 상환

멘토 장달식 외 18인의 멘티

바른북스

역사가 시작된 이래, 심지어 화폐가 개발되기 전부터 돈이 인간을 지배하였다고 볼 수 있다. 2,000년 전에 쓰인 성경에서도 돈과 하나님을 동시에 섬길 수 없다고 기록되어 있는 것을 보면 돈은 단순히 무엇과 바꿀 수 있는 가치를 넘어 인간을 지배하는 기반으로 자리를 잡았다. 권력과 힘 그리고 무력이 지배하는 것처럼 보이지만, 이 모든 것은 돈으로 거래가 가능하다. 돈은 근본적으로 균등하게 분배되는 것 자체가 불가능한 것이기에, 돈이 '인간이 인간을 지배'하기 위한 도구가 된다.

신분이 차별화되어 인간이 인간을 지배하는 것이 자연스러운 시대가 사라지고 평등이 거부할 수 없게 되었다. 하지만 문명과 기술이 발달 될수록 부의 불균형은 커져왔고, 돈이 '인간이 인간을 지배하는 기반'을 구축하는 도구가 되었다. 구조적으로 보면, 불법과 합법을 잘 조합한 방법으로 타인의 목숨과 희생을 이용해 큰돈을 만들어 인간을 지배하는 세상을 만들려 하고 있다고 생각된다.

그러나 '공짜는 없다!'라는 원칙에 따라, 돈을 불의한 방법으로 크게 모으고 대대로 승계한다고 하여도 자기 자신뿐만 아니라 후손들이 행복하지 않다. 명품인생대학을 만들어 시행하는 것은 돈이 아니라 행복이 지배하는 세상을 만들고자 하는 멘토의 꿈과 철학에서 비롯되었다. 돈이 없어 음식을 먹지 못하거나 공부를 할 수 없는 시대는 적어도 대한민국에서는 사라졌다고 할 수 있지만, 여전히 돈 때문에 미래를 설계할 수 없을 것 같아 홀로 또는 가족이 동반하여 삶을 마감하는 슬픈 소식이 가끔 들린다.

　　돈이 지배하는 세상에서는 돈을 위해 자기 생각과 꿈 그리고 인간이라는 자의식을 버린 채, 돈을 위해 다른 인간이 되어 살아간다. 또 돈을 가진 사람은 돈의 힘을 이용하여 인간이 할 수 없는 일이나 해서는 안 되는 것을 하기도 하고, 사람들은 이것을 성공이라고 정의하여 돈의 소유 정도가 인간의 능력과 가치로 평가를 하기도 한다.

　　행복이 지배하는 세상이란, 이런 흐름과 달리 행복의 수준에 따라 존경을 받고 특히 남을 행복하게 하여 자신도 행복하게 하는 소위 '행복의 작용 반작용' 법칙이 지배하는 세상을 말한다. 이는 돈이 가진 가치를 합당한 수준으로 자리 잡게 하여 제 역할을 하게 하고, 인간은 본질적 가치를 추구하며 왜 살아야 하는 가에 대한 답을 찾게 하는 것이다.

　　세계 최초로 시도된 대성산업과 대성나찌유압공업㈜의 직원들로 구성된 명품인생대학을 통해 가능성을 확인하였고, 확대발전 할 수 있다는 확신을 얻게 되었다. 아직 30년 계획 중에서 5년도 다 채우지 않았으나, 학생들의 삶의 태도 변화와 예상을 넘어서는 결과는 감동을 넘어 흥분하게 하였다. 시간 활용을 위해 삶의 패턴을 바꾸기도 했고 돈의 관리를 통해 수천만 원의 채무를 조기 상환하기고 했으며, 아이를 낳지 않으려 했던 멘티들이 아이를 낳아 행복한 삶을 살고 있다. 자녀와 배우자에게 변화된 모습을 보여주었고, 이제까지 생각해 보지 못한 행복한 인생을 설계하여 실천해 가는 멘티들의 모습이 멘토에게 명품인생대학을 성공이라고 자평하게 했다. 아빠가 책을 즐겨 읽게 되니, 늘 아빠 옆에서 책을 함께 읽는 아들이 과학기술부 과학 우수 장관상을 받게 된 것은 성공의 증표가 되었다.

물론 이들이 명품인생대학을 졸업한다고 하여 자기들의 학력이 달라지거나 급여가 급상승하지 않는다. 하지만 재벌 2세나 경쟁에서 늘 승리하는 천재들이 꿈꾸거나 이루기 어려운 프로그램을 수행하게 된 점이 '인간의 진정한 가치나 열매가 무엇인가?'를 고려할 때 최종적 승자가 될 수 있게 한다.

이 책의 대부분이 작가 수업을 받은 경험이 없는 엔지니어가 대부분인 학생들의 글이므로 작품성이 떨어질 수 있다. 그러나 3년이 넘는 시간을 이 프로그램에 참여하면서 체험하고 생각한 바를 진솔하게 기록한 것이기에, 이 책은 그 누구 앞에서도 부끄럽지 않을 뿐만 아니라 자신의 삶을 재설계하는 데 필수 교재로 추천될 만하다.

장달식

출판 기념 시

내 삶의 소중한 기록

장 달식

아침 해가 솟아오르는 이른 아침에
오늘도 해를 바라볼 수 있는 건
그대가 내 곁에 있는 까닭이라오

비가 오고 안개가 낀 날에도
내 손을 잡은 그대에게 이끌려
하염없는 기다림의 동굴을 지나왔어요

삶은 왜 이처럼 흐린 날이 많고
지치게 하는지 몰라도
그대와 함께하는 날들은
내 삶의 소중한 기록이라오

오늘도 그대의 손을 잡고
저 태양의 미소를 함께 바라보니
꿈속과 현실이 다른 게 아니라네

그대의 얼굴에 스민 저 햇살의 미소만 있어도
세상은 살아갈 만한 무대라오

'명품인생대학'에 입학하고 싶으신가요?

명품의 조건 중 하나가 원자잿값의 42배가 넘어야 한다는 이야기가 있다. 이는 보통의 방식으로 계산할 수 없는 가치가 있다는 것을 의미하며, 이 가치를 모르는 사람은 절대로 인정할 수 없다는 것이다. 요즘 '카카~'이나 '배달~' 등과 같은 기업이 거래대금으로 제시되는 '조'라는 단위를 몇 년 전만 해도 상상할 수 있었을까, 심지어 지금도 그 가치를 수용할 수 없는 사람이 많다.

기업의 경우는 그 이후 투자에 대응하는 재화가 창출되면 적정한 것이 되지만, 명품의 경우 터무니없는 듯 여겨지는 가격을 지불하고 소유를 하였을 때 과연 그 가치의 적정성을 어떻게 증명할 수 있을까? 대부분은 그 제품의 소유가 곧 구별된 명품인생의 증표로 생각하고 무리한 혹은 과도한 투자를 한 것이라고 생각한다.

그런데 '명품인생'은 보통 말하는 돈이나 지위 또는 권력에서 성공한 인생을 말하거나 명품 제품을 소유한 사람의 인생이라는 것과 거리가 멀다. 작고하신 채현국 회장님은 "돈을 많이 벌기 시작하니 거기에 미쳐 가더라"라고 인터뷰에서 말씀하신 바가 있다. 사람과 싸움에서 이겨서 국제적으로 인정을 받을만한 돈을 번 사람들이 한국에서도 이제 꽤 많고, 부의 팽창으로 상당한 재력가들이 많다. 그렇지만 대부분 돈과 싸움에서 이기지 못하고 돈을 숭상하거나 돈의 노예가 되어 살아가는 경우가 태반이다. 이것을 깨달은 채 회장님은 자기의 부를 나누어 주어 자기에게 다가오는 '미치게 하는 병'으로부터 벗어났다고 했다.

성경에서도 "두 주인을 섬길 수 없다" 즉 하나님을 믿거나 돈을 믿든지 선택해야 한다고 말하고 있다. 참된 '명품인생'을 살기 위해서 어느 정도의 돈이 필요한 것이 일반적인 사실이나 돈의 규모와 직접적인 관계가 없다. 앞서 이야기한 것처럼, 명품의 가치가 재료비용과 차이가 크듯이 명품인생도 소유하는 돈의 액수와 상당한 차이가 있다.

필자가 예상하지 않았던 양산이라는 지역에 근무하게 되었을 때, 그들을 위해 사업을 이끌어 가는 것 외에 무엇을 줄 수 있을까를 생각하여 만들어 낸 것이 '명품인생대학'이다. 물론 이 대학은 국가에서 허가를 받은 것도 아니고 정식 과정도 아니며, 다만 회사 내 프로그램이다. 그렇지만 대학에 입학하려면 입학 허가서를 받아야 하고, 입학을 위해서 멘토로부터 입학 서류의 작성 지도를 받아 승인을 얻어야만 허가증이 수여된다. 대개 3-4회 수정을 받고 통과된다. 또 여기에는 자신의 서명은 물론, 직장 동료 대표와 가족 대표 그리고 멘토의 서명이 있어야 한다.

입학 서류는 보통의 대학과 달리 자신의 인생 결론과 같은 30-50년 후의 만족할 만한 조건이나 상황을 설정하고 그 방향으로 가기 위한 5년 후의 구체적인 목표를 세운다. 이 5년 후의 목표와 현재의 수준을 평가가 가능한 방법으로 정리한다. 마지막으로 이러한 명품인생대학 입학 동기를 기록하는데 이는 소위 '터치 스톤'이다. 목표가 달성하기 어렵고 시간이 지나면서 그 목표와 가치를 잃어버렸을 때 이 기록을 보면서 초심으로 돌아가 방향을 다시 잡고 새롭게 시작하기 위함이다. 여기서 가장 중요한 것이 최종적인 모습 즉 큰 그림(Big Picture)인데, 이는 인생의 설계이며 행복의 설계이다. 필자의 에세이 《너 그러면 행복하겠니》에 나오는 행복의 조건에 해당하여, "네 전 이러한 인생을 산다면 행복하겠습니다!"라는 고백이다.

이 프로그램을 3차에 걸쳐 입학생을 받고 중간 결과를 공유하였을 때, 헌법학회 회장까지 역임하셨던 서울 모 대학의 K 교수님과 L 그룹사 임원으로 재직 후 퇴직하신 W 전무님 그리고 M사 현직에 계신 L 상무님 등이 농담이 아닌 진지한 입학 문의를 해왔다. 대외적으로 최고의 인물들이 이러한 문의를 해왔을 때, 자부심을 느끼기보다는 세상에 이러한 인생 설계와 행복을 위한 과정이 없다는 것을 깨달았다. 본 프로그램에 참여하기 위해서는 필자의 회사에 입사하는 길밖에 없어 아쉬움이 있어, 최근에 대부분의 중간 결과물을 블로그를 통해 공유하고 있다.

교육 프로그램은 그리 복잡하지 않으나 필자가 칼 비테 박사의 교육법과 몬테소리 교육철학, 유대인들의 학습법 그리고 한국의 서당 교육법을 조합하여 만든 '카이로스 성인 교육법'에 따라 이루어진다. 철저하게 자기가 교육 내용을 설계하고 진행하며 스스로 평가하고 목표와 내용을 보완하는 방식이다. 멘토는 방향을 잡아주고 과제를 제시하며 상담을 통해 본인의 인생 설계가 잘 진행되도록 돕는다.

전 과정은 5년으로 설계되어 있으며, 6개월 단위로 자기의 진도를 스스로 평가하고 필요하면 목표 수정을 하여 공유한다. 이 기본 과목 외에 멘토는 계속 여러 가지 유익한 자료와 정보 그리고 과제를 통해 명품인생이 되도록 도와준다.

한 가지 예를 든다면 30년 후의 자기가 현재의 자기에게 편지를 쓰고, 역으로 현재의 자기가 30년 후의 자기에게 편지를 쓰게 하였다. 각자 30년 후의 얼굴을 담은 가면을 만들어 파트너에게 쓰게 한 후 읽어주는 퍼포먼스를 통해 미래의 나와 소통하는 기회를 얻게 하였다. 또 멘토의 자전적 에세이인 《너 그러면 행복하겠니》를 다시 읽고 1년 전에 깨달은 전과 이번에 깨달은 점의 차이를 리포트로 제출하게 하여 자신의 삶이 1년 동안 얼마나 변화하였는지를 확인시킨 결과 상당한 차이점들이 표출되었다.

　'명품인생대학'은 정약용 선생이 유배 시절 그 지역 사람들을 섬기는 정신과 유사하며, 양산에서 유배 아닌 유배를 살아가면서 그들에게 행복으로 이르는 길을 알려주고자 하는 프로그램이다. 필자의 판단으로는 대부분의 사람이 인생이나 행복을 설계하지 않고 살고 있으며 행복과 자신이 무관하다고 생각하는 사람들이 의외로 많다. 그러나 아무도 늦은 사람은 없고, '행복은 설계순'이기에 설계해야만 하고 설계하지 않은 행복은 자신의 것이 아니다.

장달식

《새한일보》 칼럼 2021. 04. 05. 입력)

≡ 멘토 장달식

‖ 목차 ‖

권두언

출판 기념 시

멘토 칼럼

1부

PREMIUM
LIFE
UNIVERSITY

2부

부록

개인별 목표 관리

기록 사진

PREMIUM

LIFE

Design Your Life, Manage Your Design!

1부

UNIVERSITY

1-1 명품인생대학이란

"자녀에게 물려줄 것은 건물이나 돈이 아니고 '명품인생대학'뿐이다"
라는 문서영 멘티의 명언을 소개하며 글을 시작하려 한다.

명품인생대학의 가치를 묻는다면 주저함이 없이 3억 원 수준이라고
말할 수 있다. 일대일 멘토와 1달 동안 인도를 방문하며 시행하는 인생
에 대한 멘토링 프로그램이 1억 원이고, 단체로 1달간 하는 프로그램은
2천5백만 원이라고 한다. 또 학교에 적응하기 어려운 아이들을 몇 명
모아 6개월 동안 여행을 하며 삶으로 가르치는 것이 수년 전에 5천만
원이었다. 처음에는 예상하지 못한 변화를 보면서 이 교육 프로그램이
야말로 3억 원 이상의 가치가 있다고 판단하게 되었는데, 졸업 논문 격
인 에세이를 보면 이를 실감할 수 있다.

멘토는 존재감을 나타내기 위해 무리한 지출을 감수하고서라도 명품을 사는 것이 시대 흐름인 듯하지만, '인생이 명품이면 명품제품이 필요 없다!'라는 가설을 만들고 이를 검증하고 싶어졌다. 물론 '명품인생대학'이란 대학은 세계 어디에도 존재하지 않는다. 교육철학자가 아니고 공학박사이자 기업체 CEO인 멘토가 이 개념을 도입하게 된 것은 2018년 연고지가 아닌 양산에 있는 대성나찌유압공업㈜에 입사하여 직원들에게 '과연 무엇을 줄 수 있을까?'라는 질문에서 시작되었다.

멘토가 고안한 '인생 설계 프로그램'의 '실천편'에 속하는 것이다. 정식 학위를 주는 것도 아니고 수료해야 할 과목이 있는 것도 아니지만, 아무나 등록하지 못한다. 대성산업과 대성나찌유압공업㈜ 직원 중에서 자발적으로 참여를 희망하는 사람만 가능했다. 2019년 1기 모집에서 4명의 학생이 등록하여 진행하다가 2기 모집에 7명이 등록하였다. 원래 의도는 11명의 학생으로 구성하여 인생이 변하고 명품인생대학 프로그램의 이론적 토대를 완성하려 했는데 2021년 8명의 학생이 추가 입학을 요청하여 3기 학생이 등록하였다.

명품인생대학의 목적은 삶의 질을 높여주고 인생을 생각하며 설계하고 살라는 것이며 인생 설계의 내용은 다음과 같다.

최종적인 명품인생의 조건을 제시하는 것이다. 명품인생의 정의는 일반 제품인 명품과 달리 개인적으로 다르며, 멘토의 수필집 제목인 '너 그러면 행복하겠니?'라는 질문 중 '그러면'을 만족시키는 조건이 되는 것이다. 완성의 시점은 30년 내지 젊은 사람의 경우 60년 후를 상정해도 되며 인생을 평가할 만한 나이에서 평가하는 것으로 한다.

명품인생대학이 세계에서 최초로 시도한 것이며, 공인을 받은 것이 아니기에 초기에는 호응이 별로 없었다. 대표이사가 주도하는 것이라 강제로 하거나 눈치껏 신청할 수 있겠지만, 순수한 마음의 선택에 따라 결정하게 하여 비록 작지만 4명으로 1기 대학을 시작했다. 3기 모집 시에 알게 되었는데, 신청을 안 한 사람들 중에 상당수가 대표의 정책을 반대하기보다는 자신이 과연 명품인생대학 자격이 될지에 대한 자신감의 부족이 컸다고 한다. 물론 3기 모집 시에도 여전히 참여를 하지 않은 사람이 있다.

1기는 김대민, 이태영, 정수현, 김병곤 이렇게 4명의 학생으로 구성하여 2019년 3월에 시작되었다. 1, 2기에는 지원서에 승인을 받은 것만 있었고, 멘토 역시 지정되지 않았다. 3기가 입학하면서 정식으로 입학 허가서 양식이 도입되었다.

2기에는 이용석, 조낙현, 문서영, 조영욱, 차상봉, 신상우, 김도규(중도 퇴사) 등 7명이 참여하여 1, 2기 도합 11명이 되었고 1, 2기 과대표로 김대민이 선출되었다. 멘토를 포함하여 12명이 되어 3테이블이 채워져 더 이상 추가 모집을 하지 않으려 했다.

2기는 7명으로 구성되었으며 2020년 2월 19일에 입학식을 실시하여 1, 2기가 합반 형태로 진행되었다. 약 1년이 지난 2021년 1월에 신선한 반란이 일어났다. 3기 과대표가 된 송종훈이 '명품인생대학'에 입학하겠다고 의견을 표시하였을 때 이미 종료했다고 선언했다. 앞서 설명한 것처럼 1기와 2기 학생을 모집할 때 충분하게 홍보를 했고 기회를 주었는데 거절하다가, 실질적으로 1년이 지난 시점에서 입학을 요구하였기에 수용할 수 없다는 의견을 표명했다. 그러나 그 요구는 쉽게 사라지지 않았고 1년 전에는 이 프로그램을 잘 이해하지 못했으며 특히 자신이 입학 자격이 안 될 것이라는 자격지심으로 주저했다며 집요하게 요청하였다. 멘토 역시 이해는 가나 조건 없이 수용할 수 없어서 최소 7명의 멤버를 모아 오면 하겠다고 조건을 제시하였다. 내심 최소 인원을 확보하지 못할 것이고 한 사람의 열정은 사라질 것으로 생각했다. 그런데 며칠 안 되어 9명을 모아왔고, 그중에 이슈가 있는 1명을 제외하고 8명이 명품인생대학 제3기가 시작되었다. 3기 학생은 송종훈, 손철웅, 구민효, 송관우, 이재희, 이준엽, 강종환, 황규현 등이다.

명품인생대학에 입학하기 위해서는 일반 대학처럼 시험을 보지는 않으나, 입학사정관에 해당하는 멘토와 상담하여 요구조건이 만족되어야 한다. 이를 위해 지원 양식에 의거하여 자신의 꿈과 이유를 현실적이면서 정직하게 작성해야 한다.

첫째 자기가 정한 시점에서 '행복하기 위한 조건'이면서 가족을 비롯하여 남들에게 '나는 이러한 인생을 살았다'라는 묘비명과 같은 인생의 의미를 담은 조건들을 설정한다. 이것은 인생의 큰 그림(Big Picture)이면서 자체적으로 자기가 어떤 삶을 살았는지 드러나는 것이 된다. 물론 이것은 현실적이지 않아도 된다. 또한 제한 조건도 없다. 건강, 재물,

명예, 업적, 사랑, 작품 등 꿈꾸는 것은 모두 해당된다.

두 번째는 최종 목표에 연관된 항목 마치 줄기세포 같은 것을 정의하고 현재의 자기 상황과 수준을 기술한다. 초기에는 차이가 너무 크고 관계성이 적어 보일 수 있으나, 구체적이고 측정이 가능한 항목을 선정하여야 한다.

여기에 가장 중요한 것이 추가되는데 도전의 이유이다. 명품인생대학은 학비도 없고 많은 과제가 주어지지 않지만, 5년간에 걸쳐 꾸준하게 참여하면서 일반 업무 외의 시간에 수행해야 하므로 가벼운 것이 아니다. 또한 중도에 퇴학하는 경우 시작하지 안 한 것보다 못한 결과를 줄 수 있는데, 이는 가족과 직장 동료의 사인이 있어야 하므로 비밀이 아니고 공개적인 것이기 때문이다.

터치 스톤(Touch stone)이라는 개념이 있다. 모든 제도나 과제는 처음에는 원래의 의도를 유지하면서 진행이 되지만, 중간에 여러 가지 현실적인 이유로 인해 변경되거나 대안이 제시되는 경우가 있다. 이런 경우는 물론이고 그대로 가는 것 같은 것들도 조금씩 원래 의도가 잊히고 다른 목적으로 변질되는 경우가 왕왕 있다. 원래의 취지가 흐려질 때 다시 처음 만든 헌장과 같은 문서를 보면서 초심으로 돌아가기 위한 것이다. 이 명품인생대학도 이런 이유로 마지막 서술이 중요하다.

세 번째는 앞서 선정한 줄기세포와 같은 항목에 대하여 현재의 상태와 비교가 가능하게 5년 후의 구체적인 목표를 설정한다. 가능한 수치

화가 되도록 하되 어려운 경우 억지로 하지 말고 정성적인 평가 기준과
평가자를 정의한다.

이 서류를 작성하면서 이미 명품인생대학은 시작된 것이고 3–5회에
걸쳐 멘토의 도전적 요청이 수용되고 수학능력과 의지가 확인되면 입학
자격이 주어진다. 최종적으로 자기와 가족 대표 그리고 직장 동료 대표
그리고 멘토의 사인이 있어야 완성된다.

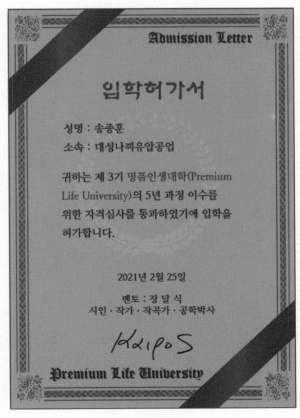

≡ 입학허가서

커리큘럼이 완성된 이후 '명품인생대학'을 시작한 것이 아니라, 3년 정도 과정이 이루어진 이후 후학들을 위해 체계를 만들기로 했다. 모든 학생들이 참여하여 그동안 수행한 과제를 나누어 검토하고 보완하여 정리하고 부족한 것을 보충하였다.

'행복의 진정한 의미를 탐구하며 명품인생을 위한 행복설계'라는 타이틀을 학생들의 협의에 의해 만들어졌고, 그 중심에는 멘토가 정의한 '인간의 조건', 정직과 꿈 그리고 열정이 자리하고 있다. '행복은 설계 순이다!'라는 멘토의 에세이 《너 그러면 행복하겠니》의 근간이 되는 철학을 담고 있다.

철저하게 자기 주도형이고 스스로 목표를 설계하고 수정해 가며 동료와 서로의 삶을 나누며 완성시키는 일종의 '자발적 사생활의 공유체'를 통한 과정이다. 기본적으로 세인트 존스 대학교와 같이 고전 읽기만 가지고 과정이 완성되는 것은 아니나, 기본적으로 강의보다는 책 읽기와 동영상 보기가 많이 사용되고 체험 학습이 중요한 학습 방법이다. 책 읽기 중에서 독후감을 쓰는 것이 두 번 있는데, 처음에는 멘토의 삶의 깊은 곳까지 살펴보며 소감을 쓰고 1년의 기간을 두고 다시 읽은 후 명품인생대학을 통해 변화된 자신의 삶과 비교하며 독후감을 쓰는 것이다. 이 과정은 가상의 저자 혹은 유명 저자의 경우 책이나 풍문으로 정보를 얻었기에 왜곡될 수 있으나 같이 몇 년 동안 생활하면서 확인한 것이기에 과장이 적고 실체를 인정하기에 의미가 있다.

독후감을 1년 간격을 두고 써가며 자신의 삶의 변화 추이를 파악하는 것은 마치 빅뱅 이론을 이루는 작은 별들의 적색편이를 관측하여 우주 역사를 추정하였던 것과 같다. 명품인생대학 1년의 차이는 100세 시대의 1%에 불과하나 시작이 반이라는 말처럼 이미 명품인생을 살기로 마음을 먹고 초심이 살아 있는 1년의 기간이 지난 시점이므로 의미 있는 차이가 발견된다.

두 번째 중요한 것이 '30년 후 내가 지금의 나에게 편지 쓰기'와 '30년 후 나에게 지금의 내가 편지 쓰기'이다. 자신의 상황을 30년 후로 시점을 바꾸어 조언과 위로를 전하는 것이 첫 번째인데, 이는 현재의 나를 잘 알고 있기 때문이다. 이와 짝을 이루어 오늘의 내가 30년 후의 나를 명품인생대학 과정으로 성장한 것을 가정하여 쓰는 편지이다. 두 번째 편지가 더 어려운 것은 가상의 인물에게 편지를 쓴 것 같아서이지만, 자기 아버지나 어머니를 상정하면 유사하게 접근할 것이고 자신의 꿈을 실어 고백과 동시에 약속을 하는 것이기에 의미가 깊다.

편지를 쓰고 읽을 때 파트너가 30년 후의 가면을 쓰고 대역을 맡아 읽어주거나 듣게 하는 것이다. 요즘엔 컴퓨터 프로그램으로 30년 후의 사진을 만들 수도 있는데 어떤 학생은 아버지의 사진을 가지고 왔다. 아버지의 뒷모습이란 글을 초등학교 시절에 배운 적이 있는데, 그 아버지의 자리를 지나 할아버지가 된 이후 두 가지의 생각이 함께 다가온다. 하나는 아버지가 무서웠다가 보살핌의 대상이 된 이후 다가오는 느낌 그리고 자녀들이 멘토를 보살핌의 대상으로 바라보는 생각이다.

"명 품 인 생 대 학"

『행복의 진정한 의미를 탐구하며 명품인생을 위한 행복설계』

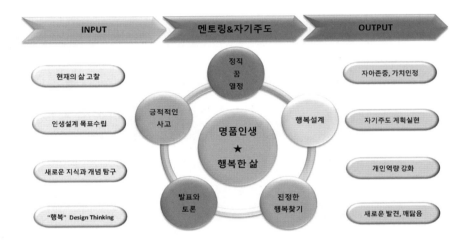

INPUT

멘토링&자기주도

OUTPUT

현재의 삶 고찰

인생설계 목표수립

새로운 지식과 개념 탐구

"행복" Design Thinking

정직
꿈
열정

긍정적인
사고

명품인생
★
행복한 삶

행복설계

발표와
토론

진정한
행복찾기

자아존중, 가치인정

자기주도 계획실현

개인역량 강화

새로운 발견, 깨닳음

≡ 커리큘럼의 골격

명품인생대학 Curriculum

≡ 커리큘럼의 1-2년 세부 제목

명품인생대학 Curriculum

Schedule <3year>

STEP 14	디자인 씽킹 [진정한 문제 해결하기] (영상강의 개인학습)-----<송관우>
STEP 15	카이로스 성인 교육법--<문서영>
STEP 16	성공의 조건 (영상강의 개인학습)--------------------------------<손철웅>
STEP 17	관점의 전환 (영상강의 개인학습)--------------------------------<이용석>
STEP 18	휴가가 내 인생에 미치는 영향에 대한 에세이 발표 ------------<신상우>
STEP 19	위기는 기회다 (영상강의 개인학습)------------------------------< 차상봉>

Schedule <4year>

STEP 20	칭찬은 고래도 춤추게 한다 (영상강의 개인학습)----------------<황규현>
STEP 21	창작시 쓰기 or 시 외우기 발표--------------------------------<김병곤>
STEP 22	그들의 리더쉽 (영상강의 개인학습)------------------------------<이재희>
STEP 23	따뜻한 리더쉽을 기대합니다 (영상강의 개인학습)--------------<김병곤>
STEP 24	생각에 관한 생각 강의--<이용석>
STEP 25	문화 컨텐츠 경험 후 에세이 발표------------------------------<차상봉>
STEP 26	사는게 재미없는 이 시대 남자들에게 (영상강의 개인학습) ----< 이준엽>

Schedule <5year>

STEP 27	감사 편지 쓰기--<이태영>
STEP 28	10대 감사 제목 발표--<이태영>
STEP 29	인문학 강연 --<김대민>
STEP 30	"인생이란 무엇인가" 에세이 발표----------------------------<조낙현>

≡ 커리큘럼의 3-5년 세부 제목

세 번째는 매 6개월마다 5년 계획을 수행한 결과에 대해 스스로 평가하고 필요시 목표를 수정하는 것이다. 이것은 자기가 만든 목표를 자기가 만든 기준으로 평가하기에 주관적 평가이지만, 모든 학생들이 같이 발표하기에 서로에게 도전을 하도록 자극을 주고, 스스로 상대 평가를 하며 목표를 변경하기도 한다. 학기를 마치고 회식을 하며 서로에게 조언과 자기 변화를 나눌 때 많은 감동이 다가온다. 순서와 관계없이 이 프로그램이 근간이 되는 것이며 이 방식으로 5년이 지나 졸업을 한 이후 자기 주도적으로 남은 25년을 수행해야 하기에 필수적으로 습관화시켜야 한다.

넷째로 소개하고 싶은 것은 '문화 콘텐츠 경험 후 에세이 쓰기'이다. 다양한 종류의 문화 콘텐츠를 경험하고, 이를 통해 새롭게 발생한 점과 자기 인생의 변화 또는 결심을 에세이로 작성하는 것이다. '단순히 문화 콘텐츠로 내 인생에 변화를 줄 만한 작품들이 있을까?'라는 고민이 이 주제에 시작이 될 수 있고, 경험하지 못했던 새로운 문화를 접하고 이를 통해 발견한 점을 찾는 것이 시작이 될 수 있다.

문화 콘텐츠라 하면 가장 먼저 떠올리는 것이 영화 혹은 책이다. 이들은 다양한 작품들과 쉽게 접할 수 있고, 다가가기 부담스럽지 않다. 이를 통해 내 자신을 투영해 볼 수 있는 것 또는 내가 경험해 보고 싶은 것 등을 고려하여 다양한 작품들을 감상해 볼 수 있도록 한다.

영화와 책은 누구나 경험해 보았던 문화 콘텐츠라고 한다면, 조금 더 관심을 가져야만 접근할 수 있는 주제 또한 있다. 연극 또는 미술 작품 그리고 스포츠 관람 등이다. 이는 자신에게 관심이 없는 분야라고 한다면, 다가가기 힘들고 깊이 있는 감상은 힘들다. 다만 처음 경험한 문화이기에 조금 더 신선할 수 있다.

첫 시도에서 한 가지를 선택하여 10회를 경험하도록 했는데 소통의 오류로 열 가지를 한 사람도 있었다. 한 가지 분야를 깊게 체험하는 것이 더 좋지만, 문화와 무관하게 살고 있는 경우에 열 가지를 해보는 것이 더 어렵고 새로운 세계에 대한 눈을 뜰 수 있다. 이 프로그램을 통해 가족들에게 새로운 이미지를 심어준 계기가 된 학생도 있다.

다섯 번째 추천하는 것은 '감사편지 쓰기와 감사제목 선정 및 발표'이다. 이 시대는 감사가 사라진 시대이고, 감사의 편지를 쓰는 것은 지극히 예외적인 사례이다. 그러나 감사를 표하지 않으면 감사의 내용이 쉽게 사라지고, 행복할 수 있는 근거가 무가치하게 사라진다. 특히 부모나 가족의 희생과 배려를 당연하게 생각하고 오히려 부족한 것으로 인해 불만을 품게 하고 있다. 부모님의 사랑과 헌신이 당연하지 않고 삶의 소중한 것을 나눠주는 것이기에 그에 대해 올바르게 수용하지 못하면 아픔으로 결과를 남긴다.

부모님 외에도 인생의 어려운 길목에서 따뜻한 말 한마디부터 큰돈까지 혜택을 받은 것이 있다. 이런 대상에게 손편지가 아니더라도 편지를 쓰고 읽어주는 행사는 큰 감동을 준다.

연말이 되면 10대 뉴스를 선정하듯, 올해의 10대 감사제목을 선정하고 이주에서 3개 정도 소개하는 자리를 마련한다. 매일 5개 이상의 감사제목을 쓰는 사람도 있지만, 그것이 너무 어려우면 한 달에 1개라도 기록하는 것이 필요하다. 이것을 모아 올해의 10대 감사제목을 선정하면 된다. 매일 감사제목 쓰기는 행복한 인생을 위한 매우 유명한 방법이며, 명품인생을 위해 필수적인 요소 중 하나이다.

명품인생대학(PREMIUM LIFE UNIVERSITY)
제2024-001호

졸업 증서

성명: 김대민(제1기)
소속: 대성나쩌유압공업

귀하는 명품인생대학(Premium Life University)의 졸업에 요구되는 모든 과정을 이수하여 명품인생을 살 수 있는 기본을 습득하였기에 본 증서를 드립니다.

2024년 3월 21일

멘토 : 장 달 식 /daipos
시인 · 작가 · 작곡가 · 공학박사

≡ 졸업증서

PREMIUM

LIFE

Design Your Life, Manage Your Design!

2부

UNIVERSITY

||| **2-1 명품인생대학을 졸업하며...** |||

이용석 2기

2020년 3월, 명품인생대학을 입학하였습니다. 직장에서의 생소한 활동이라 의아한 생각과 나에게 어떤 도움이 될 수 있을까, 일에 악영향을 끼치지 않을까, 여러 가지 의문을 가지며 명품인생대학에 입학하였습니다. 그리고 벌써 3년 반이란 시간이 흘러 졸업을 준비하고 있습니다. 의구심을 가지며 시작했던 명품인생대학 생활 3년 반, 너무나 많은 변화를 경험하였습니다. 가장 중요한 내 삶에 의미, 내가 살아가는 목표, 내 꿈이 무엇인지에 대한 막연한 생각들이 정리가 되어 어느덧 뚜렷한 목표가 생기게 되었습니다.

내 삶의 목표

—

　　　　단순히 '잘 살자', '열심히 살자'가 목표였던 나는 구체적인 계획이 없었습니다. 계획이 없으면 평가를 할 수 없고, 평가하지 않으니, 개선을 할 수 없었습니다. 하지만 30년 뒤의 나에게 쓰는 편지와 나의 목표를 작성하며 뚜렷한 단기 계획과 장기 계획이 수립되어 지금 내가 하는 행동 하나하나가 그 목표를 달성하기 위한 행동으로 변화되어 매년 연말 후회로 가득했던 나의 모습이 목표를 향해 달린 한 해를 감사할 수 있는 행복한 시간이 되었습니다.

습관의 변화

—

　　　　명품인생대학에 입학한 후 시간에 대한 관리가 달라졌습니다. 지금 내가 보내는 이 시간이 누구나 같은 절대적 단위의 시간이지만, 다른 사람보다 치열하게 살아간 나의 시간은 상대적으로 더 많은 시간으로 느낄 수 있었습니다. 남는 시간 틈틈이 독서와 외국어 공부를 하고 헛되이 시간을 보내지 않으려는 나의 노력은 내 가족들에게도 많은 변화를 불러왔습니다. 이 변화는 우리 첫째 지우가 책을 아주 좋아하게 된 것입니다. 늘 아빠 옆에서 책을 함께 읽는 지우는 최근 2년 엄청난 결과를 보여주었습니다. 책을 늘 읽다 보니 사고의 속도가 빨라져 전국 수학 평가 우수상 수상, 역사 시험 합격, 전국 논술 시험 은상 수상 후에 생각도 하지 못했던 결과로 과학기술부 과학 우수 장관상을 받는 영광을 가질 수 있게 되었습니다. 이렇게 아빠의 습관이 얼마나 아이에게 영향을 줄 수 있는지 확실히 알게 되었습니다.

나에게 쓰는 편지

다른 사람에게 편지를 썼던 기억도 군대가 마지막이었습니다. 더욱이 타인이 아니라 30년 뒤의 나에게 편지를 쓴다는 건 너무 황당하다는 생각이 먼저였습니다. 하지만 한 줄, 두 줄 써 내려가며, '내가 이루고 싶은 것이 참 많았다는 생각과 지금 내가 가지고 있는 것들이 적은 것들이 아니구나'라는 생각이 들었습니다. 금전적, 육체적, 정신적 성장과 완성을 희망하며 썼던 30년 뒤의 나에게라는 편지는 나의 희망을 담았으며, 30년 뒤의 내가 지금의 나에게 썼던 편지는 지금의 나의 생활에 큰 위안을 주는 활동이었습니다. 다시 한번 시간이 흐른 뒤 이 편지를 보게 되었을 때, 과연 내가 살아왔던 흔적들이 자랑스러울 수 있도록 노력하겠습니다.

시 쓰기

다시 생각해도 너무 어려운 활동이었습니다. 하지만 끝까지 포기하지 않고 제가 만든 시를 발표하였습니다. 많은 동기생은 포기하였지만, 대표님과 20번 이상의 수정을 하며(거의 다시 씀) 시 한 편을 완성하였습니다. 이 시는 제가 살아가길 희망하는 모습을 하늘이라는 대상에 빗대어 표현하며, 주변의 변화에도 묵묵히 내가 가고자 하는 길을 한 걸음 한 걸음 걸어나가고 싶은 마음으로 이 시를 완성하였습니다. 다시는 해보지 못할 경험이기도 하지만 또 내가 다른 어떤 것들도 할 수 있다는 자신감을 가질 수 있었던 활동이었습니다.

문화 콘텐츠 열 가지 경험

지금의 나에게 가장 많은 영향을 주었던 활동입니

다. 늘 독서하고 있다고는 하였지만, 이런저런 핑계로 독서를 미뤄오던 내가 독서를 본격적으로 시작하게 되는 활동이었습니다. 이 문화 콘텐츠 활동을 이행하기 위해 진행했던 2개월간 읽었던 열 권의 책은 지금 제 독서 습관을 적극적인 독서 습관으로 바꾸어 놓았고, 그중에서 '생각에 관한 생각'이란 책을 읽을 뿐만 아니라, 생각의 패턴을 바꿀 수 있었던 책이었습니다. 고객과의 협의뿐만 아니라 서류 작성 시에도 상대방의 생각과 업무 프레임을 바꿀 수 있었던 뜻깊은 독서 활동이었습니다.

또한 몇 장 적지는 못했지만, 지금 내가 쓰고 있는 소설 〈흔한 남자〉의 습작을 시작할 수 있는 계기가 되어주었습니다. 흔한 남자는 내가 태어나 살아왔던 생활과 경험을 기반으로 소설의 형태로 써 나가고 있습니다. 아직은 초등학교까지의 기억밖에는 적지 못했지만, 중학교, 고등학교, 대학교 그리고 지금의 직장 생활까지는 적을 수 있을 것으로 생각하고 있습니다. 특별한 능력이 있어야만 글을 쓸 수 있다고 생각했던 내가 글을 쓰고 있는 모습을 볼 때, 이 명품인생대학이라는 활동이 얼마나 나에게 큰 영향을 주었는지 다시 한번 느끼고 있습니다.

《너그행》을 읽고
—
　　　제가 알고 있는 분의 책을 읽는다는 것 자체가 인생의 첫 경험이었습니다. 그분이 살아온 인생을 느껴볼 수 있는 기회이며, 제 삶을 다시 돌아볼 수 있는 활동이었습니다. 대표님께서 바쁜 일상에도 또 다른 경험을 위해 노력하신 모습, 인생을 직접 디자인하며 살아오신 경험을 이 책 한 권을 읽으며 배울 수 있었습니다. 책을 읽은 후 일본어 공부를 하고 있기에 만족했던 모습에서, 또 다른 언어인 중국어를 시작하여 벌써 8개월이라는 시간이 지났습니다. 아직 능숙하지는 않지만,

또 다른 언어를 배워가는 저의 모습이 지금까지 모습과는 또 다른 저의 모습을 찾을 수 있는 활동이 되었습니다.

한 해를 마무리하며 작성한 나의 성과
—   늘 같은 일과 같은 생활을 하며 보내었던 한 해가 이제는 나의 성과를 표현하기 위해서라도 바뀔 수밖에 없었던 것 같습니다. 나의 목표와 맞물려 한 해 한 해를 경제적, 육체적, 주변 관계에 대한 단기 목표를 달성해 가기 위해 노력하였습니다. 그 노력을 글로 작성하여 명품인생대학 동기들에게 내가 게으르게 살지 않았음을 발표하기 위해서 더 노력하며, 보낼 수 있었던 활동이었습니다.

마지막으로 명품인생대학을 졸업하며, 개인적인 시간과 열정으로 명품인생대학을 이끌어 주신 장달식 대표님께 큰 감사의 말씀을 올립니다. 먼 곳이라면 먼 곳인 양산에 오셔서 처음 맡으신 CEO 업무를 진행하시면서도 직원들의 삶과 미래의 발전을 위해 많은 가르침을 주신 것에 대해 감사드리며, 우리가 진행했던 모든 명품인생대학 과정에서 개인의 정신적, 육체적으로도 큰 발전을 이루어 내었다고 꼭 말씀드리고 싶습니다. 처음 어색함으로 시작했던 과정들과 업무 외에는 접점이 없었던 명품인생대학 동기들, 그리고 명품인생대학 활동으로 가끔 업무에 조금은 소홀할 수밖에 없었던 상황 속에서도 업무를 도와주신 모든 임직원분들께 감사드리며, 다시 한번 명품인생대학을 이끌어 졸업의 영광까지 주신 장달식 대표님께 감사드립니다. 명품인생대학을 졸업하며 이 과정이 또 다른 발전된 저의 모습을 보여줄 수 있도록 졸업 후에도 지속해서 노력하여 뛰어난 명품인생대학 졸업생이 될 수 있게 하겠습니다. 감사합니다.

이용석

1980년 1월 몹시 추운 겨울날 부산의 넉넉하지 않은 가정에서 태어났습니다. 넉넉하지 않은 형편에도 자식 사랑에 대해 유별나신 부모님은 가난을 대물림하지 않기 위해 자식 교육에 큰 관심을 가지셨습니다. 그 결과 부경대학교 금속학과와 부산대학교 기계부품시스템을 전공하였으며, 지금은 두 아이의 아버지로 살아가고 있습니다. 늘 똑같은 업무의 반복에 지쳐가던 나에게 명품인생대학의 과정으로 나의 꿈과 열정을 키울 수 있었으며, 다시 한번 꿈을 꾸며 살아가는 청년의 모습으로 되돌아갈 수 있는 기회였습니다. 졸업 후 더 크게 발전할 저의 모습을 기대해 주세요.

김대민 1기

2018년 그해 겨울은 유난히도 추웠다. 어느덧 직장 생활도 8년 차에 접어들었으며 익숙함에서 오는 안정감 때문인지 회사의 일도 개인 생활도 반복되는 쳇바퀴처럼 점점 무의미함이 커지는 연속적인 생활이 일상이 되었을 시기였다. 돌이켜 보면 그때가 나의 직장 생활에서 또는 인생에서 스스로 현실에 정체되어 시간이 흘러가는 대로 바다 위의 표류선처럼 나에게는 여러 가지 상황에서 위기의 시기였던 것 같다.

매일 아침 출근을 해서 일을 하고 다시 퇴근하며 잠이 들 때 내일을 맞이하는 것이 두렵고 피하고만 싶었다. 직장과 일상에서 오는 여러 가지 스트레스와 그로 인한 현실의 부정, 미래의 걱정들… 이러한 것들이 나도 모르는 사이에 나의 삶과 주변 생활을 가득 채우고 있었기 때문이었다. 이러한 상황에서 벗어나려 스스로 새로운 다짐을 하고 생각과 행동을 바꾸려 해도 무슨 이유에서 인지 현실은 변하지 않고 그저 제자리에 머물기만 할 뿐이었다. 그렇게 또 한 해를 마무리할 즈음에 회사에는 장달식 대표님께서 오셨고 변화의 바람은 그때 시작되었다.

2019년은 명품인생대학의 입학과 함께 시작되었다. 그 당시 스스로 성장과 미래에 대해 많이 고민하고 있을 시기였고 그런 고민이 깊어질수록, 그에 대한 해법을 찾지 못할수록 나도 모르게 마음속의 부정적인 사고의 벽이 자라나고 있었던 것이었다. 일이 잘 풀지 않거나 문제가 생기면 항상 그 원인을 내 주변의 어떤 상황이나 다른 누군가의 탓으로 돌

40

리게 되고 그것을 원망하며 자신도 모르게 점점 지쳐가고 있었다.

처음 명품인생대학의 입학은 어쩌면 자의 반 타의 반의 결정이었는지도 모른다. 회사에서 그것도 회사의 대표께서 명품인생대학의 시작을 알렸으니 모른 척 지나치기는 누구나 쉽지 않았을 것이다. 더욱이 명품인생대학의 목적과 취지는 알 수 있었으나 그 당시 나에게는 그것에 대한 의구심이 더욱 크게 자리하고 있었다. 명품인생대학에서 행복한 인생 설계를 통해 진정한 행복을 찾는다는 것이 나에게 막연하게만 다가올 수밖에 없었던 것은 회사에서 업무를 하고 실적과 성과만을 생각해왔기 때문이다. 내 삶에서 어떤 목적을 위한 수단으로 회사로 출퇴근을 반복하던 생활은 나에게 행복이란 꿈을 꾸기에는 몸과 마음이 너무 지쳐 있었던 것이 아니었을까 생각된다.

나에게 명품인생대학은 새로운 도전이자 설렘과 동시에 버겁고 두려움이 공존하는 이 세상 어디에서도 존재하지 않는 새로운 대학 생활이었다. 명품인생대학의 시작은 스스로 행복한 인생의 설계하는 것이었다. 누구나 그렇겠지만 인생을 살아가는데 목표를 세우고 그것을 위해 열심히 살아가고 있다. 나 또한 직장에서 능력을 인정받고 가족과 행복하게 잘 사는 것이 인생의 목표로 하루하루 열심히 살아가고 있었다. 그래서 인생의 목표를 세우고 행복을 설계한다는 첫 과제는 생각보다 쉽고 가볍게 완성되었다. 하지만 명품인생대학에서의 행복한 인생 설계는 그러한 나의 개념을 송두리째 바꿔놓는 큰 사건이며 경험이었다. 누군가에서 보여주기 위한 만들어진 행복이 아닌 각자의 진정한 행복을 목표로 그것을 위해 지금의 나와 상황을 평가하고 문제를 발견하여 그것을 이겨나가는 방법과 행동을 1년, 5년 단위로 자신의 상황에 맞게 계획을 세우는 것이다. 최종적으로 30년 후 그 목표를 이룰 수 있게 인생을 설계하는 것이 명품인생대학에서의 행복 인생 설계이다.

처음 몇 번은 나의 인생 설계 목표와 계획이 마치 업무보고서와 같이 만들어졌다. 누군가에서 보여야 하고 그것을 평가받는다는 생각에 잘 만들어진 영화각본과 같이, 누구나 다 만족할 만한 내용으로 작성된 보고서를 만들기를 반복하였다. 몇 번의 시행착오와 그에 따른 멘토링 과정, 그리고 면담을 통해 어느 순간 작은 마음의 두드림이 느껴진 것이 그때인 것 같다. 과연 나는 지금 행복한가, 그리고 진정한 행복은 무엇인가. 그 행복을 위해 어떻게 할 것인가에 대한 고민과 배움의 발걸음을 내딛기 시작하였다.

행복을 위한 설계의 시작으로 그것을 위해 매년 새로운 목표를 세우고 때론 새롭지 않더라도 필요한 목표라면 다시 다듬어 계획함으로써 조금씩 행복한 인생의 설계는 완성되고 있었다. 인생목표설계와 함께 단단히 굳어버린 나의 고착된 사고와 마음의 벽을 허물기 위한 명품인생대학의 과제를 시작하게 되었다. 우선 첫 과제는《너 그러면 행복하겠니》라는 책을 읽는 것이었다. 그동안 많은 책을 접해보진 않았지만 자기 개발 서적 위주로 독서를 하던 나에는 수필독서는 새로운 변화의 시작이었다. 책을 읽고 감상문을 써서 제출하는 단순한 과제에서 벗어나 내 생각과 느낀 점을 다른 사람들과 공유하며 편안한 분위기에서 생각을 나누는 과정이다. 그것도 회사에서 업무를 함께하는 동료들과 업무 외적인 상황에 대해 커뮤니케이션한다는 것이 너무 어색하고 한편으로는 새롭기도 했다. 물론 그럴 수밖에 없었던 이유는 제조업 생산회사에서 보수적인 문화와 업무수행 방식에 익숙해져 모두의 생각과 사고방식은 새로운 무엇인가를 받아들이기에는, 이러한 상황을 즐기기에는 머리와 마음이 너무 딱딱하게 굳어져 버려서 인지도 모른다. 그 딱딱함을 깨부수는 대는 생각보다 많은 시간과 노력이 필요했다.

명품인생대학에서의 과제는 모두 태어나서 처음 경험하는 새로운 사건의 연속이었다. 내 주변의 누군가에게 감사의 편지를 쓰거나 30년 후 미래의 나에게 그리고 그 미래의 내가 30년 전 지금의 나에게 편지를 쓴다는 것이 과연 그 당시 상상하기 힘든 과제로 받아들여졌다. 아마 회사에서 동료들과 그러한 상황에 놓인다는 것이 지금 생각해 봐도 놀라운 일이 아닐 수가 없었다. 그래서인지 새로운 과제를 접할 때마다 그 과제를 어떻게 해야 하는지 방향성을 잡지 못하고 많은 시행착오를 겪었던 것일지도 모른다. 업무를 떠나 마음의 여유를 가지고 새로운 경험을 받아들일 수 있는 문화 콘텐츠를 경험하는 과제와 매년 기다려 오던 휴가 기간에 자기의 휴가 생활을 동료들과 서로 이야기하였다. 그 속에서 어떤 의미로는 가장 많은 시간을 함께해 온 직장 동료들의 개인적인 생각과 삶을 이해하고 공유함으로써, 직장에서 업무로 맺혀진 관계를 넘어 나와 삶을 공유하는 새로운 소중한 관계를 형성할 수 있었던 시간이 만들어졌다.

그로 인해 경직되고 경쟁적인 회사의 업무 분위기와 조직문화도 자연스레 서로가 인간적으로 이해하며 존중하는 관계로 변화할 수 있는 긍정적인 효과가 있었다. 그리고 이러한 명품인생대학의 대학 생활이 나도 모르게 자연스레 생각이 변화하고 행동이 바뀌는 것을 그때는 스스로 깨닫지 못했지만, 그 변화를 자각하기까지는 그리 많은 시간이 필요하지 않았다. 변화는 스스로 느끼지 못했지만, 지금에 와서 되돌아보면 한 번도 멈추지 않고 조금씩 변화는 찾아오고 있었던 것인지도 모른다.

무엇보다 내 삶 속의 부정적인 생각과 그로 인해 표현된 말투와 행동들의 변화가 회사에서보다는 나의 개인적인 가정과 생활 속의 주변인 관계에서 먼저 변화의 움직임을 느낄 수가 있었다. 평소 늘 지쳐 있던 표정과 새로움에 대한 두려움에 때론 변화에 대한 부정적인 생각이 나를 감싸고 있었기에, 내 가족과 친구들은 그 변화를 나보다 먼저 알아차릴 수 있었던 것이었다. 불만 섞인 말투의 의심으로 표현됐던 가족 간의 대화와 행동이 서로 이해하며 웃음과 응원으로 바뀌는 것을 문득 내 아내가 알아차리고 먼저 알려줘서 깨닫게 되었다. 나와 가장 많은 시간과 공간에서 생활하는 가족에게서 그러한 긍정적인 변화를 느끼게 해준다는 것만으로 감사와 행복을 느끼기엔 충분한 것이었다. 그렇게 행복한 인생은 명품인생대학과 함께 나의 목표를 향해 느리지만 꾸준히 나아가고 있었다. 비로소 행복이 무엇인지 어떻게 해야 행복해질 수 있는지를 말할 수 있는 자신이 생겼던 것 같다.

하지만 그렇게 몇 년의 시간이 흐른 뒤 다시 독서감상문 과제를 맞이하게 되었다. 그것도 처음 명품인생대학 과제였던《너 그러면 행복하겠니》를 다시 한번 읽고 독후감을 발표하는 과제였다. 그동안 명품인생대학의 과제를 수행하고 인생 설계를 하면서 스스로 조금씩 변화하고 있다고 생각하고 행복과 가까워지고 있다고 느끼고 있을 때 문득《너 그러면 행복하겠니》 다시 읽기는 정말 책을 읽으면서 스스로 '너 그러면 행복하겠니?'라고 깊고 큰 물음을 던져주게 된 계기가 되었다.

《너 그러면 행복하겠니》는 이미 충분한 독서를 통해 그 책의 내용은 알고 있었지만, 시간이 지난 후 다시 한번 책장을 넘기면서 그때는 미처 알지 못했던 새로운 생각에 잠기게 되었다. 책의 내용을 넘어서 문득 제목과 같이 '너 그러면 행복하겠니?'라는 물음이 계속 머릿속에 메아리로 남게 되었다. 지금의 나는 이전과는 생각과 행동에 많은 변화가 있었고 예전보다 행복감을 느끼며 행복한 인생을 위해 삶을 계획하고 목표를 관리하던 터라 미래의 행복에도 점점 가까워지고 있을 거라는 자신이 있었다.

하지만 이 책의 제목이 문득 그것이 자신감인지 어쩌면 자기만족에서 오는 자만심인지 스스로 고찰의 계기를 만들어 주었다. 지금까지 명품인생대학의 학년대표를 하며 대학 생활을 누구보다 열심히 하였다고 생각하지만, 그것으로 행복한 삶을 살 수 있다는 착각 속의 나를 다시 한번 깨우치게 되는 소중한 기억에 남는 과제였던 것 같다. 자신의 고찰 속에서 또 다른 겸손함을 배우고 그것으로 또다시 변화가 시작되는 이러한 변화의 반복이 이제는 즐거움이고 행복함으로 다가오게 되었다.

어느덧 5년의 세월이 흘러 명품인생대학의 졸업을 준비하고 있다. 그것은 행복이 완성되었으며 명품인생에 대한 배움의 끝이 아니라 지금껏 배우고 경험하고 느꼈던 것들을 내 삶 속에서 잘 어우러지게 다듬고 만들어 나갈 준비가 되었다는 의미이다. 우리가 가진 '정직', '꿈', '열정'

세 가지는 명품인생과 행복한 삶을 위한 가장 소중한 가치이기에 그것을 잊지 말고 삶을 살아간다면 지금, 이 순간도 명품인생을 살고 있다는 것을 느낄 수가 있을 것이다.

나는 지금, 이 순간에도 계속 스스로 질문을 던지며 생각한다. 우리가 흔히 행복을 표현하기에 뿌듯함, 편안함, 설렘, 따뜻함, 만족, 안정감, 기쁨… 등 이러한 단어와 함께 내가 찾은 행복을 표현할 수 있는 단어를 더 많이 만들 수 있는 나만의 행복한 인생 설계를 하고 싶다. 행복하기 위해 살고 살아가고 있기에 행복을 느낄 수 있는 나의 명품인생의 여정은 지금도 계속되고 있다.

김대민

명품인생대학 학과 1, 2기 대표 김대민입니다. 꿈을 위해 정직하게 열정
적으로 40년을 달려온 부산 사나이입니다. 대성나찌유압공업㈜의 구매
팀에서 구매를 못 해 팔매로 시작하였지만 지금은 구매팀을 책임지는 진
정한 원가분석 및 구매관리 전문가입니다. 사실 진짜 직업은 세상에서
제일 귀엽고 사랑스러운 두 딸의 아빠이자 미모와 매력이 넘치는 한 여
인만 사랑하는 남편입니다. 이런 저에게서 나오는 행복 바이러스가 끝없
이 퍼져나가 모두가 행복해졌으면 좋겠습니다. ^^

쳇바퀴 같은 하루가 계속되던
나에게 새로운 도전을!

— 명품인생대학은 쳇바퀴 같은 하루가 계속되던 나에게 새로운 도전을 하게 해준 선물이다. 명품인생대학이 없었다면 나는 2년 전과 같은 똑같은 하루를 보냈을 것이다. 5년 내라는 짧은 인생의 목표도 없이 그저 오늘 하루만 바라보고 사는 그저 그런 삶 말이다. 처음 입학할 때, 목표를 써가면서 내가 해보고 싶었던 일들, 마음에는 늘 가지고 있었지만, 막상 행동으로 옮기지 못했던 것들에 대해 적었다.

우선, 경제적인 여유를 가지는 것, 요즘으로 보면 이르다고도 할 수 있는 28살에 결혼을 하여 정말 가진 돈 없이 용기로 결혼했었는데, 결국은 나에게 부채로 나를 조여왔었다. 학자금 대출과 자동차 할부금으로 나의 월급의 3분의 1 이상을 쏟아부었고, 그때 나는 이제 아빠가 될 준비를 하고 있었다. 입학을 준비하면서 제일 처음 세웠던 계획이 경제적 여유를 가지는 것이 될 수밖에 없었다. 아들에게는 해주고 싶은 것 다 해주고 싶은 아빠가 되고 싶었기에…

입학과 동시에 나는 5년 내 목표로 자동차 할부금 약 1천만 원과 학자금 1천만 원을 다 갚고 여윳돈 2천만 원 모으는 것을 목표로 세웠다. 다행스럽게도 나라 정책의 도움을 받아 자동차 할부금과 학자금을 모두 상환했다. 이제 남은 3년 동안은 여윳돈 2천만 원을 모으는 것인데, 이제 아이가 점점 커가면서 막상 저금이 잘되지는 않는다.

목표는 수정이 가능한 것이니까, 50% 이상은 달성했다고 생각도 했었고, 우선 한 달에 적금 50만 원을 드는 것으로 목표를 잡아 명품인생대학을 졸업하고도 나 혼자 지속해서 실행을 해보고자 한다. 외벌이로서의 압박은 점점 더 심해져 가지만 《너 그러면 행복하겠니》에 나오는 '터치 스톤'처럼 '매일 은행 애플리케이션을 들여다보면 되지 않을까?' 싶다. 그리고 이제는 '일 년에 한 번씩 나에게 주는 선물을 주는 것도 괜찮지 않을까?' 싶다.

두 번째 목표인 건강은 평생의 숙제이다!

취업 후 운동을 전혀 하지 않았던 나에게 명품인생대학은 큰 변화를 불러왔다. 주 3회 운동을 하는 것으로 체력은 물론이고, 몸이 건강해지고 있다는 것을 스스로 느낄 때가 많다. 일 년에 한 번하는 직장 건강검진에서 3년 전의 튜브 같던 허리 둘레는 많이 날씬해진 것을 느낀다. 바지가 커서 허리띠를 하는 것이 나에게 실제로 느끼는 큰 변화이다. 체력이 아주 좋아져 아이와 놀 때 잘 지치지 않고 놀아주는 것도 명품인생대학이 나에게 준 선물이다. 졸업은 해도 앞서 말한 것처럼 건강을 위해 운동을 하는 것은 평생 해야 할 숙제이다.

세 번째이자 마지막 목표로 했었던
가족과 많은 시간을 보내는 것!

앞의 두 가지 목표는 모두 이 마지막 목표를 위한 것이라고 해도 과언이 아니다. 예비 아빠로 입학했던 나는 이제 세 살짜리 아이의 아빠가 되었다. 아이를 낳는다는 것은 인생의 큰 축복이라고 생각한다. 아이가 태어남으로써 나의 인생은 그전과 후로 나뉘는 것 같다. 이제는 아이가 없는 인생을 상상할 수도 없고, 상상하기도 싫은 정도이니까. 가족과 많은 시간을 보내기 위해 친구들과 잦은 술자리 약속도 많이 참석하지 못했다. 돌이켜 보면 잘한 선택이다. 약속을 나간다면, 가족은 내가 집에 들어올 때까지, 걱정했을 것이고, 나 또한 잦은 음주로 인해 두 번째 목표인 건강도 챙기지 못했을 것으로 보였다.

가족과 많은 시간을 보내면서 숙제의 증거물이라고 말할 수 있는 핸드폰 사진첩의 많은 사진들, 일하면서 잠시 휴식 시간을 가질 때 가족과 시간 보냈을 때의 사진을 보면 절로 웃음이 나고 남은 일과를 마무리할 힘이 생긴다. 많은 추억이 생겼고, 이제는 더 많은 추억을 쌓을 것이다. 가족과 시간을 보내면서 쌓은 많은 추억은 나에게 있어 큰 힘이 되어주고 있기 때문이다.

만약, 내가 다른 회사에 입사했었더라면 앞서 말한 쳇바퀴 같은 하루하루를 보냈을 것이고, 목표를 잘 세우지도 못했을 것이다. 대성나찌유압공업㈜에 입사하여 내 인생의 멘토를 만나면서, 나는 나에게 스스로 목표를 정해 효율적인 하루를 보내는 인생이 되어 가고 있는 것 같아 명품인생대학생으로서의 자부심을 느낀다. 5년 내의 목표를 현재 진행하고 있는 시점에서 졸업한다고 하니, 많이 아쉽기도 하다. 5년 내의 목표가 어느 정도 완성이 된다면 이제 최종적인 목표 30년 후의 나의 모습에 대해 좀 더 구체적으로 목표를 세울 수 있지 않을까 싶었는데 말이다.

마지막으로 "너 그러면 행복하겠니?"라고 누군가가 나에게 물어본다면 나는 "네, 저는 행복합니다!"라고 대답을 할 수 있게 되었다. "왜?"냐고 물어본다면 더 구체적으로 대답을 해줄 수가 있기 때문이다. 나는 인생에 대해 큰 목표를 세웠고 단기 적은 5년 내의 목표를 세웠으며 이러한 목표를 향해 달성하기 위해 인생을 살고 있고, 달성하기 위한 과정에서 나는 행복한 감정을 느끼고 있기 때문이다.

이준엽

안녕하세요. 명품인생대학 3기 외모 Ace 이준엽입니다. 대성나찌유압
공업㈜ 개발팀 전자비례 밸브 개발 전문가이기도 하였죠. 여러분들은 운
명을 믿으십니까? 저에게 숙명으로 다가온 명품인생대학은 반복적이고
목표 의식 없이 살아온 직장인에서 아이에게는 좋은 아빠, 배우자에게는
가정적인 남편, 사회에서는 최고의 엔지니어로 변화하며 계속 성장하고
있습니다. 변화하고 싶나요? 행복하고 싶으세요? 인생 명품인생대학 우
리의 이야기를 읽어보세요. 변화는 지금부터 시작됩니다.

2019년 명품인생대학에 입학하며 처음으로 나의 인생에 대해서 돌아보고 앞으로 하고 싶은 것과 해야 하는 것을 나의 의지로 컨트롤할 수 있는 계기를 맞이하게 되었다. 장달식 대표님께서 만들어 주신 커리큘럼을 이행하며 나에 대한 생각을 많이 할 수 있었다. 이러한 시간이 나와 내 주변을 챙겨보고 소중함을 알 수 있었다. 약 5년이라는 명품인생대학의 시간은 뜻 깊었고, 앞으로 남아 있는 나의 인생을 명품으로 살기 위한 초석과 같은 시간이었다. 초기 계획과 도전의 이유를 통해서 소중한 것을 알 수 있었다. 계획 대비 실전 내용을 작성할 때면 결과물에 실망을 많이 했었다. 이때 멘토님께서 "많은 것을 하려 하지 말고 한 가지부터, 작은 것부터 조금씩 이루어 간다면 그것으로 된 것이다"라는 말씀이 나의 인생 철학이 되었다. 작은 실천을 통해 나 스스로 놀라운 것을 발견할 수 있었다. 명품인생대학은 지금까지 경험해 보지 못했던 일을 나 스스로 하며 성찰의 시간을 갖고 부족한 부분을 스스로 판단하여 재조정하고 목표를 이룰 수 있도록 천천히 나아가는 인생이 될 수 있도록 생각의 전환을 가져다준 인생 선물 같다.

명품인생대학 도전의 이유와 5년 후 목표, 최종 목표를 처음 작성했을 때 나의 인생목표 주요 테마는 첫째 건강, 둘째 독서, 셋째 가족, 넷째 어학, 다섯째 현재 업무의 전문성으로 선정했었다. 지금의 목표와 크게 다르지는 않지만, 세부적인 실천 계획에서 많이 달라지고 세분되고 변경되었다.

1) 건강의 경우 먼저 금연을 목표로 하였다. 하지만 번번이 실패를 경험하였다. 너무 쉽게 생각한 부분이 있었으며, 보건소의 도움을 받으면 될 것이라 생각을 했었다. 하지만 그렇게 금연이 되질 않았다. 5년의 시간 동안 성공하지 못하였으며, 반성의 시간을 계속 가지고 다른 방향으로 생각을 하려 했다. 그 결과 지금은 금연에 성공하였다. 2023년 5월 31일부터 시작된 금연이 6개월째 되고 있다. 시작은 작은 것부터 하게 되었다. 출근 후 커피를 마시고 옥상에 올라가는 그 시간을 바꿔보려 했다. 커피 대신 물을 마시고, 옥상 대신 접견실에서 근무 전의 시간을 보냈다. 바로 성공한 것은 아니었다. 조금씩, 자주 이런 행동을 잊지 않고 계속했다. 5월 마지막 날 굳게 결심을 하고 최종적으로 금연 시작을 스스로에게 통보하고 시작을 했다. 다음 날 아침, 시작을 조금씩 다른 곳에서 했기에 무리함이 없었다. 그러한 습관적 흡연시간이 다른 시간으로 대체가 되었으며, 나는 결국 금연에 성공을 했다. 앞으로도 좋은 습관을 만들어서 계속 금연을 이어 나갈 것이다.

　2) 두 번째로는 운동을 선택하였다. 플랭크, PUSH-UP, 스쿼트 등 맨손 운동으로 쉽게 집에서 할 수 있는 것으로 선택을 하였다. 이것 역시 꾸준히 하는 것은 어려웠다. 하루하루 조금씩 하기 시작했으며, 현재는 스쿼트 100개를 하루에 하고 있다. 실패와 성공을 계속해서 반복하고 있다. 세 번째 건강 지키는 방법으로 아침에 미지근한 물 마시기를 하고 있다. 멘토님께서 추천해 주신 건강법으로 일어나자마자 물을 전자레인지에 데워서 미지근한 온도(약 40도)로 천천히 마시고 있다. 꾸준히 하기 어려울 때는 실온에 둔 물을 마시는 경우도 있다. 목표를 이루기 위해 놓치지 않고 생활의 일부분으로 습관화하려 노력한다. 미지근

한 물을 마시는 것으로 인해서 아침에 속이 편안하고 대변을 잘 본다.

3) 독서는 꼭 해보고 싶었고 해야 된다고 생각했는데 실천이 되질 않았다. 하지만 명품인생대학의 목표로 선정하고 나서는 꾸준히 생각하게 되고 관심을 가지게 되면서 부족하지만 조금씩 책을 보는 습관을 갖게 되었다. 처음 시작했을 때는 거대한 목표를 세웠지만 지금은 매일 최소한 1페이지라도 읽는 것을 목표로 하고 있다. 그래서 매일 책을 손에 놓지 않고 있어서 꾸준하게 읽을 수 있는 것 같다. 명품인생대학을 하면서 아이들과 같이 책을 읽고 독후 활동을 하는 것도 하게 되었으며, 아이들의 책이 읽기 쉽게 되어 있어 독서에 흥미가 없던 나에게 좋은 시작점이 되었다. 지금은 '아주 작은 습관의 힘'이라는 책을 조금씩 읽기 시작했다. 새로운 나의 인생 철학과 통하는 책이라 흥미를 갖기에 충분하였다. 재미있게 읽는 중이다.

4) 가족은 나의 분신이다. 아이들이 커가면서 조금씩 멀어지는 느낌이 들게 되었다. 중요하지만 시간을 할애하면서 관리를 하지는 않는 것을 명품인생대학을 다니면서 스스로 알게 되었다. 그래서 아이들과 아내에게 여름 바닷가를 매년 가자고 하였다. 명품인생대학 처음부터 지금까지는 여름이면 가까운 바닷가를 갔었다. 아이들과의 시간을 보내며 맛있는 것도 먹고 즐거운 시간이었다. 앞으로 더 아이들이 크면 같이 움직이기 힘들 텐데… 계속해서 이것을 지켜나가야겠다. 2021년 8월 1일 새로운 가족이 생기게 되었다. 길고양이 당무를 가족으로 맞이하였다. 아내, 아이들과 많이 의견을 나눴고 우리의 가족이 되기로 하였다. 당무가 우리에게 와서 우리는 행복함을 더 느낄 수 있었다. 또한 대화도

많아지고 배려를 하게 되었으며 턱관절이 아팠던 아내는 씻은 듯이 나을 수 있었다. 모든 것이 당무로 인한 변화이었다. 고양이의 매력이 우리 가족은 흠뻑 취해 있어서 2022년 2월에 베리를 입양하였다. 너무 예쁘고 사랑스러워 같은 해 6월에 보라를 입양하였다. 총 세 마리의 고양이와 같이 살게 되었다. 고양이로 인해서 우리 가족은 행복해하고 있다. 앞으로 서로 배려하며 사랑하며 살 수 있을 것이다.

5) 어학은 회사 근무를 하면서 필수적인 부분이 된 것 같다. 하지만 노력하지 않고 있다. 명품인생대학을 통해서 매일 출근길에 EBS 영어를 듣고 있다. 하지만 추가적인 공부를 하지 않고 있어서 실력이 늘지 않고 있다. 일본어 역시 마찬가지다. 최근까지는 회사에서 지원해 준 전화 일본어를 하고 있었다. 전화 일본어를 하면서 조금씩은 하고 있었다. 전화를 끊고 나면 복습하지 않고 또 시간을 보냈다. 지금은 회사에서 지원하지 못하고 있어 전화 일본어를 하지 않는다. 그로 인해서 조금씩 하던 공부도 안 하고 있다. 어학은 명품인생대학을 하면서 시작했고, 여러 방법을 통해 꾸준히 해보려 했으나 아직 별다른 결과를 내놓지는 못하고 있다. 지금, 이 글을 작성하면서도 반성하고 있다. 조금씩, 하나씩 다시 도전해 볼 것이다. 높은 목표를 세우지 않고 하루에 조금씩 이룰 수 있는 목표를 정하여 앞으로도 계속할 것이다.

지금까지 명품인생대학의 나의 목표와 그것을 실행했던 내용으로 소감을 적어보았다. 지금부터는 인상 깊었던 커리큘럼에 대해 소감을 작성해 보려 한다. 우선 가장 흥미롭고, 준비하면서 웃기기도 했던 것이 '30년 후의 내가 지금의 나에게', '지금의 내가 30년 후의 나에게' 편지

쓰기이다. 가면을 각자 만들어와서 착용한 상태에서 편지를 낭독하는 것이 재미있었다. 30년 후의 내가 지금의 나에게 작성한 편지를 지금 다시 보니, 편지 적을 때는 지금 나의 현재 모습 중 바뀌었으면 하는 부분이 소망으로 들어가 있었다.

또한 지금의 내가 30년 후의 나에게 적은 편지에는 꿈 같은 목표에 대한 이야기가 있었다. 이 모든 것이 현재의 나에게서 반영된 것이란 생각이 들었다. 한 번도 해보지 않았던 미래의 나에게, 그리고 미래의 내가 지금의 나에게 편지를 쓴다는 것은 지금 다시 읽어보니 내 인생의 방향성을 알 수 있었다. 5년 뒤 또다시 30년 후의 나에게 편지를 쓰고, 5년 전에 쓴 편지를 다시 읽는다면 나의 명품인생이 내가 생각한 방향으로 방향성을 잃지 않고 갈 수 있는 길잡이가 될 것으로 생각이 든다.

2020년 하계휴가를 마치고 작성한 글을 다시 보니 그날의 기억이 새삼 다시 떠오른다. 어떤 것을 하고 어떤 생각을 가지고 살고 있었는지 가족들과는 어떻게 보냈는지 사소한 일상이 적혀 있었다. 그 당시 둘째는 플루트를 열심히 하고 있었었다. 대회에 참가했었고 첫째는 중학교에 들어가서 공부에 힘을 쓰기 시작한 때였다. 아내는 아이들의 뒷바라지를 하면서 하루하루를 보내고 있었다. 이런 사소한 일상이 기록으로 남아 나의 역사가 될 것이다. '문화 콘텐츠를 경험한 후에' 이 과제는 경험해 보지 못한 것을 해보려는 것이었는데 나는 특별히 하지 못했다. 다시 읽어보니 억지로 내용을 만들어 작성한 것이 보였다. 왜 그랬을까 하는 생각이 들었다. 가족들과 문화생활을 하고, 그 결과를 기록으로 남기는 것 또한 의미 있는 일인데 말이다.

시를 쓰다. 시를 쓰는 것은 사물에 대한 이해를 높여주기도 하고 감정의 깊이를 글로 표현하기도 하는 것 같다. 나도 시를 적어보긴 했으나 멘토님의 첨삭 내용으로 시를 쓰는 것보다는 외우는 것으로 방향을 바꾸었다. 시를 외우는 것 또한 쉽지 않았다. 아내가 추천해 준 시는 영어로 된 시였기 때문에 번역해야 했고 그 단어도 쉽지 않았다. 시를 외워 발표할 때 후회를 많이 했던 기억이 난다. 시를 작성해 본다는 것을 다시 해보는 것은 사물을 다른 시각으로 볼 수 있는 계기가 되는 것 같아 명품인생대학이 끝난 후에도 스스로 창작시를 적어보려 한다. 많은 커리큘럼을 이행하면서 그 당시에 작성할 때는 어렵고 불편했지만 지금 작성해 놓은 자료를 읽어보니 내 생각과 그 당시의 내 주변의 상황들을 알 수 있었고 그러한 기록들이 앞으로 나의 인생이 나아갈 방향을 설정해 줄 것 같다.

명품인생대학을 통해서 내가 이루고 싶은 인생의 목표를 알게 되었으며, 그것을 이루기 위해 해야 할 것을 세분화하고 계획하고 수정하며 조금씩 천천히 앞으로 나아가는 이태영이 될 것이다. 멘토 장달식 대표님에게 무한한 감사를 드리며, 나의 인생을 느끼고 바라볼 수 있는 계기를 마련해 주셔서 고맙습니다. 조금씩, 하나씩 천천히 목표를 향해 나아가겠습니다.

이태영

2024년 1월 현재, 대전에서 28년을 살다가 양산에서 제2의 인생을 살고
있는 마흔세 살의 아저씨다. 대성나찌유압공업㈜ 개발팀에서 유압 밸브
설계 업무를 하고 있다. 아내, 두 딸 그리고 반려묘 세 마리와 함께 행복
을 찾아가는 여행을 즐기고 있는 중이다. 명품인생대학 1기로서 가진 것
에 대해 감사하고 작은 것부터 목표를 이루어 가기 위해 노력하고 있다.
앞으로의 명품인생이 더 찬란하기를 기대한다.

2001년 1월 대학 졸업을 1달 앞에 둔 시점에 나는 대성나찌유압공업 ㈜에 입사를 하였고, 그 후 대성산업에서 2년을 근무했지만 어쨌든 대성이라는 한 직장에서 23년째 직장 생활을 하고 있다. 지금 돌이켜 보면 입사 후 2018년도까지 18년간 나는 단조로운 인생을 보내고 있었던 것 같다. 내가 단조로웠다고 생각하는 것도 지금의 내가 그때와는 달라졌다고 느끼기 때문이라 생각한다.

물론 지금부터 또한 시간이 지난 시점에서 다시 지금을 돌이켜 보면 어쩌면 같은 생각을 할 수도 있지만, 명품인생대학 졸업을 앞둔 지금의 생각은 앞으로는 그렇지 않을 것이라고 자신할 수 있다. 2018년까지의 나의 생활 패턴, 생각들은 대부분 회사 생활과 연계된 업무 성과, 업무 역량 확대, 거래처 또는 회사 내부 인원과의 치열한 소통으로 채워져 있었다. 물론 대부분의 직장인이 이런 테두리 안에서 살아갈 수도 있다고 생각하지만, 직장 생활 속의 업무 범위를 제외한 나의 인생에 대해 스스로 어떤 행복을 추구하며 살고 있는지 내가 어떤 인간으로 형성되어 가고 있는지 관심이 없었던 시절이었다. 구체적으로 설명한다면 나를 위해 무엇을 해야 하는지 인생목표가 없었고 목표가 없었기에, '인생 설계'라는 단어도 생소하고, 아무런 준비가 없었던 시절이었던 것 같다.

18년간의 회사 생활을 설명하자면 더욱더 많은 이야기가 있겠지만 상기와 같은 패턴으로 그냥 살아가고 있었던 시점에 2018년 12월 회사의 사정으로 새로운 경영자인 장달식 대표님이 우리 회사에 입사를 하게 되었고 내 인생에 생각하지 못한 큰 변화가 생기기 시작한다. 처음에는 그저 '새로운 경영자가 오게 되어 어떤 방식으로 회사를 운영할까, 어떤 업무 성과가 나올까'라는 궁금함이 있었고, 또한 근무지가 서울로 발령받게 되어 다른 동료들보다 자주 대화할 수 있는 환경이 아니었기에 업무적인 어떤 변화가 생길지 긴장하고 있던 시점이었다.

'명품인생대학'에 입학해서 인생을 다시 설계해 보자…

업무적인 환경 변화에 대해 궁금해하던 시점에, '명품인생대학', '인생 설계' 이런 단어를 접하게 되었다. 사실 나는 어떤 새로운 도전에 적극적으로 다가가며, 피하지 않는 성격이다. 또한 명품이라는 단어도 내마음에 들었고, 어떤 학습 과정인지는 모르겠지만, 대표님의 프로필을 통해 나도 이 사람의 인생 경험을 배울 수 있겠다는 막연한 기대감으로 누구보다 빨리 명품인생대학 1기로 입학하게 되었다. 이 당시 메인 Desk를 서울에 두고 있었지만, 나에게 빨리 입학하도록 기회가 생겨서 명품인생대학 초창기 멤버라는 부분에 자부심을 가지고 있다.

나는 명품인생대학이 어떤 과정과 목표를 다루는지, 어떤 과제를 수행할 것인지 궁금하였고, 아직 무엇인지는 잘 모르겠지만 재미있을 것 같다는 큰 기대감으로 시작하였다. 물론 어려운 과제, 재미있는 과제가 섞여 있었지만, 어쨌든 나에게는 새롭고 즐거운 경험이 생겼다. 처음 단계는 명품인생대학 교수인 장 대표님의 《너그행》을 읽으며 교수의 경험, 인생 철학 등을 이해하게 되었고, 이 책을 통해 명품인생대학이 어떤 방법으로 학습을 할 것이라는 예상을 할 수 있었다. 독서를 자주 하지 않기도 하였고, 또한 나는 나와 가까운 사람의 책을 처음 읽었던 터라 정말 재미있고 호기심 가득하게 읽었다. 책의 내용을 통해 명품인생대학이 추구하는 방향성을 많이 이해할 수 있었다. 이로 인해 새로운 변화가 나에게 올 것이라는 기대감과 새로운 행복의 정의를 바탕으로 나도 한번 행복하게 살아가고 싶다는 목표가 생겼다.

'인생 설계, 감사편지, 나에게 쓰는 편지, 문화 콘텐츠 경험 소감' 등 여러 과제들을 진행하면서 새로운 지식을 습득한 보람으로 느끼는 행복과 습득한 지식과 지혜를 통해 사회생활 속의 나의 가치가 향상되는 것은 물론이다. 내가 과거에 가질 수 없었던 생각의 변화가 나에게는 힘든 직장 생활 가운데 큰 행복으로 자리 잡고 있고, 이 변화가 나에게는 항상 감사하다. 과거에 나는 계획을 수립하고 실천을 하며 살았다고 생각하지만, 나는 내 인생을 명품으로 만들기 위한 계획과 인생 설계는 없었던 것 같다. 내 인생에 대한 비관적 생각을 하고, 때로는 내가 행복하다는 합리화에 빠져 있고, 내가 선별한 분야의 지식만 습득하며 순간순간만 편하게 살았던 것 같기도 하다. 어떤 이는 아직 명품인생대학의 활동과 목표를 이해할 수 없을지도 모른다.

'회사의 대표가 하자고 하니 그냥 따라간 것은 아닌가'라고 생각하는 사람도 있을 수 있다. 이 사람들에게 이 졸업 소감을 통해 명품인생대학이 인생에 긍정적인 생각의 변화와 태도의 변화를 줄 수 있음을 진심으로 설명해 주고 싶다. 나는 명품인생대학의 가장 중요한 행동 과제는 '인생 설계'에 있다고 생각한다. 명품인생대학에서의 수행 과제를 거쳐서, 내가 행복할 수 있도록 한 단계씩 계획과 실천을 하며 조금씩 성숙해 가는 나의 모습이 지금은 내 인생에 가장 큰 성취감으로 자리 잡아가고 있다.

　나는 '내가 행복해하고, 소중한 사람의 행복에 긍정적 영향을' 끼치는 사람이 되고 싶다. 또한 그동안 몰랐던 '이로운 지식을 배우고, 지혜를 가지고', 자기 관리를 통해 '건강한 생각과 몸'을 유지하며, 나의 소중한 사람에게 내가 배웠던 명품인생대학, '명품인생의 가치'를 전해주고 싶다.

　내가 명품인생대학을 졸업하며 가장 행복한 기대감이 있다. 나의 소중한 딸에게 인생 설계에 대한 멘토를 해 줄 수 있고, 명품인생대학에서 배운 것들을 전해 줄 수 있게 되었다는 것이다. 그동안 작성했던 과제들을 딸과 함께 읽고 대화할 것을 생각하니 엄청난 설렘이 생기고, 물론 나의 멘토 능력이 부족할 수 있지만 적어도 나의 가족에게만은 명품인생대학 멘토로서 잘 이끌어 갈 수 있다는 왠지 모를 자신감이 생긴다.

　그동안 많은 대화 시간을 가지지 못했지만, 오늘부터 딸의 인생을 명품인생을 도와줄 수 있도록 실천하고자 한다.

김병곤

1975년 부산에서 태어나 국민학교부터 대학까지 부산에서 졸업하고 부산 인근 양산에서 23년간 한 직장인 대성에서 근무하고 있으며 해외 영업과 아웃소싱의 전문가로 자리 잡고 있습니다.

야구와 축구는 진심을 다해 시청하고 있으며 특히 뼛속 깊은 롯데자이언츠 팬입니다. 군대에서 축구를 한 얘기를 좋아하는 전형적인 한국 남자 스타일로 5년 전부터 명품인생대학 입학을 통해 행복한 미래를 설계하고 있고, 가족들과 시간도 많이 보내고 본인의 건강도 챙기려고 하고 있는 평범한 사람입니다.

　명품인생대학을 한마디로 표현하자면 '명품인생이라는 그림을 그리는 과정'이라는 생각이 든다. 처음에는 흐릿하게 무엇인지도 모르지만 점점 선이 그려지며 뚜렷해지고, 나중에는 누가 보아도 멋진 그림처럼 내 인생도 처음에는 작은 목표라는 선도 하나 그리기 어려운 상황이었다. 그렇지만 지금은 그래도 '아, 이 사람이 이런 인생의 목표를 가지고 점점 나은 미래를 향해가고 있구나'라는 그림으로 보면 스케치 정도는 완성한 상황인 것 같다. 아직 많은 과정이 남아 있지만 지금까지의 경험을 바탕으로 명품인생이라는 그림을 그릴 수 있다는 생각이 든다

　2019년 명품인생대학 1기로서 처음 오아시스에서 조촐하게 모였던 게 어느덧 5년이라는 시간이 흘렀다. 그동안 여러 가지 과제를 수행했지만 가장 기억에 남고 나를 변화시킨 세 가지가 생각이 난다.

독서

　《너 그러면 행복하겠니》를 시작으로 평소 책을 읽는 습관과는 거리가 멀었지만, 지금은 2주에 한 번씩 동네 도서관을 가서 빌린 책을 반납하면서 새로운 책을 찾아보고 있는 나를 발견한다. 물론 다 못 읽어서 큰 딸아이 카드로 반납한 책을 바로 다시 빌리는 경우가 아직은 반 정도는 되지만, 그래도 평균 2달에 세 권 정도는 책을 본다. 처음에는 소설, 자기 개발서 종류를 많이 읽었는데, 요즘은 경제, 수필, 심지어 미술 관련 책까지 딸아이와 같이 주제를 정해서 읽는다.

확실히 책을 읽는 습관이 나뿐만 아니라 가족까지 영향을 주어 매주 휴일이면 TV를 보던 우리 집 거실의 모습이 5년이라는 시간이 지나면서 많은 변화를 주었다. 부가적인 효과로 올 가을에 큰딸의 국어 점수가 올랐는데, 책을 많이 읽으니 빨리 읽는 능력이 생기고 생각도 풍부해진다고 나에게 자랑하는 모습이 참으로 뿌듯한 기억이다.

문화 콘텐츠 경험
—

가끔 영화를 보거나 연말에 콘서트 한 번 가는 것이 문화생활의 전부였던 나에게 10번이라는 숫자는 생각보다 멀게 느껴졌다. 이왕에 하는 것 가족과 함께하자는 생각으로, 가족회의를 열어 야구 관람, 박물관 투어, 영화 등 여러 가지를 상의한 결과 '유튜브로 오페라의 유령을 본 것이 너무나 감명 깊었다'는 아내의 적극적인 의견으로 뮤지컬을 보기로 하고 '위키드'를 예매했다. 뮤지컬을 보자고 한 아내보다 처음 보게 된 아이들이 더 좋아했고, 이후 캣츠, 영웅-도마 안중근, 유튜브로만 본 오페라의 유령 등 1년에 한 편은 보고 있다. 자주 보고 싶지만 경제적인 이유도 무시할 수가 없어 해마다 겨울방학이면 올해는 뭘 볼까 심각하게 고민하는 딸아이들의 모습을 보면서 행복을 느낀다. 작년까지만 해도 뮤지컬 배우가 꿈이라던 둘째는 자신의 노래실력을 객관적으로 파악하고 올해는 연기를 하겠다고 했는데, 내가 보기에는 내년에 또 바뀔 것 같다.

운동하기
—

가장 많은 변화를 준 부분이 운동하기, 정확하게는 하루에 만 보 걷기이다. 매번 계획만 세우고 실천을 못 하던 부분이 운동이었는데 이제는 생활의 일부가 되었다. 처음에는 만 보를 채우기도 어려웠지만 지금은 매일 아침 6시에 일어나 습관처럼 강변 산책로를 나가서 5km 정도 조깅을 하고 집에 오면 6시 45분 약 육천 보의 걸음으로 하루를 시작하게 된다. 하루를 마치고 보면 만천 보에서 만 사천 보 정도를 걷는데 올해 건강검진을 받아보니 확실히 체중은 줄고 좋지 않았던 여러 지표가 정상범위로 들어오게 되었다. 물론 전날 음주나 아프거나 하면 운동을 못 할 때도 있지만 그래도 주 5일 이상은 꼭 지키고 있다.

얼마 전에 오랜만에 친구들을 만나서 얼굴 좋아졌다는 이야기를 들으니 뿌듯한 마음과 자신감을 가질 수 있었다. 농담처럼 40대가 되니 몸 여기저기가 고장 나기 시작한다고 했는데, 올해는 석회성 건염으로 어깨가 아파서 고생을 많이 했지만 지금은 많이 나아진 상태이다. 조금이라도 젊을 때 건강관리를 잘해서 인생계획을 세운 30년 후의 모습을 즐기는 것이 얼마나 중요한가를 새삼 느끼는 한 해이다. 아무리 계획을 잘 세우고 실천해도 건강을 잃고 하고 싶어도 할 수가 없는 모습은 정말 상상하기도 싫다.

이처럼 명품인생대학을 통해서 나의 미래, 가족과 함께하는 시간, 내가 생각하지 못했던 주변에 대한 고마움을 다시 생각하는 계기가 되었다. 또한 그로 인해 그냥 막연히 잘 살아야지 하는 것이 아닌 구체적이고 적극적인 모습으로 하루를 보내고 있는 나를 볼 수 있다.

어느덧 졸업을 위하여 마지막 글을 적으니 양산이라는 생소한 곳에 오셔서 이전과는 다른 방식으로 저의 인생을 그릴 수 있게 도와주신 장

달식대표님께 감사드린다. 처음 시작 때는 30년 후였지만 지금은 25년
후 나에게 부끄럽지 않은 멋진 명품인생대학 졸업생이 되기 위하여 노
력하는 모습으로 조금씩 변화하는 인생의 설계자가 되겠다.

정수현

1978년 부산 출생으로 2005년 3월에 창원대학교 회계학과를 졸업하고 대성나찌유압공업㈜에 입사하여 인사 재무팀장으로 19년째 재직 중입니다. 어느덧 40대 중반이지만 행복한 가족, 명품인생을 설계하며 하루에 한 걸음씩 오늘보다 나은 내일을 이루기 위해 미래를 준비하고 있는 명품인생대학 1기 정수현입니다.

  명품인생대학 입학은 20대 초반에 보낸 대학 생활에서 경험할 수 없는 특별한 경험이었다. 명품인생대학 입학 전 나에게 행복은 나의 자리가 남들 자리보다 더 높은 곳에 있고 더 많은 부를 가져야 한다고 생각했었다. 그러지 못한 나는 행복할 수 없을 것으로 생각했다.

  명품인생이 아닌 명품만 좇고 행복을 나 자신이 아닌 밖에서 찾으려 했다는 것을 알게 되었고 무엇보다 누구의 엄마, 누구의 아내, 누구의 딸이 아닌 어린 시절의 나, 학창 시절의 나, 지금의 나, 미래의 나 오로지 나를 생각하는 시간에 말로 표현할 수 없는 뭉클함, 감동, 행복함을 느꼈다. 명품인생대학을 졸업하면서 나에게 가장 큰 변화는 행복한 삶을 위해서는 꿈을 가져야 한다는 것을 게 된 것이다. 인터넷에서 발견한 아랫글을 통해 꿈의 중요성에 대해 다시 한번 느꼈다.

  "꿈이 없는 자는 살아 있는 시체이며 우리의 모든 불행은 꿈을 꾸지 않는 것에서부터 시작된다.
  내가 꿈을 꾸면 나는 누군가의 꿈이 되지만, 내가 꿈을 꾸지 않으면 나는 누군가의 꿈을 위해 내 인생을 바쳐야 한다"

  어렸을 때는 꿈이 많았지만 어른이 된 후 꿈들이 사라져갔다. 나의 꿈은 무엇인가? 어른인 나에게 꿈은 무언가 되고 싶다는 직업이 아니라 어떠한 삶을 살고 싶은가에 대한 물음이라고 생각한다. 그동안 현재를 살아가기에도 힘들고 지쳐서 미래에 대한 꿈을 가질 엄두도 못 내고 그저 하루하루 열심히 살아왔지만 꿈을 가짐으로써 인생에 변화가 일어났다.

1) 긍정적이고 적극적인 마인드로 삶을 대하는 태도가 바뀌었다.
2) 가족이 모두 건강하길 바라고, 남편의 승진을 바라고, 아이의 성적이 조금 더 오르길 바라는 것은 나의 소망은 될 수 있어도 꿈은 될 수 없다는 것을 알았다.
3) '그럭저럭 하루를 버티는' 태도에서 벗어나 꿈을 이루기 위해 부정적인 태도를 버리려고 노력한다.

명품인생대학 입학원서를 작성하면서 다시 한번 인생에 꿈을 꾸게 되었다. 입학원서는 현재 나의 상황과 도전 이유, 5년 후 목표, 최종 목표로 나누어져 있으며 꿈을 이루기 위해 구체적이고 현실적인 목표 설정, 이를 달성하기 위한 실행 계획을 수립하여 멘토님과 면담 후 입학했다.

입학 후 다양한 과제는 나 삶의 긍정적인 에너지를 주었다. 명품인생대학 입학 후 꿈을 가지게 되었고 행복한 삶에 대해 고민하게 되었다. 명품인생대학 전 나는 주어진 것에 감사하며 소소한 행복을 찾으며 하루하루 살아왔지만, 이제는 '명품인생을 사는 사람'으로 인생을 살아가고자 했다.

앞에서도 말했듯이 명품인생은 꿈이 있는 삶이다. 꿈이 있으면 아무리 초라한 차를 타고 오래된 물건을 지녀도 사람이 명품이기 때문에 그 자체로 빛난다. 꿈이 없고 명품만 걸치고 다닌다면 그 명품만 빛날 것이다.

꿈을 가지고 꿈을 이루기 위해 노력하면 삶은 행복할까?

나와 내 가족만 행복하면 행복할까?

인생의 궁극적인 목표 행복한 삶을 살기 위해 무엇을 준비해야 하는가?

행복을 한마디로 정의하기는 쉽지 않다. 그런데도 대부분 행복해지기 위해 살아간다. 행복해지기 위해서는 연습이 필요하다고 한다. 행복해지려는 노력은 하지 않고 행복해지려고 하는 것은 욕심이다. 행복하기 위해 하루, 1주, 1달, 1년… 꾸준히 연습하다 보면 행복에 가까워져 있는 자신을 발견하게 될 것이다.

행복의 세 가지 조건을 갖추는 것이 나의 미래 계획이다.

경제적 자유
—   경제적 자유란 생계를 위한 노동의 상태를 벗어나는 것으로 내가 하고 싶은 걸 마음껏 할 수 있고 하기 싫은 걸 안 할 수 있는 상태이다.

인간관계
—   좋은 인간관계의 시작은 배려와 이해이다.

화목한 인간관계, 특히 가족, 친구, 공동체에서의 긍정적이고 화목한 관계를 맺을수록 신체와 뇌 기능이 더 건강하고 행복지수가 높으며 삶의 질과 행복이 결정되기 때문에 인간관계 능력을 향상하기 위해 노력해야 한다

건강
—

신체와 정신은 연결되어 있다. 몸이 아프면 정신을 똑바로 유지하기가 힘들다, 행복하기 위해서는 체력은 필수로 꾸준한 운동으로 관리해야겠다.

명품인생대학을 졸업하면서 아직은 내 손길이 필요한 가정에서 포기했던 나의 꿈과 미래를 향해 한 걸음씩 나아가다 보면 언젠가는 그 미래 속에 내가 있을 것이라는 믿음과 용기를 가지게 된 뜻깊은 시간이었다.

문서영

반갑습니다!
"자녀에게 물려줄 것은 건물이나 돈이 아니고 '명품인생대학'뿐이다!"라
는 명언을 남긴 유일한 홍일점 일본 영업 전문가 명품인생대학 2기 문서
영입니다.
명품인생대학을 통해 타인이 아닌 어제의 나와 비교하고 경쟁하는 행복
한 인생을 배우게 되었습니다.
행복한 인생을 꿈꾸지만 무엇부터 해야 할지 막막한 사람에게 명품인생
대학 입학을 추천합니다!

안녕하십니까? 명품인생대학 2기 졸업예정자 신상우입니다.

대학생 시절 "생각대로 살지 않으면 사는 대로 생각하게 된다"라는 폴 브르제의 말을 알게 되어 중요하게 생각하다 어느 순간 잊고 있었습니다.

그러다 행복은 설계순이라는 대표님의 말을 듣고 다시금 기억하게 되었습니다. 명품인생대학 입학 후 3년 6개월이란 길고도 짧은 기간 동안 행복한 인생을 살기 위해서 어떻게 생각하고 행동해야 할지에 대해 깊은 고민을 해볼 수 있었습니다. 이런 고민을 통해 현재 긍정적으로 변화하고 있고 앞으로 더 뚜렷한 목표를 가지고 목표를 이룰 수 있을 것 같습니다.

참여 수업 내용을 통해 느낀 점입니다.

《너그행》을 읽고

《너그행》은 한 사람이 기계의 한 부품처럼 수동적으로 살지 않고 자신의 인생을 디자인해서 살기를 바라는 마음으로 쓴 책인 것 같습니다. 명품인생대학이란 좋은 기회로 인해 인생을 디자인하고 디자인한 대로 행복한 인생을 살기 위해 노력 중입니다. 또한 대표님과 똑같이 못 하겠지만 나뿐만 아니라 주변의 사람들을 행복하게 할 수 있는 나만의 방법이 있는지 고민 중입니다.

"너 그러면 행복하겠니?"라는 화두는 나 자신을 뒤돌아보게 합니다. "진정한 행복이란 무엇일까?"를 비롯해 책의 여러 구절이 저에게 많은 영향을 주었습니다. 그리고 책을 처음 보았을 때보다 두 번 세 번 읽고 나서 오는 여운이 더 큰 것 같다. 앞으로도 다양한 독서를 통해 생각과 마음의 크기를 키워나가겠습니다.

30년 후 나에게 보내는 편지
—
그동안 1년 계획 또는 길어야 3년 내지의 계획을 세운 적은 있지만 30년 후 제가 어떤 모습일까에 대한 생각은 해본 적이 없습니다. '60대 중반의 저는 어떤 모습이었으면 좋을까'라는 생각은 신선하게 다가왔습니다. 30년 후의 저의 모습을 상상하다 보니 어느덧 30년 후의 롤모델을 찾을 수 있었습니다.

단순히 돈이 많기 보다는 진정한 행복을 찾은 사람이면 좋겠습니다. 하고 싶은 일을 하고 주변 사람들에게 행복을 줄 수 있는 30년 후의 모습을 실제로 만들기 위해 목표를 설정하고 하나씩 이루어나가겠습니다.

단기, 중기, 장기 목표를 설정하고 하나씩 이루어 갈 때 성취감을 느끼고 그 성취감을 원동력으로 지금 생각한 대로 30년 후의 멋진 제가 되겠습니다.

30년 후 내가 지금의 나에게
보내는 편지
—
지금의 저에게 부족한 부분과 어떤 행동을 해야 할지에 대한 고민을 할 수 있는 좋은 기회였습니다. 현재 상황을 객관적으로 분석하고 제가 어떤 걸 하고 싶은지에 대한 고민 끝에 앞으로의 목표와 방향성을 설정할 수 있었습니다.

30년 후 나에게 쓰는 편지와 30년 후 내가 지금의 나에게 보내는 편지를 통해 행복한 인생을 살기 위한 인생 설계의 멘토와 멘티가 되는 경험을 하였습니다.

감사편지

개인적으로 평소에 "감사합니다"라는 말을 자주 하는 편은 아닌 것 같습니다. 감사편지를 작성하면서 감사할 일이 많다는 걸 알았습니다. 오늘의 감사한 일입니다.

첫째, 아침에 눈을 뜨니 사랑하는 가족이 옆에 있어 감사합니다.
둘째, 출근할 때 배웅해 주는 아내와 아들에게 감사합니다.
셋째, 출근할 수 있는 직장에 감사합니다.
넷째, 업무를 도와주고 같이 대화를 나누는 직장 동료에게 감사합니다.
다섯째, 명품인생대학과 FHU(미래유압대학)를 통해 회사를 변화시키는 대표님께 감사합니다.
여섯째, 점심 식사를 제공해 주는 분들에게 감사합니다.
일곱째, 아들을 돌봐주는 어린이집에 감사합니다.
여덟째, 저녁 식사를 준비해 준 아내에게 감사합니다.
아홉째, 나에게 안아달라는 아들에게 감사합니다.
열째, 오늘 하루도 별 탈 없음에 감사합니다.

하루하루 일어나는 일들이 당연하게 여기다가 감사편지를 통해 감사한 일이라는 걸 깨닫고 나니 일상생활에서 행복을 찾은 것 같습니다. 일주일이나 한 달에 한 번이라도 감사한 일이 무엇인지 기록하고 평소에도 감사한 마음을 표현해야겠습니다.

문화 콘텐츠

—

　　　　　가뭄에 콩 나듯 가끔씩 문화생활을 하던 저로서는 처음 문화 콘텐츠 열 번이라는 주제가 멀고도 어렵게 다가왔습니다. 문화생활을 즐긴다기보다는 시간 보내기용으로 활용하고 있었습니다. 그러다 문화 콘텐츠라는 주제를 통해 문화생활이 주는 재미를 조금씩 알게 되었습니다. 독서와 영화감상을 통해 시간과 공간을 초월해 여러 종류의 감정을 교류하고 간접 경험을 통해 시야를 넓힐 수 있었습니다. 그리고 새로운 지식과 재미를 얻을 수 있고 일상의 걱정과 의무로부터 벗어날 수 있는 경험이었습니다. 제가 좋아하는 문화 콘텐츠가 무엇인지 찾아가는 과정입니다. 앞으로 많은 문화생활을 경험해 보고 꾸준히 즐길 수 있도록 하겠습니다.

　　명품인생대학을 졸업하며, 행복은 막연하고 추상적이라고 생각했었는데 현재는 명확하고 가까이 있다고 확신합니다. 이러한 생각의 전환을 이룰 수 있게 해주신 장달식 대표님께 감사합니다. 처음에 업무 외에 저의 이야기를 회사 사람들에게 한다는 게 부담이 되기도 했습니다. 하지만 명품인생대학 여러 활동을 통해 점점 저의 행복에 대한 생각과 목표 및 경험을 공유하는 게 자연스러워질 만큼 친밀감을 가지게 되었습니다. 또한 어디에서도 얻기 힘든 다른 사람들의 생각과 변화하는 모습을 통해 많은 것을 배우고 반성하는 기회가 되었습니다.

　　명품인생대학을 졸업 후에도 자랑스러운 졸업생이 될 수 있도록 지속적으로 목표를 세우고 수정하고 실제로 실천하는 모습을 유지하겠습니다. 항상 주변 사람의 행복까지 생각하는 대표님을 존경하며 저도 가족과 친한 친구들에게까지 만이라도 행복을 전파하도록 노력하겠습니다.

신상우

조용한 양산시 남부동의 행복이 넘치는 가정의 일원이자 명품인생대학 2기 신상우입니다. 30대 후반의 나이로 아내 그리고 아들과 함께 행복한 인생을 설계하고 만들어 가는 중입니다. 부산밖에 모르던 부산 촌놈이 양산에 터를 잡은 지 10년이 되었습니다. 양산으로 와 명품인생대학이란 기회를 얻은 행운아로서 주변 사람들에게 긍정적인 영향을 주는 행복 전도사가 되길 꿈꾸는 명품인생대학 졸업예정자입니다. 전자유압 밸브와 시스템을 개발하고 있습니다.

'명품인생대학' 세상에 단 하나밖에 없는 대학이다. 삶의 끝, 죽음에서 자신의 묘비에 남길 수 있는 인생의 목표를 정하고 학우들과 함께 그 목표까지의 과정을 돌아보며, 소소한 목표 달성과 부족한 점을 반성하게 해준 교육과정을 통해 인생을 설계하는 방법을 배운 대학이다.

명품인생대학의 첫 입학 과제는 인생의 목표를 정하는 것이다. 내 삶, 내 인생의 목표를 정하기 위해서는 추상적인 목표를 정하는 방법을 잘못된 방법이다. 인생의 목표란 것은 대단하거나 거창하지 않아도 되지만 구체적이고 명확한 목표 설정이 제일 중요하다. 이 목표 설정은 명품인생대학에서는 가장 중요한 첫걸음이며 앞으로의 인생을 설계하는 방향성이 된다. 이 목표치가 너무 거창하거나, 추상적이라면 그 과정을 통해 얻을 수 있는 성취감이나 목표의 방향성 설정에 어려움이 있을 것이다.

우리는 이처럼 목표를 설정하고, 그 목표에 도달하기 위한 인생을 설계하는 명품인생대학에 입학하였고, 다양한 커리큘럼을 통해 새로운 경험을 하게 되었다. 명품인생대학을 입학하게 된 계기는 호기심에 장달식 학장님의 저서인 《너 그러면 행복하겠니》를 읽으며 관심을 두게 되었다. 평소 에세이 형태의 책은 관심이 없었기에 서점에서 만났다면 읽을 기회가 없었을 것이다. 하지만 공학박사이며 시인 겸 작곡가이신 분이 책까지 쓰셨다는 호기심에 읽어보게 되었다. 작가의 다양한 에피소드 중 제일 공감이 갔던 이과와 문과를 선택하는 과정에서 어설픈 글쟁이로 살거나 답이 없는 논쟁으로 시간을 낭비하기엔 인생이 아까워 이과를 선택한 것이며, 겨우 열입곱 살의 나이에 그런 생각을 했다는 것이 대단했다. 나는 단순히 수학이 싫어 문과에 가겠다는 어린 생각으로 인생의 길을 선택하고자 한 내 모습이 생각나 부끄러운 마음이 들었다.

그리고 책에서는 말한다 '엔지니어인 까닭으로 설계에 익숙해져 있기에, 기계는 물론 여행할 때도 설계하고 여러 가지 방법으로 검증한다. 그런데 많은 사람이 가장 중요한 인생을 설계도 하지 않고 생각 없이 남들만 바라보며 살다가, 자기 생각대로 인생이 풀리지 않으면 충격을 받게 된다'라고, '나는 과연 내 인생을 설계해 본 적이 있는가'라고 생각했고, 나도 엔지니어의 삶을 살면서 제품이 아닌 내 인생도 설계해 보고 싶다는 생각으로 명품인생대학에 입학 지원을 하게 되었다.

명품인생대학의 첫 과제는 30년 후 내가 지금의 나에게 쓰는 편지였다. 그 편지 속에 나는 내가 정한 목표를 이루고, 그 과정과 30년 후에 근황을 이야기하였다. 나에게 편지를 보낸 30년 후의 내 모습을 상상하며 쓴 글이다 보니 낯간지럽긴 했지만 새로운 경험이었다. 처음 과제는 솔직히 깊은 생각을 하지는 않고, 입학 당시 목표한 내용을 이룬 나의 모습으로 가볍게 쓴 편지였지만, 다음 과제인 30년 후 나에게 쓰는 편지에서는 첫 글자를 써 내려가기가 힘들었다. 30년 후 나의 모습으로 나에게 쓴 글을 읽어보며, 나는 지금 내 목표를 향해 어떤 노력을 하고 있으며 그 과정은 계획한 것처럼 잘해 나가고 있는 것인가에 대한 생각을 들게 하였다. 30년 전후 나에게 편지쓰기라는 과제를 통해 내가 처음 계획했던 목표와 과정을 다시 한번 되돌아볼 수 있는 계기가 되었다.

기억에 남는 과제는 주제 선정에 많은 고민이 된 내 인생에 변화를 준 문화 콘텐츠이다. 평소 OTT로 예능이나 보지 못한 드라마를 보는 데만 사용했지만, 이번 기회에 인생을 설계하는 명품인생대학의 주제와 맞도록 누군가의 인생을 바꿔준 혹은 영향을 크게 미친 작품들을 다시 한번 보고자 '영화'라는 테마를 선정하게 되었다. 다양한 작품들을 감상했고, 내 인생에 가장 특별하고 평생 기억될 고등학교 시절이 떠올랐다. 당시에는 나라는 사람을 누구보다 잘 알고 이해해 줄 수 있는 것이 친구밖에 없다는 생각으로 살며 가족, 선생님 등 주변 어른들에게 못난 모습만 보여주며 살았고, 내가 만든 울타리 안에 스스로 갇혀 주변을 돌아보지 않았던 시절이었다. 사람은 인생을 살며 많은 사람들을 만나게 되고 주변에 누구를 두느냐에 따라 삶이 달라짐을 알게 된다.

학창 시절에는 학교라는 한정된 공간에서 만날 수 있는 같은 반 친구 혹은 각 교과목 선생님이 있을 것이다. 직장 생활을 갓 시작하는 신입 사원들은 같은 부서 혹은 다른 부서의 선배들이 있을 것이고, 시간이 지나면 협력업체 또는 고객사 등 많은 사람들을 만나게 될 것이다. 혹은 다른 회사로 이직하여 새로운 동료들을 만날 수도 있다. 학창 시절엔 수업이 끝나면 친구들과 모여 피시방이며 오락실, 노래방을 다니며 시간을 보내고, 직장 생활을 한다면 친구들보단 회사 사람들과 퇴근 후 맥주 혹은 커피를 마시며 하루를 마무리하는 삶을 살게 된다. 이처럼 사람들은 시간이 지남에 따라 주변 환경, 주변 사람 등이 바뀌어 가고, 한 곳에 정착하게 된다면 늘 똑같은 일상이 반복되어 무엇인가 다른 도전이 필요할 때 겁이 날 것이다. 놀기만 했던 대학 시절 경험을 쌓기 위해 해보았던 회사의 인턴 생활처럼 말이다.

지금 생각해 보면 별것도 아니고 어려운 일도 아니지만 그 당시에는 첫 출근길부터 퇴근 시간 전까지 긴장만 하며 보냈던 것 같다. 직장 생활을 시작하며 다양한 사람들을 새로 만났을 때 그때의 긴장이 아직도 생각난다. 얼굴이며 이름이며 모두 생소한 사람들이 묻는 수많던 질문에 어렵게 대답하기도 했고, 내 의견을 말하기도 겁이 났던 것 같다. 시간이 지나 '그런 사람들이 명품인생대학이라는 곳에 모여 회사 일이 아닌 지극히 평범하고 개인적인 이야기를 공유하고 나눌 수 있는 기회가 생긴다는 게 과연 쉬운 일일까'라는 생각을 하게 된다. 내가 겪었던 학창 시절에 철없던 모습을 이야기하며 그 이야기 속에 담긴 그때의 마음과 지금의 마음을 말하며 우습게도 부끄럽다는 생각보다 내 이야기를 공유하며 오히려 더욱 가까워졌다고 생각하게 되었다. 크게 본다면 '회사라는 조직에서 장달식 대표님이라는 구심점이 생겼기에, 이처럼 서로의 이야기를 하며 공감하고 이해하는 시간을 가지게 된 것이 아닐까'라고 조심스럽게 생각해 본다.

마지막 과제는 이름만 들어서는 생소할 수 있는 감사편지 쓰기였고, 내가 감사를 전할 사람에게 쓰는 편지의 대상은 딱 한 사람 늘 버팀목이 되어주는 집사람이었다. 과제를 통해 작성하긴 하였지만 오랜만에 집사람에게 쓴 편지라 직접 읽어주며 마음을 전하게 된 과제이기도 하다. 연애 8년, 결혼 8년 약 15년의 세월을 함께 해오며 행복한 기억도 많고 서로 다툰 기억도 많지만 언제나 서로에게 힘이 되고, 기댈 수 있는 유일한 사람이다. 우린 결혼 전부터 딩크족으로 살겠다는 가족계획을 세우고 8년의 결혼 생활을 보냈다. 물론 집사람의 의견이 아닌 나의 의견이었고 많은 대화 끝에 우린 둘만의 결혼 생각을 이어갔다. 명품인생대학을 통해 구성원들의 목표를 보면 가족의 행복을 말할 때에는 항상 자녀들이 포함되었다. 대수롭지 않게 생각했지만 이때부터 가슴속엔 자녀에 대한 생각이 들었던 것 같기도 하다.

　시간이 지나고 2023년 설, 함께 TV를 보면서 문득 '아이가 있으면 어떨까'라는 상상을 하고 있을 때 집사람이 "우리 아이 가져볼래?"라고 물어보았고, 나도 방금 그 생각을 하고 있었다고 멋쩍게 웃으며 우리의 가족계획은 8년 만에 변경되었다. 2023년 11월 28일 10시 39분 다행히도 최근 그 결실을 본 누구보다 이쁜 딸이 태어났고 인생에 있어서 큰 분기점을 맞이하게 되었다. 명품인생대학에서 공부하며 다양한 경험과 여러 가지 과제들을 하며 나를 돌아보고 내 인생을 설계하면서 우리 가족은 둘이 아닌 셋이 되었다. 내 명품인생의 노트는 저자가 마지막에 쓴 '반쯤 채워진 것이 빈 노트보다 더 좋은지 아닌지 판단하기 어려우나, 이제 남은 반 페이지는 더욱 진한 향이 피어오르고 색채가 더욱 고운 색으로 채워지길 바라고 꿈꾼다'이다, 내 인생도.

차상봉

업무적으로 전자비례 감압밸브 설계 및 검증 전문가이며, 삶의 끝에서
부끄럽지 않은 묘비명을 남기기 위해 명품인생대학을 통해 인생이라는
프로젝트를 설계하는 사람.
인생을 설계하면서 가족이 따뜻한 두 마음에서 사랑스러운 세 마음으로
성장한 사람.

직장 생활 17년 동안 인생의 목표에 대해 진지하게 한 번도 생각하지 않았던 나에게 전환점을 안겨준 명품인생대학을 어느덧 졸업하게 되었습니다. 2019년 11월 각자의 목표를 선정하고 이를 가족대표, 동료, 멘토에게 결의의 사인을 받아오는 것을 시작으로 명품인생대학 생활이 시작되었습니다. 살면서 일과 가족밖에 모르고 살다가 진지하게 인생을 위한 목표를 세워보기가 처음이라 많은 생각을 해볼 수가 있었습니다. 남은 내 인생을 위해서 어떤 목표를 세울까? 무수한 고민 끝에 은퇴 후의 삶을 위해 건강을 주제로 한 목표를 세웠고, 지난 3년간 이 목표로 인해 삶에 많은 변화를 가져올 수 있었습니다.

'동종의 건강관리가 필요한 사람들에게 100세까지 건강한 노후 관련 컨설턴트가 되자'가 Big picture였고, 그 과정의 하나로 세웠던 나 자신의 건강관리 5년 목표가 명품인생대학 1년 만에 달성되었습니다. 지금 돌이켜 보면 소소한 건강관리 목표들이지만, 이제는 그 성취감을 통해 더욱 구체적이고 더 큰 단기 목표가 생겨나면서 삶의 새로운 원동력이 되고 있습니다

나의 명품인생대학 건강관리 5년 목표

1) 월 30만 보와 자전거 타기
2) 저녁시간의 정기 운동

3) 식단 조절(매일 2회 건강식 먹기)

4) 집중을 할 수 있는 취미생활 하기

매일, 매주, 매월 꾸준하게 목표를 달성하기 위해 노력해 보니,

1년 차에서는 목표 달성의 희열을

2년 차에서는 목표들이 어느덧 몸에 베여버린 습관이 되었고

3년 차에서는 더 높은 목표를 세우고 실천하고 있는 나를 발견할 수 있었습니다.

건강을 위해 탔던 자전거가 3년 차부터 대회를 참가하기 시작했고, 이제는 동호인 대회에서 중급 실력으로 내년에 참가할 대회를 준비하고 이를 새로운 상위 목표로 설정하고 실천하고 있는 나를 보면서 명품인생대학이 가져다준 긍정적인 변화에 감사하고 있습니다. 개인적인 목표 이외에도 그동안 수행했던 과제를 돌이켜 보면 처음에는 손발이 오글거리는 여러 과제를 받고 많이 당황했었지만, 하나씩 과제를 하면서 진지하게 나 자신과 주위 사람에 대해 생각할 시간을 가졌던 것 같습니다.

자신의 마음 깊은 곳에 담고 있고 표현하기 꺼리거나 서툴렀던 주제를 밖으로 꺼내고, 이를 글로써 표현하고, 타인들과 나누는 과정에서 명품인생대학이 추구하는 근원적인 목표가 무엇인지를 알게 되었습니다. 여러 과제 중에 가장 많은 생각을 하게 하고 반성하게 했던 '부모님께 쓰는 감사의 편지'는 지금도 한 번씩 읽어보면서 '부모님께 잘해야지'라고 마음을 다집니다.

수없이 쓰고 지우고 생각하기를 반복하면서 아버지, 어머니에 대한 감사의 의미가 단순히 '나를 낳고, 잘 키워주셔서 감사합니다'라고 표현으로는 부족한 뭔가가 있고, 그 해답을 찾는 과정에서 명품인생대학을 통해 인생을 배운다는 생각이 들었습니다. 어릴 적 부모님의 모습이 가장 기억에 많이 남는 때가 청소년이었을 때고, 지금 내 아이들이 그 시기인 지금 내가 기억하는 부모님과 지금의 나를 투영해서 생각해 볼 수 있었고, 그로써 감사의 의미를 다시 한번 생각해 볼 수 있었던 것 같습니다.

지난 3년간 명품인생대학을 통해 배움의 의미가 지식이 아닌 더 넓은 범위로 확대되었고, 나 주위의 사람들에 대해 다시금 생각해 볼 수 있었던 소중한 시간이었습니다. 이번 학기를 끝으로 졸업하게 되었지만, 명품인생대학에서 배운 것을 토대로 더욱 깊이 있는 삶을 탐구하는 인생 설계를 시작해 보려 합니다.

마지막으로 인생의 묘미를 찾아가는 길을 안내해 주신 장달식 대표님에게 감사합니다.

조낙현

인생의 두 번째 터닝 포인트를 갖게 된 명품인생대학 2기이자 생산, 시스템 분석 전공 조낙현입니다.

명품인생대학을 통해 10년, 30년 후 나의 모습에 대해 진지하게 생각해 볼 수 있었습니다.

60세 이후의 건강한 삶을 목표한 제 인생 설계가 이제 5년 차에 들어섭니다. 제가 느꼈던 긍정적 변화를 함께 나누고 싶습니다.

조영욱 2기

졸업이란 해방감을 주기도 하고 새로운 시작의 길을 열어주는 의미를 같이 부여한다. 명품인생대학의 졸업으로 인해서 얻은 것도 있고 잃은 것도 있다만, 나의 인생에 있어 주요한 부분을 차지한 부분은 명확한 사실이다. 2기로 입학하여 졸업까지 약 4년의 시간이 필요했다. 명품인생대학 최종 목표인 Big Picture가 인생 설계의 기준이 되고, 현재 나의 상황을 파악한 뒤 도전의 이유를 삼아 한 걸음씩 명품인생에 나아가기 위해 단기 목표를 실행하였다.

명품인생대학 재학 중 동기들과 총 열두 가지의 과제를 완료하였으며, 열두 가지의 과제 속에서 접하지 못했던 문화와 인생에 대한 과제들도 있었다. 물론 나와 맞지 않는 과제들도 있었지만, 명품인생대학이 아니라면 경험할 수 없는 과제들이었기에 힘들기도 하면서 재미난 과제들이었다.

주요한 과제들은 다음과 같다.

30년 후 내가 지금의 나에게 (편지) / 지금의 내가 30년 후 나에게 (편지)

— 　　　　　　　70 언저리의 노년기를 살고 있는 내가 지금의 나에게 쓰는 편지로 '나의 미래 삶을 어떠한 삶을 살고 있을까'라는 생각을 들게 하는 과제였다. 명품인생을 살고 있을 30년 후의 나의 모습을 생각하며 글을 적어보니, 현실의 만족도 중요하지만 변화가 없는 나의 모

습은 마냥 행복하지 않을 거라는 불안감도 들었다. 30년 후 가족이 옆에 있고 안정적인 삶을 살기 위해서는, 현재의 내가 노력과 더불어 인생의 설계를 하지 않는다면 명품인생을 살 수 없다는 결론을 얻었다.

전작의 후속이라고 할 수 있는 지금의 내가 30년 후 나에게 쓰는 편지는 겉으로 보기에는 유사하지만, 편지를 적음으로써 느껴지는 감정은 확연히 틀렸다. 지금의 내가 명품인생을 살기 위해 나아가지 않는다면, 30년 후 나는 지금의 삶과 다르지 않은 삶을 살고 있을 나의 노년에 대한 그림이 머릿속에서 그려지는 동시에 부모님과 가족이 더욱더 그리워지는 감정을 느꼈다.

눈으로 보고 머리로 이해하려고 하면 비슷한 내용의 편지였을지도 모른다. 그러나 글을 생각하고 표현함으로써, 과거와 미래 그리고 현재를 간접적인 시공간이라고 해야 할까? 아무튼 그 순간은 마법적인 느낌을 느낄 수 있었다.

감사의 편지
―
　　　　　과연 우리는 얼마나 진실성이 있는 감사를 표현하고 살고 있을까? 진실성 없이 스치듯이 감사라는 표현을 하는 사람들이 주변에 많을 것이다.

나 또한 그런 부류 중 한 명이다. 부모, 가족, 지인, 스치는 인연들에도 감사의 표현을 해야 하나, 그러지 못하고 있다. 이번 감사의 편지에서는 평소에 가까웠던 사람에게 처음으로 감사의 글을 적어보면서, 나 자신이 감사에 대하여, 인색한 사람인지 알 수 있었다. 주위를 돌아보면 감사해야 할 것들이 많지만, 감사의 맘보다 당연함이 더 익숙한 것은 사실이다. 나부터 작은 것에 감사를 표현한다면, 내 주변인들도 같은 맘이 표현하지 않을까 싶다. 그래서 현재의 삶과 명품인생대학에 감사하다.

《너 그러면 행복하겠니》 읽고 변화된 나의 모습 (독후감)

— 이 책은 멘토님의 인생을 살아온 자서전 형식의 책이다. 내가 생각하는 이 책의 결론은 '《너그행》을 읽고 독자에게 행복을 설계하는 방향을 잡아주기 위함인 것 같다!'이다. 행복이란 막연히 입에서 나오는 것이 아니다. 행복에 대하여 깊게 생각을 한다고 해도 그것은 쉽게 이루어질 수 없다. 현재의 삶에 대하여 자기 자신이 우선 받아들이고, 행복한 삶을 위한 목표를 계획함으로써, 5-30년에 대한 실행력을 갖출 수 있게 된다. 《너그행》 이 책을 읽음으로써 명품인생대학의 본질을 더 느낄 수 있을 것이다. 《너그행》을 읽고 처음에는 행복의 크기는 중요하지 않다고 생각했다, 총평을 적으면서 생각의 변화가 있었다. 행복의 크기는 중요하다고 말이다.

'작은 행복은 나의 행복이지만, 가족과 부모에게 나눠줄 수 있는 행복의 여유가 있을까'라는 의문이 들었다. 행복의 크기가 커야 주위 사람들에게 나눠줄 수 있는 행복이 있지 않을까 싶다. 분명한 사실은 행복한 사람이 있으면, 불행한 사람도 있다는 것이다. 멘토님처럼 주위에 행복을 나눠줄 수 있는 인도자가 나는 될 수 있을까? 시간이 답을 줄 거라 생각한다.

지금부터는 명품인생대학 소감을 적으려고 한다. 명품은 무엇일까?

사전적인 의미는 오랜 기간 동안 사람들에게 사랑받으며, 상품적 가치와 브랜드를 인정받은, 값비싼 사치품을 의미한다. 다르게 해석하면, 명품은 개인의 부의 가치를 판단하는 기준이라고 볼 수 있다. 예전에는 있는 자들이 명품을 소비하였지만, 현시대는 없는 자들도 명품을 선택적 소비가 가능한 시대이다. 즉 명품은 누구나 누릴 수 있다는 것이다. 다만 명품이라는 의미 부여를 인생에 결부시킨 것이 명품인생대학이다. 누구나 생각은 할 수 있지만, 명품을 인생에 빗대어 그 가치를 값비싼 인생으로 한 단계 성장 아니 인생을 진화할 수 있다는 것이다. 값비싼 제품이 명품이 아닌, 값비싼 인생을 오랫동안 산다면, 그거야말로 진정한 명품이 아닐까? 명품인생대학에서 인생에 대한 과제들, 그리고 목표와 계획들이 명품스러움을 만들 것이다.

개인적인 목표와 계획들을 순조롭게 진행되지 않더라도 괜찮다. 수정을 해도 괜찮다. 명품인생을 위해, 수정은 당연하다는 멘토님의 말씀은 처음에는 이해하지 못했다. 삶을 살아가면서 조직적인 문화와 정해진 것에 대한 질서와 해결에 익숙한 나로서는 다소 당황스러웠다. 명품인생대학의 어느 시점부터 수정의 의미는 실패가 아닌, 새로운 시도를 의미하며, 나에게 변화가 있다는 산물이라는 것을 알게 되었다. 큰 목표와 계획을 이끌어 가는 것도 좋지만, 나 자신을 알고 목표를 삼으면서 실행한다면, 멘토님의 가르침에 더욱더 가까워질 것이다. 명품인생대학의 인생의 스토리는 23년 막을 내리지만, 앞으로의 값비싼 명품인생은 계속 이어질 것이다. 성공스러운 인생이든, 실패스러운 인생이든 자신의 명품 길을 선택해야 할 것이다.

마지막으로 나도 나에게 묻고 싶다. "너 그러면 행복하겠니 네 인생은 무슨 색이야?" (멘토님의 시 〈내 인생의 푯대〉 중)

노란색의 인생을 살고 싶었던 나였지만, 지금의 나는 무슨 색일까?

멘토님 그동안 감사하였습니다.

조영욱

백 년 인생에 살았던 날 보다, 살 날이 더 많은 명품인생대학 2기 조영욱
입니다. 대성나찌유압공업㈜ 품질팀의 고객품질 및 품질개선 전문가로
고객이 OK 할 때까지 고객감동을 실천하고 있습니다. 명품인생대학에
서 배운 선물이 저의 인생의 터닝 포인트 시점이 되지 않았나 싶습니다.
명품인생이 아닌, 삶 자체가 명품이 될 수 있도록 한 걸음 더 나아가는
삶을 살겠습니다. 명품인생 설계가 목표를 만들고 실천함으로써 삶을 변
화시킵니다. 여러분 도전해 보세요! 파이팅!!

송종훈 3기

변화의 시작

― 　　　　2021년 초 항상 무의미한 일상을 보내고 목표 의식도 없고 하고자 하는 열정도 식은 지 오래였다. 그 당시 미래의 나의 인생 설계 내지 인생 계획 따위는 시간 낭비이며 하루하루 빠듯하고 바쁜 삶에 지쳐가고 있었다. 오로지 열심히 일하고 열심히 가족을 돌보는 가장 그저 목표는 '잘 먹고 잘살자! 항상 열심히', 하지만 무언가 의미가 부여되지 않았고 뭔가 빠져 있는 듯한 느낌에 실패를 두려워하는 사람으로 살아오고 있었다. 일상의 무게와 염증을 이기지 못해 감정을 분출하는 스스로 천덕꾸러기가 되어 버렸고, 그래서 항상 난 자신의 존재 가치와 나의 이성은 둥지 잃은 새끼 새 같았다.

무언가의 변화가 필요했지만 어디서부터 어떻게 변화해야 하는지 주변의 친구, 동료들과 이야기해 보아도 아무런 답을 찾지 못한 채 하루하루 시간만 흘러갔다. 그러다 명품인생대학이라는 회사 동료들이 수업을 받는 모습과 과제 하는 모습이 나에게 기대 반 호기심 반으로 다가왔다. 명품인생대학의 교육을 받지 않는 주변의 반응은 의심쩍고 부정적이었지만, 나는 명품인생대학의 멘토링과 면담 그리고 교육이 필요했던 것을 가슴 깊이 인정하게 되었다.

하지만 기회를 놓쳐버린 걸까? 아니면 너무도 장시간 고민에 악수를 둔 것일까? 모집 시간이 지나버렸다. 명품인생대학에 입학하고 싶었지만, 다음번 있지도 않는 기회를 기다리다 한숨만 늘어갔었다. '입학의 의지와 열정이 있다면 다시 기회 스스로 만들 수 있지 않을까?'라는 생각으로 도전을 위해 멘토님을 찾아갔다. 내 인생에 대한 새로운 변화는 그때부터 시작이었다. 멘토님께서는 동료 7인에게 기회를 주셨고 잃어버리고 식어버린 열정과 도전정신이 다시 불붙으며 변화하기 시작하였다.

꿈을 쫓는자는 더 이상
뒤를 돌아보지 않는다

명품인생대학 입학 전 항상 과거 잘못되었던 후회 생각에 빠져나오지 못하는 블랙홀 속에서 스스로를 더욱더 가두고 살았다. 그 핑계로 더더욱 자신감과 자존감은 떨어져 아주 단순하고 반복적으로만 생각하고 깊은 생각은 엄두조차 못 내었다. 아니 하고 싶지 않았다가 정답일 것이다.

명품인생대학을 입학했을 때 5년 후 삶 30년 뒤의 미래(은퇴 후)를 생각하는 계기가 있었다. 너무도 단순하게 생각해 왔던지라 회사의 승진과 직무 미래의 직급으로 해야 할 일만 생각했을 뿐 정작 나의 인생의 미래와 비전은 아주 멀리 있었다.

"여러분들의 미래는 여러분들이 5년 후 그리고 30년 후 하고 싶고 되고 싶고 만들어 나갈 수 있는 꿈이지 회사에서의 직급상승이나 상투적인 미래는 아닌 것 같다"라는 멘토링에 나를 또다시 생각에 잠기게 되었다. 과연 미래의 내 인생에서 무엇이 되고 싶으며 무엇을 꿈꾸고 있는지 정말로 이제부터 인생 설계가 시작되는 것이다. 명품인생의 꿈을 좇아

보자 더 이상 두려울 것도 흔들릴 것도 없이 그리고 더 이상 뒤도 돌아보지 않고 달려보자 나는 미래의 꿈을 좇고 있기에 더 이상 뒤를 돌아보지 않는다.

정직, 꿈, 열정의 교육
—
명품인생대학의 교육과정은 상상을 초월한다. 그 누구도 생각하지 못한 교육들은 타의 추종을 불허한다. 몇 가지를 소개한다면, 기본적인 인생 설계의 하나로 한 해의 목표를 나열하고 목표에 도달하기 위한 방법과 각오를 발표하는 명품인생대학 인생목표 대비 계획 실적이 있다. 각자의 인생의 설계는 목표가 뚜렷이 되어야 하고 차근차근 그 목표를 이룰 수 있도록 노력해야 하며 변수로 인해 목표를 수정하고 다시 시작하더라도 목표의 방향을 빨리 찾아 꼭 성공할 수 있는 연습이다. 이 교육과정이야 말로 인생의 계획 실패에서 당당히 걸어 나올 수 있는 방법 제시한다. 그리고 지금 내가 30년 후 나에게 쓰는 편지와 반대로 30년 후의 내가 지금의 나에게 쓰는 편지의 교육은 미래 와 현재의 행복의 비전 찾기와 미래의 꿈 실현을 위해 한걸음 나아 갈 수 있게끔 하고 있다. 30년 후와 지금의 나를 다시 생각하는 계기가 되었고 에피소드로는 30년 뒤의 내 모습을 실제 사진을 가지고 꾸미며 상대방이 착용하고 발표를 하는데 생동감 있고 실감 나서 좋았다.

다음으로는 감사편지 쓰기 항상 누군가에게 감사하며 인생을 살아온다. 그러나 가족에게조차 감사의 표현과 인사를 하지 못하는 인색하고 개인적인 인생에 너무나도 반성하는 계기가 되었다. 부모님과 가족 그리고 많은 분들께 신세를 지고 살아왔지만, 감사편지를 적어본 지 오래다. 이 감사편지 쓰기 교육과정은 멘토님께서 인생의 스승들의 은혜를 생각하는 명품인생대학생이 되길 바람이 있었다고 느껴진다.

이 모든 것의 기준교육은 다음과 같다고 나는 생각한다. 첫째 나에게 정직하고(거짓 없는 삶) 타인에게 신뢰받을 수 있어야 한다. 둘째 자신의 꿈을 이해하고 사랑하여야 하며 항상 꿈꾸고 꿈을 이룰 수 있도록 노력한다. 셋째 열정이 식지 않도록 항상 도전에 목말라야 하며 긍정적인 자신감을 가진다. 이를 두고 멘토님은 인간의 조건이라 칭한다. 인간의 조건은 명품인생대학의 기조라고 생각하며 인간의 조건에 해당하지 않으면 많은 교육과정이나 멘토링은 의미가 없거나 명품인생대학생이라 할수가 없다. 또한 명품인생대학 3기인 우리 학우들은 '모두 '같이'의 가치를 생각하며 배운 대로 실천하고 가르침을 따른다'라는 자신의 기준으로 멘토님과 같이 명품인생대학의 가치를 깨닫고 항상 실천하는 사람으로 거듭나려 노력하였다.

나의 행복론
—
'명품인생대학의 교육과 과정을 하며 과연 나에게 행복이란 무엇일까?'에 대한 생각이 깊어진다. 행복이란 자기만족이나 좋은 생각들이 항상 충만할 때 행복하다고 말할 수 있을까? 명품인생대학의 입학 전 항상 나는 물질적 행복만이 나를 충족시켜 주고 행복하게 해준다고 생각했다. 항상 가난 속에 살아온 인생의 나는 과연 돈만 있으면 행복할 수 있는 것인가? 그러나 돈과 물질적으로 풍족하면 불편함 없이 살 수는 있으나 풍족한 그것이 행복이라 바꿔 말하며 자신을 속일지 모른다. 돈과 물질적 행복은 거품과 욕심이 만들어 낸 허상이라 생각하지만, 현실에서는 항상 부와 명예의 욕심을 부리고 있다. 행복해질 것 같다는 잘못된 욕망으로 말이다.

그러면 내가 생각하는 행복이란 무엇인가? 개인적인 해석이지만 나의 행복이란 다양한 분야의 자기 삶의 만족함이라 생각한다. 사람의 5감을 만족하며 나의 정신으로 이룰 수 있는 자신감, 자존감, 성취감 등의 만족감이 내가 행복하다고 느낀다. 지난 3월 나는 행복하기 위하여 행복 실천 및 행복 도전을 하였다. 전국 노래 오디션에 참가했다. 노래 부르기를 좋아한 나는 어릴 적 꿈꿔오던 가수를 도전하기 위해서이다. 불혹이 지난 나이에 무슨 오디션이냐? 요즘 가수는 아무나 시켜주냐는 주변의 핀잔은 더 이상 나에게 짐이 되지 않았다. 오히려 나에게는 자신감이 넘쳐 흘렀다. 한 번이라도 좋다 꼭 도전해 보고 싶었고 많은 연습을 하며 행복했던 기억들이 떠오른다. 물론 주변의 바램처럼 보기 좋게 떨어졌어도 나의 꿈의 도전에 행복하고 그 과정에 행복했다. 그리고 언제나 할 수 있다. 에 행복하다. 명품인생대학이 없었더라면 나는 이번 생에서는 꿈꿀 수 없는 것으로 생각하고 포기했을 것이다.

명품인생대학이란? (총평)
—

　　　　　2019년부터 시작된 회사 내의 명품인생대학의 열풍은 회사의 문화와 개개인의 인생을 바꿔놓은 패러다임(Paradigm)이다. 명품인생대학의 회사 관리직 3분의 2가 참여하고 있다. 이제는 명품인생대학생이냐, 아니냐로 구분될 만큼 참여율이 높다 왜? 이처럼 많은 인원들이 명품인생대학을 입학했는가에 대한 생각은 다음과 같이 나는 스스로 정의 내렸다.

1) 기존 회사문화의 식상함 대한 새로운 변화의 바람

30년 넘도록 회사는 보수적이고 수직적인 체계에서 벗어나지 못하고 각자의 의견이나 생각들은 자유롭게 토론과 논의를 할 수 없는 식상함에 지쳐 있었다. 우리는 명품인생대학의 문화 변화의 바람을 기다린 것이다. 아무런 상관관계가 없을 것 같지만 명품인생대학 학생들은 여러 교육과정과 과제 발표를 통해 자유로운 생각과 자신의 의견을 마음껏 공유하고 있다. 이 연습들이 업무 속에서 녹아 있어 새로운 생각과 아이디어를 창출하고 회사문화를 점점 바꿔 나가고 있다.

2) 회사 업무설계가 아닌 명품인생 설계

나는 명품인생을 만들기 위해 회사 속의 내 인생이 있는가 아니면 내 인생 속에 회사가 있는가에 대한 생각을 많이 한다. 정답은 내 인생 속에 회사가 있는 것이다. 명품인생대학을 입학하기 전에는 인생 설계 미래 준비 생각조차 못 하고 하루하루 회사 일로 전전긍긍 세월만 보냈지만, 지금은 내 인생 속에서의 미래의 준비와 인생 변수의 대응 인생목표 & 계획 속에 회사가 들어가 있다. 물론 회사가 중요하지 않다는 이야기는 아니다 명품인생을 잘 설계하면 업무나 회사 생활은 자연스럽게 따라올 것이라는 생각한다.

3) 숨 쉬는 생각과 살아 있는 꿈

내가 생각하는 명품인생대학의 최고의 성과라고 생각하는 것은 숨 쉬고 있는 생각과 아직 살아 있는 꿈이다. 위에서 언급했듯이 명품인생대학의 많은 활동으로 과제와 발표로 숨 쉬지 않고 남들에게 묻어가는 생각을 이제야 비로소 살아 있는 생각으로 바뀜을 느낀다. 그리고 아직

끝날 때까지 끝난 것이 아닌 내 인생의 꿈 언제나 도전할 수 있는 용기와 도전정신으로 계속된 인생 설계를 이어 나갈 것이다.

나는 현재 상황이 어렵고 힘들지만, 그 또한 인생 설계에 한 페이지이며 어떻게 설계하고 실천하는가에 따라 미래는 달라져 있을 것을 희망한다. 명품인생대학 공부하는 동안 많은 긍정적인 변화를 느꼈고 앞으로 후배들에게 대물림 되어 우리의 문화로 정착되길 바라는 마음이며 이제껏 아무런 보상과 힘든 노고에도 묵묵히 지도해 주신 장달식 멘토님께 감사를 전하고 싶다.

멘토님 그동안 참 사회의 스승으로 너무나도 고생 많으셨습니다. 인생 설계의 진리를 가르쳐 주셔서 앞날의 참 행복과 웃음꽃이 피어날 수 있도록 노력하겠습니다. 한 번 더 머리를 숙여 감사드립니다. 감사합니다.

송종훈

반갑습니다! 명품인생대학 3기 과대표 송종훈입니다. 부산에서 태어나 제2의 고향인 양산에서 살아온 지 31년 사랑하는 아내와 두 아들의 마흔세 살 아빠입니다. MBTI는 ENTJ이고 국가에 기여하고 싶은 직업을 가지고자 했지만, 인생의 풍파로 꿈을 이루지 못했습니다. 그러나 그 꿈과 열정을 다시 대성나찌유압공업㈜ 품질팀에 쏟고 있는 회사 최고의 아이디어맨입니다. 명품인생대학과 늘 함께한 긍정의 힘 행복한 인생 그리고 꿈과 사랑을 여러분과 공유하고 싶습니다. 다 같이 명품인생대학으로 입학 준비가 되셨나요? 입학과 동시에 각자의 삶의 참맛을 맛보게 되실 겁니다. 감사합니다.

시간이라는 건 참으로 신기한 것 같습니다. 2021년 추운 겨울이 끝나갈 때쯤 처음 명품인생대학에 입학하기 위해서 스스로 인생을 설계할 때가 엊그제 같은데 어느덧 3년 가까이라는 시간이 흘러 이렇게 졸업 논문을 적게 되었으니 말입니다.

처음 인생의 목표를 설정할 때는 참으로 막연하였습니다. 그 당시에 상황을 생각해 보면 신혼생활도 끝나가고, 아이들도 생겨났으며, 회사 생활로 정신없는 하루를 보내고 있을 시기였습니다. 그러다 보니 저의 행복한 생활을 위한 인생 설계, 목표를 계획하기에는 참으로 막연하였습니다. 이러한 계획은 지금껏 제가 살아온 방식과 루틴을 생각해 보게 되고 한편으로는 '이러한 방식과 사고를 바꿔보는 것은 어떨까'라는 생각을 처음 하게 되었습니다. 현재 상황과 최종 Goal을 스스로 나열해 보고 처음 정리를 해서 멘토님과 면담했을 때, 저는 개인의 행복이 아니라 가정의 안정한 생활과 경제적인 관점에서 목표를 적었다는 것을 깨달았습니다.

어떻게 보면 집안의 가장으로서 해야 할 일을 적은 것이지만, 개인의 행복에 대해서는 적은 것이 없었기에, 처음으로 제 개인의 행복을 위한 목표를 설정하고, 계획하는 것이 흥미로웠습니다. 무엇보다 많은 나이는 아니지만 지금의 제 나이 때에 누군가가 제 개인의 행복을 위해 조언을 해주는 것은 흔한 일이 아니었기에 저에게는 몇 없는 좋은 기회라고 생각이 들었습니다. 그렇기에 이런 기회를 가지게 해준 멘토님께는 감사한 마음을 가지고 있습니다. 덕분에 저는 제 개인의 행복을 위한 명품인생대학 목표를 설정할 수 있게 되었고, 명품인생대학에 입학할 수 있었습니다.

명품인생대학에 입학하면서 개인적인 계획 실천 과제와 동기들과 함께 같은 주제로 진행하는 프로그램이 있었습니다. 그중 먼저 개인 목표에 대해 이야기해 보고 싶습니다. 2021년 상반기, 하반기 계획은 최종적으로 목표 대비 약 70% 정도 달성하였습니다. 처음 목표를 설정할 때 의욕에 앞서 많은 분류의 목표를 설정하였던 것이 개인적으로는 무리한 목표 설정이 아니었나 싶습니다.

의욕에 앞서 많은 목표를 설정하다 보니 일정이 다가올수록 쫓기듯이 계획을 실행하는 저의 모습을 볼 수 있었습니다. 계획을 실행해야 된다는 생각과 회사 생활이 끝나고 편하게 쉬고 싶은 저의 생활 습관이 충돌하면서, 많은 내적 고민을 하였습니다. 퇴근 후 나태해질수록 제 인생에 도움이 되지 않는 루틴이라 생각했기에 이번 기회에 이러한 루틴을 고치고 싶었습니다. 그렇기에 육체적으로 완료할 수 있는 아내와 운동, 걷기 목표는 꾸준히 실행하였습니다. 그 덕에 육체적인 목표를 완료할 수 있었지만, 아쉽게 나머지 목표는 달성하지 못하였습니다. 무엇보다 이 시기에 소중한 쌍둥이들이 우리 가족에게 와주었기에 계획했던 대로 목표를 실행하지는 못했습니다.

2021년 명품인생대학을 처음 계획 실천하며 의욕에 앞서 무리한 목표 설정으로 100% 목표 실천은 하지 못하였지만, 처음 해보니 인생 설계와 계획을 하면서 어떻게 하면 나에게 현실적인 계획을 할 수 있을 것인가, 시간 배분을 어떻게 해야 되는 것을 깨달았습니다. 2022년 상반기, 하반기 계획은 대체로 현실적이고, 최종적으로 달성률도 약 90%로 개인적으로 준수했다고 생각합니다. 앞서 2021년의 무리한 계획이 아닌 쌍둥이와 아내와의 시간을 고려하여 현실적으로 가능한 목표를 세가지 세워서 진행하였습니다. 가족과의 주기적 산책, 12kg 감량, 내 집 마련 계획 이렇게 간단하면서도 실행 가능한 목표를 세워 진행하였고, 만족스러운 결과를 도출했다고 생각합니다. 그중 무엇보다 가장 만족스러운 것은 저의 체중 감량입니다. 결혼 전까지만 해도 운동을 하며 건강 관리와 체중을 관리했었지만, 결혼 후 신혼생활을 하면서 나태해진 운동 생활과 야식 섭취로 인해 체중이 많이 증가하게 되었고, 건강 또한 나빴습니다.

하지만 2022년 목표 중에 하나를 계획하면서 다부진 마음으로 감량을 진행하였고, 그 결과 약 12kg의 감량에 성공하여 지금 이 글을 적고 있는 2023년까지도 그 계획을 실천 중에 있습니다. 가족과의 산책, 내집 마련에 대한 계획 또한 준수하게 목표를 이뤘지만, 다분히 개인의 행복을 위한 목표인 체중 감량에 성공했을 때는 제 스스로가 아주 자랑스러웠습니다. 덕분에 2022년 계획과 실적은 아주 만족스러웠으며, 차후 2023년 계획 진행에도 자신감을 가지게 되었습니다.

2023년은 계획은 현재도 진행되고 있습니다. 앞선 2년의 경험으로 목표 개수는 늘리지 않았지만, 가정과 개인 그리고 건강을 위한 계획을 조금 더 난이도 높여서 진행하고 있습니다. 올해의 계획 또한 차질 없이 목표를 진행하여 달성할 수 있도록 하겠습니다.

명품인생대학을 하면서 개인적인 행복을 위한 목표도 진행했지만, 명품인생대학 동기들과 같은 주제로 한 다양한 프로그램이 저에게는 새로운 경험이기도 했습니다. 다양한 프로그램이 많았지만 특히나 사회생활을 하면서 잊고 있었던 프로그램이 기억이 많이 남습니다. 그중 감사편지 쓰기와 30년 후, 30년 전 편지 쓰기 프로그램 같은 경우 정말 오랜만에 시간을 내어 편지를 써볼 수 있었습니다. 편지를 쓰면서 혼자서 생각도 많이 하게 되고, 추억도 되돌아보며 제 인생을 한번 뒤돌아볼 수 있어서 행복했습니다. 그러곤 생각이 들었습니다. 막막한 사회생활 속에 휴식을 취하는 방식이 이렇게 '인문학적으로도 가능할 수 있구나'라는 생각이 들었습니다.

유년 시절의 경우 다양한 형태의 교육과 친구, 연인 관계에서 편지를 접하고, 손편지를 쓰는 감성이 있었지만, 나이가 들수록 이러한 편지의 경험이 멀어지는 건 어쩔 수 없다고 생각했습니다만, 이번 기회를 통해 옛 추억도 생각해 보고, 한 템포 쉬어가며, 제가 걸어온 길을 차분히 살펴보면서 '많은 나이는 아니지만 인생이란 이렇구나'라는 감정을 가지게 되었습니다. 고등학교, 대학교 시절부터 지금까지 어떻게 보면 지금까지 공대생의 인생을 살아온 저로서는 소중한 시간이 되었다고 생각이 듭니다.

또 다른 기억에 남는 프로그램이 있다면, 문화생활 프로그램이라고 생각합니다. 지역 축제를 여러 번 참여하는 것이 목표였는데, 문화생활을 핑계 삼아 그동안 못했던 가족과의 시간을 할애하여 장미 축제, 꽃 축제, 낙동강 축제, 황산공원 축제 등 다양한 지역 축제에 참여하였습니다. 이 시기에 가장 많은 가족들 사진을 찍었습니다. 무엇보다 쌍둥이 육아로 집 밖을 나가보지 못해 보았던 아내가 이 시기에 많은 축제를 보며 우울했던 마음을 행복한 마음으로 채워가며 웃는 모습을 보며, 저 또한 행복한 시간을 보냈습니다. 지금도 그때의 사진을 보면서 참으로 시간을 잘 보냈구나 회상을 하기도 합니다.

이처럼 명품인생대학에 입학하여 대학 프로그램을 참여하고, 진행하면서 시간이 지남에 따라 저의 감정과 정신도 많이 성숙해졌다고 생각합니다. 처음 시작할 때의 마음은 지금 내가 가진 게 없고 남들보다 부유하고 멋진 꿈을 가지고 있진 않았지만, 지금의 저는 남과 비교하지도 않고 쫓기면서 생활하지도 않으면서 인생의 여유를 가지고 있지 않나 싶습니다. 비록 지금의 저는 회사 생활과 가족과의 생활을 병행하며 때때로는 행복을 위해 투자시간이 부족할 수도 있을 수 있겠지만, 그 부족한 시간 속에서도 행복을 갖기 위한 노력과 계획을 실행하는 발전된 저의 모습을 보면서 이 명품인생대학에 입학한 것을 자랑스럽게 생각하게 되었습니다.

또한 쉬운 목표를 세우고 쉽게 목표를 성취했을 때 다가오는 성취감과 함께 허무함을 느끼며, 난도 높은 목표를 달성했을 때의 성취감과 뿌듯함을 경험하면서 이러한 성취감에 대한 행복도 느끼는 명품인이 되었다고 자부합니다. 글을 적는 이 시점에 저를 돌아보면 어느덧 봄이 시작되는 시기에 명품인생대학에 입학해서 3년이라는 시간이 흘러 겨울이 다가오는 이 시점에 명품인생대학 논문을 적으면서 스스로가 기계처럼 맞물려 돌아가는 부품이 아니라 감성이 성숙해진 사람 냄새가 나는 명품인이 되어가고 있음을 깨닫고 있습니다. 성공이라는 결과물에 쫓기지 않고 삶의 과장 속에서 행복을 찾는 제 모습을 보면서 비록 명품인생대학을 졸업하더라도 이제는 스스로 계획하고 인생을 설계하면서 행복을 찾아 나서도록 하겠습니다.

또한 앞으로 나아가 개인의 행복뿐만 아니라 조금의 여유가 생겨 가까운 사람 또는 가족들에게도 행복을 전할 수 있는 그러한 사람이 되고 싶습니다. 혼자서 이 과정을 진행했다면 과연 마무리했을 수 있을까 생각도 들었습니다. 친한 동료들이 대학 동기가 되어 함께 웃고, 고민하며 대학과정을 이수하면서 이러한 행복한 기운을 대학 동기뿐만 아니라 주위 사람들에게도 나누면서, 또 다른 저의 행복을 찾아갈 수 있지 않을까 생각하게 되었습니다. 마지막으로 《너 그러면 행복하겠니》 작가님의 말씀인 "인생의 경계는 없다"라는 말처럼 지금의 환경에 안주하지 않고 발전하는 모습을 보이며, 행복한 하루하루를 만들어 가는 행복인이 되겠습니다.

감사합니다.

손철웅

반갑습니다! 명품인생대학 3기 손철웅입니다. 경남 진주시에서 태어나
초, 중, 고, 대학교를 졸업하고 진주를 벗어나 양산시에 거주 중입니다.
2019년에 결혼하고 어느덧 쌍둥이 아빠가 되어 살아가고 있습니다. 두
아이를 키우며 건강한 삶을 유지하는 것이 얼마나 중요한지 깨닫고 있습
니다. 현재 대성나찌유압공업㈜ 연구개발부에서 10년째 재직 중이며, 다
양한 제품을 개발하고 있습니다. 명품인생대학과 함께 행복한 인생설계
자를 꿈꾸며, 이 경험을 바탕으로 행복 에너지를 나누는 사람이 되고자
합니다. 응원해 주세요!

겨울의 차가운 공기는 한 해의 끝을 알림과 동시에 새해의 시작을 알립니다. 겨울날 명품인생대학의 졸업이 성큼 다가왔습니다. 명품인생대학의 졸업을 앞둔 시점에 스스로 명품인생대학 과정의 총평을 하려고 하니 걱정이 앞섭니다. 왜냐하면 명품인생대학의 졸업에 대한 아쉬움과 더불어 아직 만족할 만큼의 성과를 보이지 못하고 있기 때문입니다. 하지만 어느덧 졸업의 날이 다가왔기에 저의 명품인생대학 총평을 시작하겠습니다.

명품인생대학은 크게 두 가지로 나누어 활동하였다고 생각합니다. 첫째는 명품인생 설계입니다. 20대 시절 미래의 삶에 대한 기대와 설렘은 어느덧 사라지고 현실에 순응하며 살아오지 않았나 생각합니다. 하지만 명품인생 설계를 통해 나의 미래를 주도적으로 설계하고 실천해 나가면서 제 생각과 삶에 대한 태도가 많이 바뀌었습니다.

두 번째는 장달식 멘토님께서 지도해 주신 다양한 활동들입니다. 30년 후 내가 지금의 나에게 쓰는 편지, 시 낭송, 문화 경험 에세이 등 명품인생대학이 아니라면 하려고 생각조차 못 했을 활동들입니다. 이러한 활동들을 통해 인생에서 발견할 수 있는 다양한 경험과 즐거움을 느낄 수 있었습니다. 단순히 인생을 디자인하는 것에서 더 나아가 인생을 소중히 여기고 즐거움을 찾아 삶의 의미를 다시 생각해 볼 수 있었던 소중한 시간이었습니다.

총평은 명품인생 설계부터 시작하려고 합니다. 명품인생 설계는 입학 당시 작성하였던 5년 후 목표와 최종 Goal을 기준으로 총평을 하였습니다.

첫째, 개인 역량입니다. 5년 후 목표로 유압 이론, 업무능력 향상을 하였습니다. 장달식 멘토님께서 진행하여 주신 유압 교육을 받으며 유압시스템에 관한 공부를 하였습니다. 저의 유압 지식을 상당히 발전시킬 수 있었던 귀한 수업들이었습니다. 평소 유압에 대한 이론적인 부분의 부족함을 느껴왔던 저는 더욱 뜻깊은 수업이었습니다. 그리고 이를 통해 개인 역량 향상에 큰 도움이 되었다고 생각합니다. 하지만 설계 Tool에 관한 공부 및 연습은 미진하였습니다. 반성합니다. 앞으로 설계 Tool 활용을 통한 업무능력 향상 부분에 부족한 점을 채울 수 있도록 노력하겠습니다.

둘째, 비즈니스 영어 능력 향상입니다. 비즈니스 영어 부분은 꾸준히 노력하였습니다. 회사에서 제공해 주는 전화 영어를 꾸준히 해왔고 최근에는 토익 공부를 다시 시작하며 영어 공부를 게을리하지 않았습니다. 하지만 역시나 비즈니스 영어를 직접 구사하는 능력에 대해서는 부족한 것이 사실이기 때문에 꾸준히 노력하여 능력 향상을 이루겠습니다. 제 개인적인 바람이기도 한 영어 구사 능력 향상을 위해 노력하겠습니다.

셋째, 개인 생활 및 건강관리입니다. 명품인생대학을 통해 삶의 또 다른 기쁨을 얻은 부분입니다. 명품인생대학 전에는 아쉽게도 뚜렷한 취미활동을 가지지 못했습니다. 하지만 지금은 캠핑이라는 삶의 힐링이 생겼습니다. 이미 중독에 가까운 취미활동이기 때문에 평생을 함께할 것으로 생각합니다. 운동 또한 꾸준히 하고 있습니다. 취업 후 생긴 목과 어깨의 통증도 아주 좋아졌습니다. 명품인생대학을 통해 건강도 되찾았습니다. 앞으로 건강도 잘 챙길 수 있도록 노력하겠습니다. 65세 인생의 최종 Goal을 달성하기 위해서는 건강이 제일 중요합니다. 이 건강 끝까지 지켜나가겠습니다.

넷째, 나의 미래 준비입니다. 5년 후 목표로 대출 없는 전셋집 마련으로 2억 만들기를 목표로 했습니다. 월급을 받는 일반 사회인이 5년 동안 2억의 큰돈을 모으는 것은 쉽지 않았습니다. 더욱이 최근 결혼을 준비하며 많은 지출이 있었습니다. 또한 부수입원을 만들어야 했지만 실패하였습니다. 돈이란 문제는 평생 따라다닐 숙제란 것을 잘 알고 있습니다. 돈으로부터 자유로워지는 그날까지 노력하겠습니다.

최종 Goal을 이루기 위해 5년 후 목표를 발판 삼아야 하지만 아직 미진한 부분이 많습니다. 반성합니다. 명품인생대학의 졸업이 끝이 아닙니다. 이제 나만의 명품인생대학을 설립하고 운영해 나가겠습니다. 65세 이후 경제활동 마무리, 전원주택, 봉사활동 최종적으로는 명품인생대학 교수로 취임하여 다른 이들에게 장달식 멘토님께서 행하셨듯 명품인생 설계에 대한 재능 기부를 할 수 있는 자격을 갖추기 위해 노력할 것입니다.

다음 총평은 장달식 멘토님께서 지도해 주신 다양한 활동들에 대한 총평을 시작하겠습니다. 많은 활동들을 하였습니다. 따라서 가장 인상 깊었던 두 가지 활동에 대해서만 총평을 하도록 하겠습니다.

　30년 후에 내가 지금의 나에게 쓰는 편지는 특히 기억에 남는 활동이었습니다. 시작부터 뜻깊은 활동이라 생각했습니다. 30년 후의 내가 지금의 나에게 편지를 쓴다고 생각하니 멘토님께서 명품인생대학 과정을 위해 많은 생각과 노력을 해주신다는 감동을 하였습니다. 저로서는 도저히 생각해 낼 수 없는 방식의 편지쓰기였기 때문입니다. 편지를 쓰면서도 30년 후의 나의 모습을 상상하며 명품인생대학의 교육과정에 대한 열의를 가질 수 있었습니다. 그리고 30년 후의 나의 모습을 스마트폰 앱을 이용하여 늙은 나의 모습을 대면할 수 있었던 경험은 왠지 모르게 가슴을 시리게 했습니다. 표현하기 힘든 뭉클함과 시린 감정을 느낄 수 있었습니다. 만약 제가 명품인생 설계를 성공적으로 이루어 내고 최종 Goal인 명품인생대학에 교수로 취임하게 된다면 반드시 30년 후의 내가 지금의 나에게 쓰는 편지 활동을 하도록 할 것입니다.

　마지막, 시 낭송입니다. 사실 책을 즐겨 읽지 않습니다. 시는 더더욱 저랑 거리가 먼 것으로 생각했습니다. 고등학생 때 수능 공부를 하면서 읽었던 시들이 전부였습니다. 시의 의미를 느끼고 생각하기보단 기계적으로 습득하고 외웠던 글귀들뿐이었습니다. 마지막으로 시를 음미하고 그 향을 맡았던 시절이 언제였는지 생각나지 않았습니다. 어쩌면 한 번도 그래봤던 적 없었을지도 모른다는 생각이 듭니다. 지금 총평을 작성하며 생각해 보니 참 아쉽고 한편으로는 창피한 일입니다. 하지만 장달식 멘토님께서 지도해 주신 시 낭송으로 다시금 글과 시의 즐거움을 느끼게 되었습니다.

저는 시 낭송 활동에서 시인 장달식님의 작품인 장미의 유혹을 낭송하였습니다. 장미가 피어나는 계절을 표현하며 시작되는 시는 장미의 붉은 빛에서 나오는 아름다움과 싱그러움으로 장미의 화려함을 표현합니다. 하지만 결국에는 장미가 지는 모습을 표현하며 진한 여운과 많은 생각들을 남기며 시는 끝이 납니다. 저는 이 작품을 읽고 많은 생각게 잠기게 되었습니다. 시인 장달식님께서는 어떤 것을 장미에 빗대어 말하고 있는 것인지 궁금하였습니다. 또한 장미의 유혹의 함축적인 의미와 저의 경험을 비교하며 시를 음미하였습니다. 이것은 새로운 즐거움의 발견이었습니다. 명품인생대학 장달식 멘토님께서 지도해 주신 덕분에 글과 시의 즐거움을 알게 되었습니다. 제가 인생을 설계하고 살아갈 때 글을 읽는 즐거움을 알게 되었다고 생각하니 기쁩니다.

지금 명품인생대학에서 저의 학업 성적은 아쉬운 점이 많다고 생각합니다. 열정이 넘치는 마음과 다르게 때로는 일이 바쁘고 때로는 저의 게으른 행동이 마음과는 다르게 조금은 아쉬운 결과들을 만들어 왔다고 생각하기 때문입니다. 또한 한편으로 장달식 멘토님의 명품인생대학에 대한 열정과 마음에 조금은 실망감을 드린 건 아닌지 조심스럽고 죄송한 마음입니다. 하지만 다시 확언하자면 저에게는 뜻깊었고 이제는 더욱 소중한 명품인생을 만들어 나갈 수 있을 것입니다. 따라서 앞으로 더욱 분발하라는 의미로 저의 명품인생대학의 총평으로 저에 대한 평가는 '노력'으로 평가하도록 하겠습니다.

Design Your Life, Manage Your Design!
장달식 멘토님 감사합니다.

강종환

대성나찌유압공업㈜에서 유압 밸브 개발자로 활약 중인 명품인생대학 3기 강종환입니다. 밤하늘의 별들처럼 아름다운 저의 인생에 북쪽 하늘에서 가장 밝게 빛나며 길잡이가 되어주는 북극성이 명품인생대학입니다. 장달식 대표님의 명품인생대학을 통해 얻은 교훈으로 명품인생을 살아가겠습니다.

회사를 다니면서 이러한 명품인생대학이라는 좋은 가르침과 경험을 하게 되어 너무 기쁩니다. 처음 명품인생대학 1, 2기 선배님들의 활동을 보면서 호기심만 가지고 있었지만, 3기에 직접 참여하여 인생을 설계를 해볼 수 있는 좋은 계기가 된 것 같습니다. 명품인생대학 입학할 때 작성한 입학 소감이 기억납니다.

"자기가 목표로 하는 것 즉 하고자 하는 것에 대해서 안주하지 않고 목표로 하는 것에 대하여 실행하는 것!

멘토님의 책을 통해 인생을 살면서 만나온 사람들, 일, 모든 상황을 통한 경험을 통해 나는 이러한 것을 남겼고 가졌다. '행복하기 위해서 계획하고 도전해라 그리고 포기하지 말라!'라는 메시지가 깊게 전해졌다. 이번 명품인생대학을 통하여 끊임없이 나에게 질문을 던지며 도전하고 어제보다 조금이라도 나아진 내가 되고 싶다"

명품인생대학 총평을 적으면서 '내가 명품인생대학 경험 전에는 어땠을까?'라는 질문이 가장 먼저 생각났습니다. 자기 목표를 설정하고 하고 목표를 위해 안주하지 않고 실행하는 것 그리고 그 과정에서 끊임없이 나에게 질문을 던지는 것이 저의 목표였습니다. 짧으면 짧고 길다면 긴 명품인생대학 배움 속에서 나의 목표를 위해 끊임없이 고민하고 저에게 질문을 던질 수 있는 좋은 경험들이라는 것이 와닿았습니다.

명품인생대학 경험을 통해 현재 상황과 도전의 이유를 시작으로 5년 후의 목표를 지나 최종 Goal까지 나의 현재 상황을 직시하고 하고자 하는 목표에 대해 생각하고 도전할 수 있는 뜻깊은 기회였습니다. 평소 장기적인 목표를 가지고 있지 않은 상황이라 설정하는데 너무 막막하고 어려운 상황이었습니다. 하지만 나의 미래를 생각해 보고 목표를 달성하기 위한 과정까지 생각하면서 작성하게 되니 어렵지만 재미가 있었고 굳어 있던 저의 상상력을 발휘해야 했습니다.

　　현재의 상황을 생각할 때는 지금 현재 가장 필요하고 희망하는 것을 가장 먼저 생각해 보았습니다. '지금 나에게 가장 변화해야 하고 필요한 것이 무엇일까'라는 고민이었습니다. 현실적인 목표만이 저에게 떠올랐습니다. 나이가 들어가면서 미래에 가장 필요한 나의 살집 그리고 해야 한다고 마음만 먹고 있던 자기계발 그리고 건강관리였습니다.

　　첫째로 현재의 상황을 명확히 설정하고 멘토님의 조언대로 최대한 상세히 작성해 나갔습니다. 나의 현재 재무상황으로의 나의 환경, 자기계발 능력, 그리고 건강상태 체크하고 목표를 설정했습니다. 작성하면서 나의 현재 상황을 직시하니 실망스럽기도 하고 안타깝기도 했습니다. 하지만 거기서 머무르지 않고 발전할 나의 모습을 상상하며 이어나갔습니다.

　　내 집 마련의 목표는 현재 오피스텔(전세) 있으며 5년 후 부산에 50평 대 내 집을 마련하겠다.
　　자기계발로는 현재는 중국어 가장 낮은 단계이지만 5년 후 HSK 3급을 취득하겠다.

건강관리는 현재 1일 약 한 갑(20개비) 흡연을 하고 있지만 5년 후 금연을 목표로 잡았습니다. 그리고 최종 Goal 목표로 그동안 꿈꾸고 관심 있던 커피 창업을 목표로 전 세계 모든 곳에 나의 매장을 창업하고 실력을 가다듬어 1등 바리스타가 되겠다. 그리고 전세기를 이용한 세계여행까지 굳은 머리의 상상력을 총동원하여 목표 설정을 했습니다.

상상이라도 꿈이 커야 그만큼 도전하고 얻는 것 또한 많다고 했습니다. 멘토님의 가르침이라 생각하고 목표 달성을 위해 성실히 임했습니다. 목표를 설정한 후 매달 또는 분기로 하여 진행 상황에 대해 체크 및 작성하고 같이 공유해 나갔습니다. 다른 사람들과 각자만의 목표를 설정하고 진행하고 그 내용을 같이 공유하면서 혼자 할 수 없었던 과정을 재미있게 해내어 갔던 것 같습니다. 혼자였다면 어느새 포기하고 흐지부지해졌을 것을 같이 해나가고 공유하게 되면서 응원도 되고 진행 과정이 부진했을 때는 부끄럽고 반성하게 되는 시간을 가지게 되었습니다.

멘토님과 3기 모두가 함께 진행하여 현재까지 목표를 위해 끊임없이 도전하고 있고 조금 이겠지만 어제와는 다르게, 어제의 나보다는 조금 더 성장해 저도 모르게 변화하고 있는지 모르겠습니다. 매번 포기하던 중국어도 명품인생대학을 통해 현재까지 공부를 이어오고 있으며 금연 또한 목표 달성을 위해 지속적으로 도전하여 흡연량이 많이 줄어 금연할 수 있는 날이 멀지 않은 것 같습니다. 또한 건강관리도 지속하여 주짓수 수련을 이어나가 현재는 유색 벨트로 성장하였습니다.

명품인생대학을 시작하면서 설정한 목표를 달성하기 위해 진행한 과정들이 모여 처음의 저와 다르게 포기하지 않고 발전한 저의 모습을 확인할 수 있었습니다. 명품인생대학 실천 계획 이외에도 많은 과제들을 진행하면서 느낄 수 있는 점이 많았습니다. 그중에 가장 기억에 남는 것은 30년 후의 나에게 현재의 내가 묻고 30년 후의 내가 현재의 나에게 쓴 편지였습니다. 내가 현재 목표로 하는 것을 실행하고 완수한다면 내가 바라는 30년 후의 내가 되어 있지 않을까 그리고 내가 원하는 30년 뒤의 내가 이미 되어 있다는 기분 좋은 상상도 하게 되었습니다. 30년 후의 내가 현재의 나에게 편지를 쓸 때는 30년 후의 내가 되기 위한 과정에 있는 현재의 나에게 메시지를 보내는 기분 좋은 응원을 받는 좋은 경험이었습니다.

현재의 나에 대해서 목표를 향한 도전들이 안주하고 있지 않은지 힘들고 귀찮은 일이라고 실행하고 있지 않은지 현재의 나를 돌이켜 볼 수 있고 포기하지 않게 하는 긍정적인 응원이었습니다.

명품인생대학을 통한 경험으로 인생을 설계하고 목표에 대한 과정을 도전적이고 긍정적으로 실행할 수 있는 변화가 생겼습니다. 여기에서 안주하지 않고 지속적으로 멘토님의 가르침에 따라 명품인생을 만들어 갈 것입니다.

구민효

"목표를 설정하여 하고자 하는 것에 안주하지 않고 목표로 하는 것에 대하여 실행하는 것"
이번 명품인생대학을 통하여 끊임없이 나에게 질문을 던지며 도전하고 어제보다 조금이라도 나아진 오늘을 만들기 위해 노력하고 있는 구민효입니다.
OEM영업의 전문가로 자리를 잡아가고 있습니다.

한 아이의 아버지가 되어가는 과정에서 명품인생대학을 만났습니다. 하루하루 최선을 다해서 살아가고 있다고 생각하지만 5년 후 더 나아가 인생의 최종 목표를 생각해 본 적은 없습니다. 즉, 인생을 디자인해 본 적이 없는 것입니다. 그렇기 때문에 명품인생대학 원서를 작성할 때 무척 힘들었습니다. 설계해 본 적 없었기 때문에 곰곰이 생각하고 또 생각하여 작성해 나갔습니다. 네 번의 수정 끝에 입학할 수 있었고 평범하고 특별한 일 없이 살아가던 인생에서 이제는 나의 인생을 새롭게 디자인할 수 있는 좋은 기회가 되었습니다.

명품인생대학에 입학할 때 축복과도 같은 아이가 생기게 되었습니다. 한 가정의 책임자에서 이제 한 아이의 아빠가 되는 것인데 무척 기쁜 일이지만 한편으로는 '내가 잘할 수 있을까'라는 불안감을 느끼기도 했습니다.

명품인생대학에서 무언가를 계획하고 우리 가족이 더 화목하고 행복해지기 위해서 생각하고 계획한 것을 실천해 나가면서 행복했던 것 같습니다. 물론 계획한 일들이 100% 완벽하게 완료하지는 못했으나, 계획한 것들을 하나하나 실천해 나가면서 성장해 나가는 느낌도 무척 좋았습니다. 계획한 것들 중 아침 기상시간이 바뀌게 되었습니다. 6시 50분에 일어나 빠듯하게 하루는 준비했다면 명품인생대학을 다니며, 5시 반에 기상을 하여 30분 정도 운동을 하고 하루는 더 알차게 준비할 수 있었습니다. 비록 지금은 6시 반에 일어나는 것으로 바뀌었지만 다시 5시 반 기상하여 운동 후 출근하는 패턴으로 생활할 예정입니다.

그리고 저는 책을 전혀 보지 않는 사람이었습니다. 책 읽을 시간이 없다는 핑계로 책 보는 시간에 핸드폰을 보고 동영상 유튜브를 보면서 살아왔습니다. 명품인생대학에서 계획한 듯이 현재 매월 한 권의 책을 보고 있습니다. 김해도서관에 회원등록을 하고 책을 찾아보고 읽어 나가면서 정말 좋았습니다. 한번은 베르나르 베르베르의 책 《꿀벌의 예언》이 너무 보고 싶어 책을 인터넷으로 예약하여 기다렸는데 그 기다리는 시간도 설레고 좋았던 것 같습니다. 한 달에 한 권 읽는 지금의 계획을 계속 이어나갈 생각입니다. 집에서 책을 읽는 모습을 보고는 아내가 한 번씩 놀랄 때가 있습니다. 생전 책 보는 모습을 보여준 적이 없어서 그런 것 같습니다. 그리고 저의 책을 아내가 도서관에서 빌려주는데 저의 책을 빌리러 가는 길에 아내 또한 책을 한 권 빌려옵니다. 좋은 것은 전염된다고 하는데 저의 책 보는 계획이 아내에게도 전염된 것 같아 무척 뿌듯합니다.

이제 한 아이의 아빠가 되었으니 더욱 철저히 계획하고 계획한 것을 실천해 나가 명품인생을 살 수 있도록 하겠습니다. 요즘 아이와 주말에 무엇을 할까 고민이 많은 시기입니다. 저번 주에는 키즈 카페와 작은 동물원이 있는 곳을 방문했는데 아이가 거북이, 토끼를 보며 초롱초롱한 눈빛으로 말을 하는데 작은 행복을 느꼈습니다. 이제 저의 계획에 아이와 보내는 시간을 더 늘리기 위해 고민할 시기인 것 같습니다.

저의 어린 시절은 어머니, 아버지 두 분 모두 장사를 하기 때문에 주말도 없이 항상 부모님께서 바쁘게 살아오셨습니다. 그래서 어디 체험 학습이나 무언가를 해본 기억이 많이 없습니다. 저의 아들은 저와 같은 기억을 하지 않도록 최선을 다해서 많은 추억과 체험을 경험하게 해주고 싶습니다. 그러기 위해서는 저부터 더 많이 찾아보고 진정으로 아이가 원하는 것이 무엇인지 그리고 나이 때에 맞추어서 계획하고 그것들을 실천하여 좋은 부모, 좋은 아버지가 되고 싶습니다. 멘토님의 따님이 아버지를 존경한다고 말하듯이 저의 아들도 저를 존경하는 아버지가 될수 있도록 최선을 다하도록 하겠습니다.

2023년의 계획으로 영남 알프스 8봉을 아내와 등산하는 것으로 계획을 설정하였습니다. 아이가 생기기 전에는 매주 주말 아침에 아내와 등산을 하였는데 임신 기간과 아이를 키우면서 한 번도 함께 등산을 하지 못하였습니다. 이제 아이가 어린이집을 다니고부터 저의 연차를 활용하여 평일에 등산을 아내와 함께 다녔습니다. 함께 좋은 공기도 마시고 등산을 하기 위해 차를 타고 가는 순간도 함께 여행을 가는 것처럼 아주 즐거웠습니다. 함께 산을 타며 땀을 흘리고 평소에 하지 못했던 이런저런 이야기를 하면서 우리 부부 관계가 더 좋아지는 것을 느낄 수 있었습니다. 아직 1봉을 정복하지 못했는데 12월에 마지막 산행을 마무리할 예정입니다. 명품인생대학을 하면서 부부 관계도 좋아져 아주 행복합니다.

만약, 대성산업에 입사하지 않고 명품인생대학의 일원이 되지 않았다면 이렇게 무언가를 계획하고 실천하기 위해 열심히 노력하면서 살지 않았을 것 같습니다. 명품인생대학 학생이 된 것을 무척 자랑스럽게 생각하고 멘토님의 말씀과 가르침을 잊지 않도록 하겠습니다. 멘토님의 가르침에 따라 중간에 흔들리지 않고 목표한 바를 이룰 수 있도록 노력하였습니다. 인생을 디자인하지 않고 그저 하루하루만 살아간다면 지금의 환경에서 크게 달라지지 않을 것이나, 내가 계획한 일들을 이루기 위해서 노력하고 계속 나아간다면 분명 좋은 결과가 있을 것이라 생각합니다. 아버지가 되는 길목에서 명품인생대학생이 되었던 것은 어쩌면 아이가 준 큰 선물이라 생각합니다.

끝으로 제가 설계한 것들이 모두 이루어질 수 있도록 최선을 다할 것이며, 멘토님의 가르침을 최대한 저의 것으로 만들어 명품인생을 살기 위해서 계속해서 노력하도록 하겠습니다.

송관우

끊임없이 생각하고 노력하는 자세를 명품인생대학에서 배운 송관우입니다.
인생을 디자인하고 최종 목표를 위해서 앞으로 나아가는 사람이 되기 위
해 하루하루 열심히 인생이라는 계단을 오르고 있는 송관우입니다.
OEM영업의 전문가로 자리를 잡아가고 있습니다.

이재희 3기

시작
—
　　　　　　　명품인생대학 3기를 입학 당시 나는 무엇이 되고자 했는지 알 수 없는 목적지가 없거나 틀려버린 내비게이션처럼 경로만 재탐색하는 무미건조한 인생을 살고 있었다. 수동적인 인간으로서는 완벽한 인간이었을지 모르겠다. 우리는 적당한 시기에 공부를 하고 적당한 시기에 사회생활을 시작하고 또 적당한 시기에 가정을 이루고 살아간다. 나는 보통의 사람들 그 자체로 흑과 백이라는 이분법적 사고로 모든 것을 투영하고 해석하고자 했다. 그런 사고방식의 나는 말 그대로 재미없는 인간 그 자체였다. 1인칭 시점으로도 그리고 3인칭 시점으로도 아마 그럴 것이다.

　　처음 명품인생대학 3기로 입학하기까지 쉽지 않은 결정들과 나름의 고민이 있었다. 짧게 얘기하자면, 하고 싶지 않았다. 그 이유는 아마도 변화가 두렵고 새로운 무엇인가 받아들이기에는 나는 사회적으로 성숙하지 못한 인간이기 때문이었을지 모르겠다. 스스로 고립되는 것을 즐겼으며 위로와 공감은 불편했고 '우리'보다 '나'라는 가치가 우선이기 때문이었을 것이다. 그럼에도 나는 무슨 가치를 찾기 위해서였는지 당시의 감정에 대해서는 기억이 나지 않지만, 무엇인가 갈구하며 명품인생대학에 입학하게 되었다.

변화
—

　　　　　　　명품인생대학 입학 이후 나는 재학생으로 주어진 과제를 해나가야만 하는 학생으로서의 본분을 다하고자 했다. 독후감을 쓰고 문화생활을 하고 미래의 나에게 그리고 미래의 내가 지금의 나에게 보내는 편지를 썼다. 과제라는 갑작스러운 입력은 서서히 변화라는 출력으로 나타나기 시작했다. 주말이 되면 움직이는 것도 무엇인가를 한다는 것도 큰 스트레스였지만, 과제라는 강제력이 가족과 함께하는 시간을 만들고 미술관을 가보게 하기하고 무엇을 하고 싶었는지 고민하게 만들고 행동이라는 결과를 만들어 내는 선순환이 반복되기 시작했다.

　　변화는 곧 습관이 되어 인생 속에서 지속되는 불투명함 속에서 잠깐의 여유를 가지도록 만들어 주었다. 대표적인 예시가 과제 중 하나였던 문화체험이 아니었나 생각한다. 문화체험이란 다양한 종류와 장르가 있겠지만 명작을 감상하거나 뮤지컬을 관람하거나 하는 행위 등에 대해 나는 어떤 경계감을 가지고 있었다. 고상하거나 호사스러운 그런 것들이라는 오해와 편견을 가지고 있었기 때문이었다. 그래서 첫 시작도 쉽지가 않았다. 결국 돈과 시간을 써야 한다고 생각했기 때문에 경계심이 생겼었던 거 같다. 처음은 소개를 통해 아주 우연히 작은 미술 전시회를 관람할 기회가 있었다. 부산의 한 작은 카페였는데 커피를 마시면서 작품을 감상할 수 있는 곳이었다. 감상했다기보다는 그림 앞에 서서 잡스러운 생각을 많이 했었다.

　　그렇게 짧지 않은 시간이 지나고 과제의 첫걸음을 시작했다. 억지로 공감하려 애쓰지 않았고 이해하려고 하지 않고 있는 그대로 날 것을 받아들이려고 했다. 대단한 체험을 한 것을 아니지만 나로서는 문화체험이라는 것이 고상하거나 호사스럽다는 오해와 편견을 버리게 될 수 있는 시간이 아니었나 생각한다. 분노와 혐오의 시대를 살아가면서 감성과 감정은 혼탁해져 버리는 스스로를 조금 더 돌아보고 조금 더 여유를 가지고 살아갈 수 있는 방법에 대해 가까워진 것 같다고 느꼈다. 그리고 상반기, 하반기 목표를 세우고 하나씩 결과를 채워나가는 것도 하나의 소소한 재미였고 소소한 재미들은 조금 더 건강한 마음가짐과 신체로 보답했다.

모든 일들이나 결심이 그러하겠지만 목표를 세우고 실천하며 결과로 만들어 내는 로직 자체는 굉장히 단순하다. 하지만 과정은 어려우며 귀찮고 불편한 감정들을 이겨내야 비로소 결과가 창출된다. 시간이 남아 돌아서 계단을 오르내린 것도 아니며 일부러 금단현상을 참아가며 금연 중인 것도 전부 조금 더 나은 나 자신을 위한 목표를 하나씩 이루기 위한 것들이었다. 불편함을 이기면 건강해지기 시작했고 어려운 것을 이겨내면 또 하나 이겨낼 수 있겠다는 자신감이 붙었다. 일부러 가족과 함께하는 무엇인가 해보려는 시도 그리고 그 시간은 서로 간의 관계를 좀 더 두텁게 만들어 주었고 서로에게 솔직해지며 불필요한 감정 소모하는 일들이 없어지게 되었다. 이런 변화들이 결국 행복의 작용—반작용의 법칙이 아닐까?

결심
—

우리는 12년이 넘는 인생의 긴 시간을 학교 그리고 학습에 시간을 할애해 왔고 주입식 교육을 통해 소극적이고 수동적인 인간으로서 그리고 보통 사람으로서 성장해 왔다고 생각한다. 명품인생대학을 통해 나는 비록 보통 사람이지만 특별한 인생을 살아보고자 하는 하나의 결심이 생겼다. 일을 해나가면서 과제를 하는 것은 사실 쉽지 않았다. 일이 바쁘다는 것은 좋은 핑곗거리였다. 하지만 결국 하나씩 해나갔다. 스스로 취미를 가져보자는 과제를 하면서 나는 기타 연주라는 과제를 선정했다.

그때가 7월쯤이었다. 매우 더운 날 기타를 가지고 공방에 들렀다. 더위를 먹었는지 귀가 먹었는지 기타 소리가 이상하다고 느껴 공방에 들렀던 것이다. 거기에는 수많은 기타가 나무 냄새를 뿜내며 수리와 조율 작업을 기다리고 있었다. 기다리는 시간 동안 나는 손가락이 심심했는지 스탠드에 걸려 있는 기타들을 하나씩 쳐봤는데 같은 음정을 내더라도 그 깊이와 울림을 다르다고 느껴졌다. 그다지 별일도 아니지만 나는 그런 생각이 들었다. 우리는 각자의 음정을 가지고 살아가는 것이 아닐까?

가족 혹은 주변 사람들과의 하모니(조화)를 통해 서로 간의 들리지 않는 곡을 연주하며 살아가는 것은 아닐까. 그렇다면 자신의 음정이 틀려 불협화음을 만들어 내더라도 조율사(멘토) 그리고 조율(터치 스톤)을 통해 목적지로 다시 진입할 수가 있지 않을까. 매우 짧디짧은 시간이었지만 터치 스톤의 의미에 대해 조금 더 고민해 보는 시간이었고 사소한 일들로 다시 마음을 잡게 되는 시간이었다. 무엇이든 잊지 않고 꾸준하다면 돌아갈 수 있다는 결심을 하게 되었다.

감사
—

명품인생대학에 입학하고 적지 않은 시간이 지났다. 돌아보면 굉장히 빠르게 지나갔던 시간인 듯하다. 동기 간의 목표를 공유하고 발표를 통해 감정을 공유하며 서로 간의 응원은 또 한 번 내가 성장할 수 있는 밑거름이 되는 좋은 시간이었다고 느꼈다.

멘토는 바쁜 시간 속에 멘티를 위해 기꺼이 시간과 경험을 통한 조언을 내어주었고 멘티들은 그것을 받아들이고 완벽하지는 않지만, 그것들을 응용해 유의미한 변화를 이뤄내었다고 생각한다. 또 과대는 동기 간의 유대감을 높이려 애써주었고 모두를 이끌어 주려 노력해 준 것에 대해 감사한다. 꼭 유형적인 것들만 나눌 수 있는 것이 아니라 행복이라는 무형적인 것들도 공유하고 공감할 수 있음에 알게 해주었고 어쩌면 살아온 날보다 살아갈 날들이 많을지도 몰랐던 나에게 오늘만 잘 버텨보자는 나에게 어제의 나보다, 오늘의 나보다, 내일의 내가 더 중요하단 것을 알게 해준 것에 대해 매우 감사함을 느낀다.

이재희

부산에서 태어나 20년 넘게 살다 양산에 정착한 태어난 김에 사는 남자
였다가 현재는 딸바보로 살고 있는 이재희입니다.
무역학과를 전공했으나 기계 만지는 것이 더 좋아서 대성나찌유압공업
㈜ 품질팀에 입사해서 원인 분석전문가를 담당하고 있습니다. 정직, 꿈,
열정을 가지고 살아가려 노력하고 있습니다. 어떻게 살아야 행복할 것인
지 그리고 더 행복할 것인지 고민해 보면서 나로 인해 다른 사람도 행복
해질 수 있는 삶을 살 수 있었으면 좋겠습니다.

'졸업'
—

　　　　　　모교인 부경대학교를 입학하고 졸업하기까지 9년이 걸리었다. 급한 성격도 아니고 노는 거 좋아하다 보니, 그 '졸업'까지의 9년이라는 기간이 쓸데없이 너무 오래 걸렸다고 항상 생각했다. 어느 정도 세월이 흘러 여유를 가지고 뒤를 돌아볼 수 있는 시기가 오고 나서는 생각이 조금 유해졌다. 그 기간 동안, 내 인생에서 손에 꼽을 만한 중요하고 심대한 경험이 많았다. 많진 않지만 하고 싶었던 여러 도전을 해봤고 그 과정에서 다양한 좋은 사람을 만났고, 그 좋은 사람들 중 가장 좋아한 사람과는 결혼도 했다. 졸업을 앞둔 마지막 학기 중에는 이곳 대성과 취업의 연을 맺기도 했다.

　　13여 년이 지난 현재, 나는 여전히 대성의 보살핌 속에서 그때의 배우자랑 같은 집에서 살고 있다. 그 시절 맺은 인연들의 대부분과 지금도 불편함 없이 교우관계를 맺고 있고, 이따금 모교 앞을 우연히 지나칠 땐 왠지 가슴이 뜨거워진다. 모교는 '졸업'했지만, 내가 가진 정말 많은 것들이 여전히 그곳에 있었다. 그곳에서 함께한 9년의 기간과 결과물은 단순한 과거가 아니었다. 내 현재의 근본이자 행복 그 자체이며, 내 미래에 절대 포기할 수 없는 가치인 것이다.

　　이곳 명품인생대학을 입학하고 약 3년이 흘러, 현재 난 졸업을 앞두고 있다. '졸업' 그 자체가 가지는 의미나 가치의 크기가 생각보다 그리

크지 않음을 이미 나는 알고 있다. 중요한 것은 함께한 그 기간 동안 내가 얻은 행복과 스스로 확립한 가치가 무엇이냐는 것이다. 10년, 20년이 지나도 내가 절대 포기할 수 없는, 나를 은은하게 빛나게 하는 그런 가치 말이다. 이를 현재 논하기에는 시기적으로 아직 이른지도 모르겠다. 졸업하고 13년이 흘러서야 그 가치를 거대하게 느끼는 나의 첫 번째 대학 생활처럼, 이곳 명품인생대학에서의 내가 얻은 가치 또한 향후 어느 정도 세월이 흘러서 이를 더 크고 느끼고 깊고 소중하게 자평할 것이란 느낌이 많이 든다.

'과제'
—

명품인생대학의 졸업을 앞두고 총평을 하는 이 자리에 앞서, 지난 이곳에서 수행했던 과제물을 되돌아보는 시간을 잠시 가졌다. 본인만의 목표와 비전을 설정해 향후 대학 생활을 직접 설계했던 입학지원서부터 멘토님의 저서 《너 그러면 행복하겠니》 독후감을 기반으로 한 입학소감문, 미래의 나와의 소통, 문화체험 열 가지 후 소감 발표 등을 하나하나 다시 되 읽어보았다. 쉽게 완성할 수 있는 가벼운 과제들이 결코 아니었다. 어찌했든 난 부족하나마 모든 과제를 수행했고, 다시 봐도 매 과제마다 많은 고민과 그 순간 충분히 많은 노력을 기울인 흔적이 보였다. 그때나 지금이나 학생 신분이 아닌 내게, 스스로 대견한 마음이 들었다.

자신의 현재 상황을 토대로 목표와 비전(Big picture/Goal) 제시를 통해 수행했던 입학지원서, 사실 이 첫 과제에서 난 멘토님으로부터 모든 과제 통틀어 가장 많은 질타를 받았다. 목표의 구체화가 부족하고 추상적인 면이 많으며, 달성 난이도가 평이해 보인다는 혹평이었다. 하지만 난 장대하고 허황된 목표보다는 정말로 달성할 수 있는, 실현 가능한 목표를 제시하고 싶었다. 어렵사리 타협점 수준에서 입학허가를 받을 수 있었는데, 그때 제시한 목표들은 지금 현재 어느 정도 달성한 것도 있지만 여전히 진행 중인 게 더 많은 상황이다. 달성 난이도가 낮은 목표라 생각했는데도, 목표라는 것은 달성하기가 참 어렵다. 어린 시절 겨울이 다가오면, 동그라미 그려가며 지키자 했던 겨울방학 생활계획표도 내 마음대로 실행 안 되는 것처럼 말이다.

두 번째 과제였던 《너 그러면 행복하겠니》 독후감을 기반으로 한 입학소감문, 이 과제는 첫 과제 입학지원서와는 정반대로 멘토님으로부터 모든 과제 통틀어 가장 큰 찬사를 받았다. 예나 지금이나 나는 참 중간이 없는 사람이다. 두 번째 과제는 어찌 됐든 독후감인 만큼 철저히 냉철한 독자의 관점으로 과제를 수행하고자 했다. 냉철하게 보고, 냉철하게 느끼고, 냉철하게 적었다. 그리고 저자에게 본받고자 했던 부분을, 지금도 난 스스로에게 냉철하게 좇고 있다.

2022년 중 1년 장기과제로 수행했던 문화체험 열 가지, 정말 짜릿한 경험이었다. 혼자서 국립경주박물관도 다녀오고 야구도 보러 가고, 생전 처음으로 남자 둘이서 영화관도 다녀왔다. 정말 재미있었다. 문제는 집사람에게 욕을 너무 많이 먹었다. 그래도 재미있었다. 이 과제를 다시 보면서 내가 의외로 창의적인 면이 있다는 생각을 했다. 없던 창의력이 불혹의 나이에 갑자기 생겼을 리는 없을 것이다. 나의 내면에 잠재해 있던 그런 숨은 능력을, 뒤늦게 미력하게나마 확인한 것만으로도 충분히 가치 있고 행복한 경험이었다.

'행복'

—

불혹의 나이에 접어든 최근, 난 많은 이별을 겪었다. 부모님처럼 날 보살펴주셨던 외조모가 하늘의 부름을 받았고, 그 전에는 가깝게 지내던 분 중 두 분이나 스스로 하늘로 날아가셨다. 생과 사에 대한 많은 고찰과 아픔을 느꼈다. 마음의 아픔과 더불어 몸도 자주 아팠다. 안정적이라고 생각했던 직장에 유례없는 경영난이 찾아왔다. 영원한 것은 없다 생각했다. 모든 시작에는 끝이 있고 꽃이 피면 지고, 만남에는 이별이 있다 싶었다. 달콤한 유혹에 혹할 시기는 지난 듯하고 공자께서 말씀하신 불혹(不惑)은 유혹에 혹하지 아니함이 아니라, 취득과 상실, 만남과 이별에 무던해짐이 아닌가 싶은 생각도 했다. 그렇게 난 한동안 행복하지 못했다.

찬바람이 불기 시작한 지난 11월 경주를 다녀왔다. 이번에는 혼자가 아니라, 세 가족 함께 다녀왔다. 문화체험 과제를 수행하기 위해 혼자 경주박물관을 방문했던 그날, 날씨가 선선해지면 가족들과 함께 오리라 다짐했던 작은 목표를 실행했다. 30년 후의 나에게 했던 당부처럼, 나이를 더 먹어도 직책이 더 높아져도 사람을 마주함에 변함이 없고자 노력하고 있다. 30년 전의 나를 겸손하면서도 소중히 감쌌던 것처럼, 어린 아들에게 겸손함과 배려를 행동으로 가르치고 있다. 그리고 난, 본받고자 했던 '아침형 인간'처럼 나 또한 이제는 '아침형 인간'이 되었다.

명품이 가치 있는 것은 전시장 안에 고요히 홀로 빛나고 있어서가 아닐 것이다. 장인의 한 땀 한 땀 정성 어린 제작이 어떠한 환경이나 갖은 충격에도, 이를 극복하고 본연의 가치를 곧히 유지하기 때문에 그것이 명품일 것이다. '명품인생' 또한 마찬가지 아닐까. 영원한 것은 없으니 영원히 행복할 순 없다. 상실감과 아픔은 피할 수 없지만, 행복하기 위한 하나하나의 노력들이 어느 순간 뒤돌아서 합하여 보면 그게 결국 '명품인생' 자체가 아닐까.

'명품인생대학'을 졸업하게 되어 행복합니다. 감사합니다.

황규현

1984년 1월 경남 양산시에서 태어나 양산초−양산중−양산고를 졸업하였습니다. 40 인생 양산밖에 모르는 경상도 상남자입니다. 2014년 10월에 결혼하여 불과 5개월 만에 2015년 3월에 아이를 낳은 마법사입니다. 대성나찌유압공업㈜에서 재무와 총무 업무를 하고 있습니다. 일 빼고는 뭐든 다 잘하는 능력자입니다. 명품인생대학과 함께 제 스스로 그 자체가 명품이 되고자 하는 꿈 많은 중년입니다. 많이 사랑해 주시어요. ♥

2-2 30년 후의 나와 소통

2-2-1 30년 후 내가 지금의 나에게

김대민 1기

대민아, 어쩌면 이런 기회가 한 번쯤 찾아올 거라고 지금까지 믿고 기다렸단다. 67세의 나이에 30년 전의 나와 친구가 될 기회가 이 편지를 적고 있는 잠깐의 시간 동안 우리를 이어주고 있어 정말 기다려 온 순간이지만 막상 지금의 나는 너에게 무슨 말을 어떻게 해야 할지 머뭇거리게 되는구나. 사실 처음에는 지금의 변화된 삶의 모습과 그동안의 경험을 너에게 전달해 주고 싶었어. 그렇게 되면 지금 나의 모습보다 분명 조금 더 나은 모습으로 변화된 삶을 살 수 있겠지.

넌 항상 고민하잖아, 매일 순간마다 찾아오는 선택과 결정의 순간에서 과연 자신의 그 선택이 현명하고 최선이었을까 라고… 지금의 나는 그 고민을 해결해 줄 수도 있고 순간의 선택이 어떤 결과가 이어지는지 전부 다 알고 있지만 너에게 아무런 도움을 주지 않기로 했어. 지금 생각하고 믿고 있는 마음가짐으로 하루하루 지금처럼 살다 보면 어느덧 꿈꿔왔던 삶이 이루어져 있을 거야.

얼마 전에 우리 맏딸 여진이가 결혼했어. 자기는 결혼하지 않고 독신으로 살 거라 그러더니 역시 그 말만은 거짓말이 되었단다. 그래도 자기가 원했던 의사도 되었고 조금만 더 공부하면 전문의 과정도 끝나고 학교 강의도 나갈 예정이라 신혼여행도 당분간 가지 못할 것 같다. 작년에 다녀온 남극 여행이 기억에 남는지 신혼여행을 북극으로 갈려고 해서 걱정이 많이 되는데 어쩔 수가 없어.

나는 요즘 의자 주문이 밀려서 일주일에 3개씩 만들고 있어 너무 바쁘구나. 물건이 괜찮은지 비싸게 제값을 받아도 주문이 3개월이 밀려있어 이번 여름에는 막내가 휴가 때 내려와 도와주기로 했으니, 여름이 오기를 기다리고 있어. 내년에는 판매할 수량을 정해놓고 한정 수량으로 판매 방식으로 전략을 바꿔야 할 것 같다.

이렇게 아직도 매일 바쁘고 활기차게 지낼 수 있다는 사실이 감사하고 그 속에서 진정한 행복을 느끼고 있단다. 사실 요즘 부쩍 감기에 자주 걸리지만 항상 더 건강하게 생활할 수 있도록 그때부터라도 꾸준히 운동을 더 열심히 해줬으면 해. 평균 수명이 120살이니 남은 50년도 더 건강하게 지내려고 지금도 매일 집 앞 해변에서 아침마다 수영을 하고 있어. 이제는 매일 수영 5km 정도는 꾸준히 유지하고 있으니 다행이긴 하지만 더 이상 거리를 늘리기가 힘든 건 사실이야. 그래도 잠수도 하고 매년 대회서 수상도 하는 정도는 되니까 괜찮은 것 같아. 그래도 변하지 않는 건 아직도 보라가 잔소리가 너무 많아. 이해는 하지만 조금 달라질 수 있도록 항상 더 사랑하고 이해하고 아껴주자. 그러니 걱정하지 말고 오늘의 행복을 위해 지금 최선을 다하자. 다음에 또 소식 전할게.

김병곤 1기

2050년 내가 2020년 나에게

작성일: 2020.04.19

너는 지금 어떤 목표로, 방법으로 살고 있는지, 꿈꾸는 미래가 있는지?
80을 바라보는 내가 후회되는 부분이 있어, 이렇게 편지로 당부를 하고 싶다.

1) 평생 공부를 하며 인생을 보내라
좋은 책을 읽고, 항상 새로운 정보를 습득하여 너의 지식으로 만들고 있길 바란다.

2) 대인관계에 있어 적을 만들지는 마라
나와 반목하고 날을 세워 싸웠던 사람이 지금 나와 가까이 살고 있지만 과거의 기억에 서로 불편한 마음이 남아 있다. 세월이 지나면 아무것도 아닌 것이니 상대를 공격하지 마라.

3) 꾸준히 운동을 해라
운동하고 쉬고 반복하지 말고, 일관성 있게 꾸준히 운동하여 건강을 유지하길 바란다. 운동의 습관화가 중요하니 50세 60세가 되더라도 변함없길 바란다.

4) 부모님과 시간을 많이 보내라

지금은 부모님과 외출하는 것도 힘들다. 30년 전 너의 나이라면 부모님과 경치 좋은 곳, 맛있는 식당 등 여러 곳을 다닐 수 있고, 여행도 보내 드리고, 무엇보다 네가 건강한 것이 효도다.

5) 가족들과 대화를 많이 해라

딸이 고등학생이 되어 공부하는 시간이 대부분이라 대화 시간이 부족할 것이다. 부족하지만 그 시간 속에서라도 가족의 고민을 많이 들어주고, 행복하게 살아갈 수 있도록 조언을 많이 해주길 바란다.

6) 너의 취미생활을 열심히 해라

너에게 맞는 취미를 찾아서 여가 시간을 즐겁게 보내길 바란다. 그 시절은 다시 돌아오지 않으니 한창 젊고 건강할 때 하고 싶은 것 해라. 골프도 열심히 하고, 또 다른 취미도 찾아보고, 동창회 모임도 자주 나가서 다양한 사람들과 소통하고 배울 수 있도록 해라.

7) 나와 다른 의견을 가진 사람을 틀렸다고 하지 마라

인생을 돌이켜 보면 과거 나의 생각이 어리석고 부끄러웠던 기억이 많다. 자존심과 자만을 잘 구별하여 사람을 대해야 한다. 지금 돌이켜 보면 나는 늘 옳고 상대는 틀렸다는 생각 속에 사로잡혀 다른 사람의 생각을 인정해 주지 못했던 것 같다.

너의 생각만 무조건 합리적이고, 정당하다고 하지 말고 상대방의 의견을 존중하여 합리적인 생각, 판단을 하고 너의 새로운 지식으로 만들길 바란다. 항상 너 스스로가 많이 알고 있고, 옳다고 생각할 때가 가장 위험한 단계일 수 있다.

8) 하루하루를 소중히 살아라

지금 80세를 바라보는 나이에 가장 후회되는 것은 젊은 시절 소중한 시간을 그냥 무의미하게 보냈던 기억들이다. 평일, 주말 구별 말고 규칙적인 인생 설계를 하여야 한다.

너는 네가 속한 가족 또는 집단의 구성원이다. 네가 보낸 하루하루가 가치 있는 삶이 될 수 있다. 너의 가치가 너 주위를 더 행복하게 만들 수 있다. 모든 부분을 다 잘하는 슈퍼맨이 될 수는 없겠지만 인생 설계를 통해 노력하는 삶을 산다면 행복한 사람, 주위를 행복하게 만드는 사람이 될 수 있다고 생각하니 네가 80세가 되면 지금 나보다 더 행복한 모습이 되길 간절히 바란다.

2050년 4월 19일 김병곤

71세가 된 내가 30년 전 41세의 이태영에게

4월 화창한 날씨에 아내와 함께 진해 벚꽃 놀이를 다녀와서 과거의 나에게 편지를 쓰려 해. 현재 사랑스러운 나의 두 딸은 자랑스럽게 성장해서 제 몫을 충분히 하고 있으며 사랑스러운 아내는 강아지를 키우며 여유로운 인생을 즐기고 있어. 그 전까지의 노력으로 지금, 이 순간 행복을 만끽하며 지내고 있어.

30년 전 41세의 이태영, 너는 그 당시 힘들고, 두렵고, 지쳐 있었지. 하지만 소소한 행복을 느끼면서 지금의 나는 과거의 내가 쌓아온 기억의 모습이야. 조금씩 쌓아온 것들이 거대한 성이 되어 지금의 내가 되었어. 30년 전의 이태영도 잘하고 있어. 하지만 아쉬운 부분이 있어 너에게 메시지를 보내. '조금 더 열정적으로 인생을 즐겼으면 좋겠어' 아직 늦지 않았어.

첫째, 아내한테 잘해라. (싫어하는 것을 하지 않으면 돼)
둘째, 가족들과의 추억을 많이 쌓아라. (옛이야기를 안주 삼아 술 한잔할 수 있도록)
셋째, 담배 바로 끊어라. (하루라도 일찍)
넷째, 일에 최선을 다해라. (후회가 없도록)

위 네 가지를 실천해서 꾸준히 한다면 더 멋진 71세의 이태영이 될 거야. 행복해지자.

이태영

조낙현 2기

[보내는 사람] 덴마크 코펜하겐의 어느 작은 부둣가에서, 조낙현
[받는 사람] 경남 양산시 유산공단8길 8 대성나찌유압공업㈜ 조낙현에게

가족과 일을 위해 열심히 살아가고 있을 30년 전 나에게…

40대 중반을 바라보고 있을 네가 항상 마음속 동경의 장소로 여겨왔던 이곳에서 지난날의 너의 열정과 노력에 감사하며 이 편지를 써본다.

46년 전 이곳에 가끔 출장 오면 일만 하고 돌아가던 젊은 너의 아쉬움이 아직도 아련하게 가슴에 남아 있구나. 지금의 내가 이곳에서 커피 한 잔의 여유와 편지를 쓰고 있다는 것은 지난날 너의 노고임에 나는 감사한다. 그때도 잘하고 있겠지만, 30년이 훌쩍 지난 지금, 너에게 꼭 당부하고 싶은 것이 있다.

첫째는 '그 누구도 미워하지 않는 삶'을 살아가도록 노력해 주길 바란다. 지금 너의 일과 욕심과 열정이 혹시 너의 주위에 상처를 주고 있지

않은지 돌아보면서 살았으면 한다.

둘째는 '너의 건강이 곧 가족의 건강이고, 30년 후 우리의 건강'이란
것을 명심해 주길 바란다. 45년 전의 나에게 이런 당부를 해줄 수 있다
면 더없이 좋을 테지만, 30년 전에라도 해줄 수 있음에 감사와 안도를
가져본다. 정말로 고맙고, 고맙고 사랑한다.

미래의 나로부터…

문서영 2기

30년 후 내가 지금의 나에게

오늘 30년 전의 너에게 편지를 한 통 보내려고 팬을 들었는데 무슨
말을 적어야 할지… 한참을 책상 앞에 앉아 있었어. 내가 나에게 무슨
말을 해야 할지… 생각하는 동안 왠지 모르게 마음이 뭉클해졌어. "결혼
후 엄마로서 아내로서 며느리로서 딸로서 살아오느라 수고했다"라는 말
을 먼저 해주고 싶어. 살아오는 동안 힘든 일도 있었지만 잘 이겨냈기에
지난 시간이 추억이 된 것 같아. 잘 버텨주어서 고마워.

일흔이 넘은 내가 지금 너에게 하고 싶은 말이 있다면 나이가 들수록
너 자신을 사랑하며 살았으면 해. 나 자신을 사랑해야 다른 사람도 사랑

할 수 있어. 나 자신에게 사랑이 넘쳐야 다른 사람에게 나눠줄 사랑이 생긴다고 생각해. 그 사랑이 너의 삶을 더욱더 풍요롭게 만들 수 있어.

살아가다 지치고 힘들 때는 쉬어가, 무리하게 힘을 내지 말고… 지친 너를 위로하고 다독이며 살아갔으면 해. 지금 잘 살아가고 있지만 애쓰고 있지만 명품인생을 향해가고 있다면 지금의 네가 조금 더 노력했으면 해. 더 많은 책을 읽고 더 많은 생각을 하고 더 많이 움직였으면 해. 노력 없이 이루어지는 건 절대 이 세상에 존재하지 않는다는 걸 잘 알고 있잖아. 미래의 내가 너에게 이렇게 말할 수 있다는 것은 큰 행운이야.

마지막으로 너의 생각을 너의 감정을 표현한다는 것이 너에게 아주 힘든 일이란 건 알지만 표현하기 위해 노력했으면 해. 특히 언제나 너의 뒤에서 사랑으로 묵묵히 지켜봐 주시는 부모님께 먼저 표현했으면 해. 부모님이 언제까지 기다려 줄 수 없으니까…

살아오면서 힘든 일, 슬픈 일, 기쁜 일 많은 일들이 있었지만 가족과 함께 잘 헤쳐 나온 네가 자랑스러워. 언제나 너를 응원해!!!

따뜻한 봄날 곱게 늙은 할머니가

30년 전 과거의 나에게

나에게는 처음으로 써보는 편지구나. 그동안 나에게 너무 무심했던 것 같아 미안해. 지금의 나는 아내와 함께 여행을 다니며 행복한 노후 생활을 하고 있어. 가끔 나의 도움이 필요한 사람을 위해 강의와 멘토링을 하기도 해. 이 모든 게 너의 노력 덕분이야. 그동안 참으로 많은 변화가 있었지? 지금 돌아보면 지겹고 힘든 일들로 인해 미래가 보이지 않는 것 같았지만 계속 앞으로 나가니 해결되더라. 지나고 보면 왜 그렇게 힘들어했나 싶기도 하고 추억으로 변했어. 포기하지 않고 꾸준히 계속 네가 한발 더 나아가고 있음을 믿고 걸어주었기에 가능했어. 30년 전 너의 작은 변화와 행동이 지금의 나를 만들어 주어 감사해.

내가 너에게 해주고 싶은 말은 첫 번째, 오지 않은 일에 대해 미리 걱정하지 말라는 거야. 걱정으로 인해 아무것도 하지 않으면 그 자리에 정체되는 거야. 잘못되면 어떡하지 라는 생각보다 계획을 세워 올바른 방향으로 실행하는 방법을 고민하는 게 좀 더 좋은 것 같아.

두 번째 주변 사람들의 소중히 여기고 표현하라는 거야. 되돌아보니 경상도 남자라는 변명 아닌 변명으로 부모님, 아내, 자녀 등 주변 사람에게 사랑한다는 말을 잘못하고 있어. 과거의 나는 더 힘들겠지만 노력했으면 좋겠어. 항상 사랑하는 사람들에게 감사함과 사랑을 표현해 줘.

마지막으로 명품인생대학에서 배운 것 중 하나를 실천하자. 지금의 나는 행복을 전도하기 위해 노력 중이야. 행복을 한 사람 한 사람에게 전할 때마다 더 큰 행복이 찾아오는 걸 느끼고 있어. 알아서 잘할 거지만 감사의 마음과 격려의 말을 해주고 싶었어. 30년 전 나에게 원망과 미움보다 감사의 말을 전할 수 있어서 행복하다.

From. 멋진 중년이 된 상우가

이용석 2기

세월을 이겨낸 용석이가 조금은 지쳐 있을 용석이에게

시간이 많이 지나 아직은 아주 젊고 많은 것을 짊어지고 있을 나에게 이 편지를 보낸다. 지금의 내 모습은 네가 지금 겪고 있을 많은 시련과 고통 위에 만들어진 모습이다. 미래에 대한 불안감, 가족의 건강, 너의 건강에 대한 걱정으로 아주 힘들 거로 생각한다. 하지만 젊은 나와 우리 가족은 모두 잘 견뎌내었다. 모든 것이 만족한 결과라곤 할 수 없지만 최고의 선택을 했고 그 선택을 믿으며 노력하여 지금의 나와 내 가족의 모습을 만들어 내었다. 네가 꿈꿔온 모습과는 조금은 다른 모습이지만 행복하고 따뜻한 가족으로 살아왔다. 지금에 와서 너에게 너무 쉽게 얘기하는 것일 수도 있지만 지금 네가 갈등하고 있는 모든 것들이 네 미래를 다 바꿔놓은 것은 아니다. 조금 더 좋고, 나을 수는 있다고 생각하지

만 네가 너의 선택이 옳다고 믿고 최선을 다했기에 '어떤 선택을 할까?'
로 너무 많은 시간을 보내지는 마라.

그리고 가족들과의 시간을 소중히 생각해라. 지금 너의 가족 모습,
눈에 넣어도 아프지 않을 것 같은 지우, 서우와 같이 보내는 시간을 소
중히 생각해라. 다시 돌아갈 수 없기에 다시는 느낄 수 없는 오롯이 너
자신의 아들들, 때 묻지 않은 천사 같은 그 아이들과의 시간을 함께하기
위해 네가 가진 모든 걸 사용해도 좋다. 다시는 그 행복감을 느낄 수 없
기에… 내 품을 떠나 내 아이들(당연히 홀로서기를 해야 되기에…) 아직도 너
무 예쁘고 사랑스럽지만, 그때 내 품 안에서 잠들 수 있는 그 아이들과
의 시간은 네 평생의 가장 중요하고 행복한 시간이다. 그리고 아직 내
곁을 지키고 있는 아내를 배려해라. 결국 후회하게 되겠지만 나와 아이
들을 위해 모든 것을 헌신한 나의 아내, 네가 다시 시간이 지나 나와 모
습을 같이할 때 더 많이 배려하고 사랑해 주지 못한 것에 대해 후회가
적었으면 한다.

지금은 소중한 사람 중에 일부는 나보다 먼저 세상을 떠나는 것을 지
켜보며 네가 목표한 것을 모두 이루지는 못했지만, 그 소중한 사람들과
의 추억이 무엇보다 중요하다는 것을 느끼며 그 사람들과의 시간이 그
무엇보다 중요하다는 것을 알게 된다. 그러니 후회가 남지 않도록 많은
시간을 그 사람들과 보내었으면 한다.

젊은 날의 나에게 돈, 명예 그 모든 것보다 가장 중요한 것이 무엇인
지 다시 한번 생각해 보라. 그것이 더 나은 나의 모습, 더 행복한 나의

모습을 만들어 주리라 믿어 의심치 않는다. 지금의 너는 아주 힘들고 괴로워하고 있지만 그 또한 최고의 내 모습임을…

나이가 일흔이 넘어 고생 중인 마흔둘의 나에게

조영욱 2기

젊은 친구 영욱아 잘 지내지? 아니 잘 지내고 있겠구나. 다름이 아니라, 오늘 나에게 편지를 한 통 적어 보내려 한다. 현재의 삶을 살고 있는 내가 과거의 나에게 보내는 편지라… 허무함과 쾌락이 동시에 느껴지는구나! 한편으로는 엄마의 얼굴을 볼 수 있는 나의 모습을 생각하니, 미안함과 감사함의 마음에 가슴이 젖어 드는구나!

세월 참 샤워기의 물줄기처럼 빠르게도 흘러가, 많은 것들이 변하고 나도 어느덧 터벅터벅하는 짚신처럼 나이가 든 노인이 되어 일흔을 바라보지만, 아직 난 청춘은 봄이라며, 하루하루 꿈을 꾸듯이 지내고 있다. 지금 젊은 친구에게 보내는 이 편지가 내가 항상 꿈꾸며 그리던 개인의 공간, 개인 공방이라는 점을 말해주고 싶구나.

이 편지를 받아 볼 마흔 살의 삶을 살고 있는 젊은 친구 나 자신, 삶에 있어 만족의 계절과 시련의 계절을 매사 겪으며 성장하겠지만, 시련의 계절을 등에 지고 같이, 나아간다면 분명 젊은 친구도 모르게 좋은 기회, 좋은 일, 좋은 만남, 좋은 시간이 찾아올 거라는 점 기억하길 바란다. 그러니 힘들고 어렵겠지만 조금만 참고 같이 힘을 내보자꾸나.

2050년 나의 삶과 앞으로 겪게 될 이야기에 대한 메시지를 전달하고 싶은 맘은 어미 새 맘처럼 크지만, 젊은 친구가 겪어야 하는 여러 갈래의 길 중 잘못된 선택적인 행동을 한다면, 아마 프레임이라는 공간에 갇혀 더 좋지 않은 결과를 가져올 수 있을 거라 믿어 의심치 않는다. 30년 후 청춘을 즐기는 내가 이 자리에 없을 수도 있을 거 같다는 생각이 드는구나. 만약, 좋은 결과의 프레임을 가져간들 나의 하루하루, 나의 내일이 막장 드라마처럼 재미가 없지 않을까? 그렇지 않을까? 젊은 친구?

30년 후 성공한 나의 모습도 중요하겠지만, 현재를 즐기며 행복함을 가져오는 나의 모습이 추억이라는 단어로 포장될 수 있다는 것이 더 중요하다는 건 잊지 말아야 한다. 아내 미선이 사랑하며 도와주고 하려고 하는 일 많이 밀어줘야 한다. 그래야 내가 편안하게 살 수 있어! 조용히 살 수 있어!! 명심해야 한다. 세상은 쉽게 변하지만, 변하지 않는 게 있단다. 무슨 말인지 알고 있을 거다. 항상 힘을 내도록 해 젊은 친구, 항상 웃고!

그리고 효주도 잘 챙기고, 효주의 사진첩 추억을 듬뿍 만들어 줬으면 좋겠다. 노랑과 파랑을 닮은 아이로 성장할 수 있게 좋은 거름을 밟을 수 있는 아빠의 터가 되길 바란다. 부모님이 옆에 계실 때 잘해드려야 한다. 보고 싶어도 못 보는 시간이 찾아오니깐, 명심해야 해. 누군가 그러더라, 어린 시절의 기억은 부모가 가져가고, 부모의 마지막 기억은 자식들이 가져간다고.

근데 중요한 점은 이 편지가 젊은 친구에게 가려면, 우선 나의 몸부터 챙기면서 건강해야 해. 꾸준히 운동하고, 하려고 하는 것에 대한 목표를 정해서 한발씩 나아가도록 해봐. 아마 살면서, 많은 일들을 겪고 살았다고 생각하겠지만, 앞으로 다가올 날들도 그렇게 순탄하지는 않을 거라는 점도 기억해. 하지만 나의 노후 생활은 네가 만드는 작품 중의 하나가 아닐까? 그래서 부탁을 좀 하려고 한다. 좀 더 나은 나의 윤택한 노후 생활을 할 수 있도록, 조금은 고생스럽겠지만, 젊은 친구의 현재 삶에서 노력을 좀 더 많이 해줬으면 한다.

알겠지. 젊은 친구 조영욱이!!! 나나 너나 같이 잘살아 보자.

2050년 03월 09일 캔버스 공방에서

차상봉 2기

30년 전 나에게

출장 후 돌아오는 길 앞에 놓인 팬과 종이가 보여 과거에 나에게 편지를 써본다. 이번 출장도 역시 일본에 다녀오는 길인데 처음 일본어 공부할 때가 생각이 난다. 단순히 영어가 싫어서 선택하게 된 제2외국어이지만 일본어가 거부감도 없었고, 오래 공부했던 한자와 겹치는 부분이 많아서 처음 흥미를 느끼고 시작한 공부였었지 30년 전 이맘때는 한창 초등학생 한

자를 공부했던 시기라고 기억된다. 쉽지 않고 지겨워서 가끔 포기하고 싶었지만, 그 고비를 무사히 넘기고 노력했기 때문에 내가 지금 미래를 꿈꾸면서 이야기했던 일본이라는 나라와 거래를 하는 내가 되었다고 생각된다.

처음 일본 여행을 갔을 때 일본인에게 길을 묻고 그 답을 알아듣고 내 모습에 뿌듯해하며 아내에게 우쭐해하던 모습을 생각하면 웃음이 난다. 지금쯤이면 한창이던 벚꽃이 지고, 여름을 맞이할 준비를 하고 있겠네. 나는 여전히 여름을 싫어한다. 이건 나이를 먹어도 변하지 않네. 나는 누군가 조언을 하면 너 스스로 받아들일 수 없으면, 그 말을 흘려듣고 귀 기울이지 않던 너에게 뒤늦게라도 이야기한다면, 세상에는 나이가 많든 적든 다른 사람에게는 분명히 배울 점이 있다는 것을 꼭 말해주고 싶다. 나이가 어린 동생, 친구, 형, 선배 등 너에게 해주는 작은 충고 조언 한마디를 늘 기억했으면 한다. 다른 사람의 눈으로 너를 봐주며 그런 말을 해준다는 것 웬만한 애정이 없어서는 힘든 일이다.

나이를 먹고 주변에 눈치를 보며 대인관계를 유지하기 위해서는 쓴소리도 참아내야 하고, 바른말도 쉽게 할 수가 없더라. 젊은 지금 주변 관계를 지금보다 더 신경 쓰도록 하고 무엇보다도 서연이 말 잘 듣길 바란다. 너도 알다시피 외로움을 많이 타기 때문에 자리를 비우더라도 자주 연락하고 걱정 안 하게 해라. 마지막까지 네 옆에 있어줄 사람이니까 고마운 마음 잃지 말고 사랑한다는 말 자주 해줄 수 있도록 하자. 이만 줄인다. 여름 준비 잘하도록 해라.

2050.04.19 차상봉

38세의 여물지 않은 황 선생,

그대에게 깊은 그리운 마음 담아 이렇게 편지를 전합니다. 예나 지금이나 스스로 편지를 정의하기를 −첫째 내 마음속 깊은 감사함이나 그리움 같은 큰 감정을, 둘째 그 감정이 향하는 타인에게, 셋째 답례나 답장을 바라지 않고 순수하게 감정을 전달하는− 표현의 매개체라고 함은 변함없습니다.

이에 타인이 아닌 나에게 게다가 이 편지에 답장을 해줄 것을 뻔히 알고 있는 나에게 이 편지를 쓰는 것은, 해본 적도 생각해 본적도 없는지라 나에겐 새로운 경험으로 다가옵니다. 맞습니다. '새로운 경험'입니다. '말도 안 되는 일'이 아니지요. 2021년의 황 선생이 그 시절 스스로에게 제일 크게 독려했던 바이기도 합니다. '내 눈에 보이고 내가 아는 세상이 전부가 아니다. 세상 사는 사람은 전부 나만큼은 똑똑하다. 생각지 못한 상대의 언행을 새로운 경험으로 존중하라' 여전히 난 새로움을 마주함에 두려움이 없습니다. 정보를 닫지 아니하고 상상 속에 울타리를 치지 아니하니 나는 지금도 남녀노소 누구와 마주하고 어울려도 그 어울림에 무거움이 없으며, 마음 가는 대로 행하고 말하여도 인심(人心)을 벗어나지 않습니다. 덕분에 조금만 더 노력하면 오래전 공자께서 칭하신 종심(從心)의 경지에 시기에 맞게 도달할 수 있을 거 같습니다. 깊이 감사합니다.

2021년의 황 선생이 그 당시로부터 30년 전 8세 유년 시절의 기억을 더듬어 보려다, 남아 있는 기억이 거의 없음에 크게 씁쓸해하였음을 아직 기억합니다. 빛에 대고 뚫어져 봐야 겨우 드러나는 필름 같은 채 10컷이 안 되는, 많은 사랑을 받았고 갚아야 할 것이 분명 많았음에도 흐릿하기만 한 잔상과 적은 기억에 가슴 아파했었습니다. 인생에서 물리적으로 제일 총명하다는 10대, 20대를 관통하는 기억임에도 30년이란 시간은 인간의 머리와 가슴으로 많은 것을 간직하기엔 절망스러운 긴 시간임을 절감했기 때문이겠지요. 맞습니다. 지금의 나도 2021년 황 선생의 눈을 채웠던 풍경, 가슴 속 감정, 그 대부분을 기억하지 못합니다. 그럼에도 불구하고 그때만큼 마냥 씁쓸하지만은 아니한 건 아름다운 추억도 앗아가는 시간의 무서움을 이미 알고 있기도 하거니와, 그 시절 함께했던 좋은 가르침 덕분이겠지요.

　　행복을 측정하는 스킬을 배우고 그 값을 공유하는 여유를 배웠던 그 자리 말입니다. 그때 다짐했던 행복하고 감사했던 순간을 하루하루 기록하며 미루지 않고 갚아가고자 했던 삶을, 난 지금까지 견지하고 있습니다. '추억은 어제까지만 쌓고, 이별할 건 오늘 안에는 보내주고, 갚아야 할 건 내일까지는 갚아!' 지금껏 상대의 호의나 성의에 어떠한 형태로든 감사를 표하지 않았다면 이는 상대의 깊은 마음을 헤아리지 못한 내 좁은 식견과 무지에서 기인함이지, 날 향한 사소한 표현 하나하나에 항상 집중해 왔고 어떤 호의에도 감사의 뜻과 답례를 전해왔습니다. 덕분에 생각지 못한 수준의 넓은 인간관계를 구축할 수 있었습니다. 이 또한 깊이 감사합니다.

사회 선배님들은 말할 것도 없고 양가 부모님도 제대로 못 챙기는 주제에, 후배들을 위해 뭘 해야 하는가, 감히 고민했던 2021년의 황 선생이 기억납니다. 이제 나는 정답을 알 거 같습니다. 그 시절 최고 예능 MC 중 한 분이던 김구X님이 2015년경 토크쇼에서 하신 멘트가 정답입니다.

'후배분들께 인정받는 방법, 딱 하나뿐이에요. 지갑은 열고 입은 닫아'

이 멘트를 핑계로 이번 단락은 짧게 마무리하겠습니다. 2021년의 황 선생은 내 인생 제일 소중한 후배이기도 하니까요. 아무쪼록 항상 건강하시고 행복하시길 바랍니다. 몸이 건강하고 마음이 행복하셔야 나눌 수 있고, 베풀 수 있습니다. 항상 잊지 마십시오. 답장 기다리겠습니다.

감사합니다.

2051.05.25 황규현

강종환 3기

어느덧 내 나이 63살, 치열한 삶의 레이스를 치르며 목구멍까지 차오른 호흡은 이제 나이로 차올랐다. 내뱉는 호흡이 한결 편해지고 지난날을 되돌아볼 여유가 이제는 생긴 것 같다. 끝이 정해져 있지 않은 삶 속에서 30년 전의 나야 그동안 수고했고 앞으로 더 힘내거라. 황혼의 시기에 접어든 나는 새로운 시작을 하기에 앞서 지난 30년을 되돌아보고 30년 전 과거의 나에게 당부의 편지를 보낸다.

30살이 넘은 과거의 나는 아직 어린 나이였다. 30년 전 나이 33살 이제 먹을 만큼 먹었다고 생각하겠지만 이후 앞으로 내가 겪게 될 많은 일이 처음이라 서툴고 오류를 범하게 될 거다. 하지만 서툰 하루 속에서 새로움을 발견하고 행복을 채워나가는 너를 발견하게 될 거다. 그러니 너 자신을 믿고 행동하기에 앞서 신중히 생각하는 내가 되길 바란다.

장달식 멘토님의 명품인생대학을 통해 설정한 너의 목표가 어때 보이니? 30년이 지난 지금 나는 그것들을 통해 많은 것을 얻었단다. 30년 세월 목표 없이 살아가니까, 시간이 흘러가니까, 자의식 없는 삶을 살았을 수도 있겠더구나. 이말 명심하고 항상 무기력해지는 너를 경계하길 당부한다. 적은 멀리 있지 않았다. 나 자신의 나태함, 자기 합리화 결국 적은 너 자신이며 게릴라전의 게릴라처럼 예고 없이 찾아온단다. 항상 경계하거라.

30년 전의 내가 성장할 수 있도록 도와준 부모님, 아내, 아이, 장달식 멘토님께 감사한 마음을 표현하고 잘하자. 명품인생대학의 최종 Goal을 이루어 낸 데는 온전히 혼자만의 힘이 아니었다. 앞만 보고 달릴 때 나는 미처 알지 못했다. 나를 응원하는 목소리들과 내 아픈 두 발을 만져 주던 따스한 손길들을, 그러니 항상 주변을 살피고 사랑하고 너의 마음을 표현하라고 말해주고 싶다.

부모가 되어보니 아버지, 어머니의 마음을 알겠더구나, 30년 전 그때의 나는 부모님에게 잘해 오고 있다는 착각을 하고 있었더구나… 내가 결혼하고 막 태어난 나의 조그만 아이를 처음 안아보니, 기쁜 마음과 동시에 슬픈 마음이 공존했던 이유는 나의 부모님이 생각났기 때문이었다. 기쁨 속에 피어난 작은 슬픔을 조금이라도 거두기 위해 내가 생각하는 것 이상으로 부모님에게 잘해야 한다. 너의 아내에게도 잘하거라, 여자 말 들어서 손해는 안 보더라. 진짜 그렇더라, 그러니 아내에게 잘하고 항상 의논하고 지혜를 구하거라.

30년 전의 나야 63살이 된 지금의 내가 살아온 삶이 정답은 아닐지 모른다. 하지만 내가 너에게 당부하는 말들은 정답, 오답의 문제가 아닌 올바른 생각과 행동에 대한 것들이니 꼭 지켜주길 바란다. 앞으로도 지금과 같이 열심히 살아가길 바란다. 30년 뒤에 다시 만나자.

송관우 3기

편지를 나에게 쓴다는 생각은 한 적 없지만, 타인에게 쓰는 연애편지 혹은 일상적인 편지보다는 뭔가 생각이 더 깊어지는구나. 관우야 30대의 치열한 삶을 살고 있겠구나, 10대 때는 공부와 경쟁의 삶을 20대는 취업과 불안함의 삶을 30대는 직장인 그리고 한 가정의 가장으로서 조금씩 무거워지는 삶을 너는 누구보다 잘살아주고 있단다. 비록 화려하거나 인싸의 삶은 아니겠지만 너만의 드라마에서 주연으로 잘 살아가고 있어 줘서 고맙단다. 60대가 되니 남는 것은 추억뿐인 것 같구나, 좋은 추억 특히 가족과의 아름다운 추억을 많이 쌓아 나가도록 해라. 크게 특별할 필요 없어 가족들과의 여행, 식사, 사진 등등 소소하지만 아름답게 기억될 수 있는 추억들을 많이 만들어야 한단다.

　30대부터 꾸준히 체력관리는 해준 덕분에 지금은 특별히 아픈 곳 없이 잘 지내고 있어 게을리하지 말고 계속 꾸준하게 관리해 주길 바라 이제 너의 몸은 너 혼자만의 것이 아니란다. 돈 벌어오는 기계는 아니지만 좋은 추억을 계속 쌓아나가기 위해서는 너 가 꾸준히 노력해 줘야 한단다. 아, 명품인생대학 또한 꾸준히 해야 해 터치 스톤이 흔들리는 순간들이 많을 거야 그때마다 명품인생대학 입학원서를 보면서 계획한 대로 나아가야 해 명품인생대학으로 인해 30대 때 너의 미래를 설계해 볼 수 있었잖니? 지금도 그 덕분에 회사를 퇴직하고도 꾸준히 일하면서 손자, 손녀들 과자라도 사줄 수 있는 멋진 할아버지가 되어 있단다.

　그리고 이제 너는 한 아이의 아빠가 되었을 거야 너와 아내는 모든 것이 처음이라 많이 힘들 거야 지혜롭게 너 가 잘 도와줘야 해 꿀떡이가 태어나는 그 순간은 나는 아직도 잊지 못한단다. 정말 경이로운 순간일 거야 그 순간을 꼭 잘 기억하고 눈에 가득 담아두도록 해 30대 때의 가장 멋진 순간이었어! 아내에게도 꼭 고마워 수고했어 사랑한다는 말을 해주도록 해 지금 나의 아내는 가끔 그 순간을 안주 삼아 오손도손 이야기한단다. 그리고 아이들에게 멋진 아버지, 어머니가 될 수 있도록 아내와 이야기를 많이 하고 지혜롭게 헤쳐나가길 바래.

　그 시대는 아직 전염병 때문에 많이 지쳐 있을 거야 조금 있으면 마스크를 벗고 걱정 없이 다닐 수 있을 거니 너무 쳐지지 말고 힘내도록 해. 너는 지금 잘하고 있어. 너를 믿어!

종훈아!

뭐가 그렇게 어렵고 힘들게 살아왔니? 별거 아니었잖아! 70년 인생 되돌아보면 회상하며 추억 속에서 30년 후의 내가 2021년 나에게 웃으며 물어본다. 삶의 총성 없는 전쟁터 속에서 살아남으려 애쓰는 너를 변화 시켜 지금의 삶의 여유와 낭만을 즐기는 노년으로 바꿔보고자 한다. 그래서 30년 뒤 미래의 내가 너에게 이렇게 편지를 보낸다.

지금 돌아보면 옛날 생각이 영화처럼 내 눈앞으로 지나가네! 너는 유년(청소년) 시절 부모님의 이별로 사춘기를 억척스럽게 보냈지 혼자서 감당하기에는 힘든 나이였고 나쁜 길로 빠져버릴 유혹도 많이 받았었지. 하지만, 여동생의 학비와 생계를 유지하려 고등학교 방학이 되면 신문 배달과 중국집 아르바이트 공사장 막노동을 하며 큰돈을 아니지만 조금씩 돈벌이하며 막막했고 힘들게 지내왔었지… 고교 졸업 시기 생계를 위해 20살 대학 새내기 꿈도 못 꾸고 외항선에 몸을 실었던 기억… 1년간의 외항선 생활은 끝내고 학비를 벌어 야간대학에 입학해서 3사관학교를 목표로 주경야독을 했지만, 건강 문제로 꿈을 포기했지… 몸이 회복되고 사병으로 다시 군 생활을 할 때 이라크 파병으로 국가대표로써 세계평화 유지에 힘썼던 기억들… 힘들었지만, 삶의 버팀목이 되어 주었던 기억들이야.

70살이 된 지금도 그때의 기억과 비결(경험)로 소일거리를 찾아 적은 돈을 벌어 손주들 용돈도 주고 취미생활비로 쓰며 지낸단다. 손자 손녀들의 재롱은 말년의 행복이네. 몇 년 전 대성나찌유압공업㈜에서 이사로 퇴직한 후 고문직으로 지내는 날들도 끝나가는 무렵 무료한 일상을 보내다 우연히 예전 내가 명품인생대학의 도전의 이유 5년 후 목표를 보게 되었어… 참 이때는 꿈과 야망이 커서 두려울 것 없이 광야를 달리는 야생마 같았지. 그때도 별명이 독고다이 또는 야생마라고 불리기도 했었다. 차근차근 읽다 보니 최종 목표를 보고 있는데 지금은 목표의 50% 정도는 이루어진 셈이네. 목표에 반은 이루어졌지만 나머지 50%는 아직 진행 중이야. 남은 50%를 되도록 빨리 진행 시키기 위해 마흔 살인 너에게 조언을 세 가지 하고 싶어.

첫째 실수하면 할수록 경험치는 더 올라간다.
무엇이든 완벽히 일하려 노력했던 열정은 주변 사람들도 너를 인정해 주잖아. 왜 너 스스로에 완벽하고 실수 없이 타인에게 짐이 되려 하지 않으려 하는 굴레를 벗어나지 못하고 항상 너를 힘들게 하니… 완벽한 사람은 없어 적당히 실수하면서 인생을 배우는 거야 같은 실수를 반복하는 것은 무리가 따르지만, 한걸음 뒤에서 생각했으면 좋겠어.

두 번째 생각이 너무 많아.
장고 속에 악수를 둔다는 말이 있지 너무 짧은 생각에 문제가 발생될 경우도 있지만, 오래 생각한다고 답은 정해지지는 않아… 심플하게 생각하고 스마트하게 생각하는 법을 배운다면 조금 더 빨리 성장할 수 있을 거야, 고정관념을 빨리 던져 버렸다.

세 번째 남의 시선을 의식하지 마.

타인이 내 인생을 살아주지도 책임져 주지도 않아… 나의 시선으로 보면서 살아가 남의 시선을 의식하지 말고 타인과 나는 같은 곳을 바라보더라도 다른 생각을 할 수 있어. 굳이 같다고 속마음을 속이지 말고 틀렸다고 주눅들지도 말고 남들과 나는 다를 뿐 틀린 것이 아니야.

70세라는 나이는 내 삶을 잘 정리하여야 할 시간이라고 생각해. 잘 살아왔어 고생했어. 그리고 남아 있는 시간도 의미 있게 잘 살 거야. 나머지 50%의 꿈은 40세부터 시작하는 거야. 40세의 넌 아직 늦지 않았어, 할 수 있어 파이팅!

여러 가지 조언을 더 해주고 싶지만, 몇 년이 지나서 다시 이 편지를 쓸게. 또 다른 상황과 좋은 환경 속에서 더 성장한 너를 기대하며, 이만…

2051년 5월 어느 날

새벽에…

손철웅 3기

이 편지를 받는 넌 서른다섯 살의 철웅이겠구나. 그 시기에는 한창 정신이 없고 바쁘게 살아갈 나이였지… 나에게 편지를 써보는 것이 처음이라 어떻게 적어야 할지 모르겠지만, 나에게 쓰는 글인 만큼 편하게 글을 적어 볼 수 있을 것 같다. 무엇보다 이 나이가 되니 건강에 관해서 이야기를 안 할 수가 없을 것 같구나. 넌 늘 그렇듯 항상 건강했었지, 병도 잘 걸리지 않고, 잘 다치지도 않고, 가족들이 늘 건강하게 지내서 고맙다고 이야기를 하곤 했지… 지금의 나도 여전히 건강하단다. 다만 세월이 흐른 만큼 예전처럼 활동성이 없는 건 사실이란다. 회사에 입사하기 전에는 친구, 동호회 사람들과 운동도 많이 하고 활동적으로 지냈지만, 일하면서 마음의 여유가 없다 보니 운동에 소홀히 했었지. 하지만 서른다섯 살 때부터 시작해서 꾸준히 혼자서 걷는 습관을 들인 것은 잘한 것 같다. 덕분에 지금의 나도 건강하게 잘 지내고 있단다.

회사는 얼마 전에 정년퇴직했단다. 나름 이 분야에서 열심히 일했고, 덕분에 많은 사람에게 인정받고 지금도 좋은 관계를 해서 퇴직 후에도 선후배들과 만나서 옛날얘기도 하고 지내고 있단다. 너도 중요하다고 생각하고 있겠지, 회사 생활에서 업무도 중요하지만, 무엇보다 동료들에게 신뢰받고 도움이 되는 사람이 되는 것이 중요하다는 것을… 그 생각을 꾸준히 유지해줬으면 한다. 지금 동료들에게 도움을 줬던 것은 나중에 나에게 돌아올 때 더욱 큰 도움으로 느껴진단다. '남에게 피해를 주지 말고 도움이 되자'는 생각을 늘 가지고 있었는데, 세월이 흘러서 지나왔던 과거를 생각해 봐도 이러한 마인드는 나에게 많은 도움이 되었다고 생각해. 항상 잊지 말고 잘 유지해 줬으면 좋겠구나, 잘할 수 있을 거야.

나는 살아가면서 크게 두 가지 후회를 하고 산다고 생각해. 하나는 무엇을 시도한 것에 대한 것이고 다른 하나는 시도하지 않은 것에 대한 후회라고 생각해. 대부분 하고 나서 결과가 좋지 않을 때 본전 생각을 하며 하는 후회이고, 후자는 실행에 옮기지 않아 좋은 기회를 놓친 후에 하는 후회야. 회사 일과 생활을 지속하면서 나는 선택지 앞에서 망설이는 부분이 그 시기에 많았던 것 같아. 삶을 살아가면서 어떤 후회를 하고 사느냐에 따라 너의 삶이 달라진다고 생각해. 하지만 세월이 흘러서 지켜본 나의 성격상 어떤 선택을 하더라도 무엇이든 시도를 해보고 후회하는 편이 훨씬 더 나의 마음에 평온함을 준다는 것을 깨달았어. 후회를 안 할 수는 없어. 하지만 이러한 후회를 아쉬워하지 않도록 자신감을 가지고 시도해 보고 마음을 편하게 가지는 것이 너의 인생이 좀 더 행복함에 가까워질 수 있을 거야.

글을 적다 보니 너무 조언과 인생에 방향성에 대해 이야기한 것 같네… 이번엔 화제를 바꿔 가족에 대한 이야기를 해보려고 해. 서른다섯 살의 그 시기에는 바쁘고 정신없기도 했지만 너의 인생에 가장 행복한 순간이 있었던 시기이기도 하지… 지금도 충분히 느끼고 있을 거고, 지금의 나도 그 시기를 잊지 못하고 소중한 순간으로 기억하고 있어. 바로 우리 쌍둥이가 생겼던 시기지. 지금의 우리 쌍둥이는 건강하게 잘 지내고 있어. 대학도 졸업하고 얼마 전에는 쌍둥이 중 한 애가 결혼을 할 사람을 데리고 왔단다. 언제 이렇게 자라서 결혼을 하겠다고 하는 걸 보면 난 참 뿌듯하단다. 누가 먼저 결혼하는지는 나중에 직접 보고 느껴보는 것이 좋을 것 같아 알려주지는 않을 거야. 이 느낌은 직접 본인이 느껴봐야 해!

지금 너의 시기는 사회적으로 코로나로 인해 많은 사람이 지친 상태였던 것 같아. 하지만 그러한 침체기에도 기죽지 않고 열심히 가족을 위해 희생하고 버팀목이 되어주고 있다는 것을 그 누구보다 내가 잘 알아. 너의 그러한 노력이 나중에 가족들과 너의 행복을 유지하게 시켜주는 원동력이 될 것이야. 다만 한 가지 조언을 하고 싶다면, '좀 더 너를 사랑하고 너에 대한 시간을 가져보는 것'도 좋을 것 같다. 그 시기에 마음의 여유가 없이 살아가는 것은 너 자신에게 스트레스만 안겨준다는 것을 지금의 나는 깨달았어. 이 시기에 너에게 하고 싶은 것과 시간을 선물해 줬으면 해. 그렇다면 좀 더 행복한 너의 삶을 만들 수 있을 거야.

너의 행복한 삶을 응원하며 글을 마무리할게, 행복해지자.

이준엽 3기

준엽아 안녕, 잘 지내고 있지?
정말 치열하고 숨 막히는 지난 30년이였어, 30년이 지나서야 여유가 조금씩 생기는 것 같아…

퇴직을 했고 남은 내 인생을 아내와 함께 바닷가의 별장에서 여유롭게 지내보려고 해. 바닷가의 별장은 30살의 준엽이가 꿈꾸었던 최종 목표인데 드디어 이루었어, 명품인생대학을 진학하면서 열심히 인생을 설계한 보람이 아닐까 싶어. 물론 아내와 함께 오로라 여행도 다녀왔지, 바닷가의 별장, 오로라 여행처럼 최종 목표를 정해놓았던 30살의 준엽이가 너무나도 고마워.

이렇게 명품인생으로 한 걸음 다가가는 지금의 나는, 30살의 젊은 준엽이에게 몇 가지 해주고 싶은 말이 있어 이렇게 편지를 쓴다.

첫 번째로는 '건강'이야, 지금 젊다고, 건강하다는 핑계로 운동을 너무 안 했어… 이제 곧 한 아이의 아버지가 되는데 훗날 너의 건강에 적신호가 커진다면 가장으로써의 역할이 무너지는 거야.

너를 위해서라도 아이와 아내를 위해서 하루에 십 분이더라도 꼭 운동을 해서 너의 건강을 챙겼으면 해, 운동하는 습관을 만들어 보자.

두 번째로는 '감사하는 마음' 가지기야. 30살의 준엽이는 너 혼자 성장한 것이 아니고, 부모님, 아내 가족들, 친구들, 그리고 멘토님이 있었기에 그만큼 성장할 수가 있었고, 더 크게 성장해 나갈 거야.

그러니 너의 주변 사람들에게 항상 고맙고 감사한 마음을 가지고, 표현을 하는 준엽이가 되었으면 한다. 특히 부모님, 우리를 항상 응원해주시고 믿어주시고 사랑해 주시는 부모님에게 감사하고 사랑한다고 표현을 자주 해드리자… 나이가 들면 그런 표현하기가 더 힘들어질 수가 있어, 연습을 해서라도 표현을 하자 알겠지?

마지막으로는 하루, 하루 흘러가는 시간을 무의미하게 보내지 말고 소중히 여겨 살아가자는 거야. 30살 때는 왜 그렇게 시간을 허투루 썼는지 몰라, 조금만 피곤하면 미뤘던 습관, 이제라도 달라지자. 그리고 네가 명품인생대학 입학원서를 항상 마음속에 새기며 시간을 보내자. 그러면 미뤘던 습관이 조금이라도 고쳐질 것이라 믿어… 원서에 작성되어 있는 5년 후의 목표와 최종 목표를 보면 뭐라도 하면서 시간을 보낼 거야. 무엇보다 가족, 너 하나 믿고 온 아내 잘 지켜주고 사랑해 주자.

5년 후의 너의 목표. 노력한다면 모두 달성할 수 있을 거라 믿어. 지금 너의 노력하는 모습으로 목표를 하나하나 달성해 가며 행복한 인생을 살길 바란다.

구민효 3기

30년 후의 나는 30년 전의 나에게 너무나도 할 말이 많을 것 같지만, 막상 전할 수 있다고 하니 이 기분을 뭐라 설명할 수 없구나. 30년이라는 시간은 너무도 긴 시간 같지만 내가 느낀 시간은 눈 깜빡할 시간 같구나. 마음 또한 30년 전이나 지금이나 다를 것 없이 30년 전의 마음과 똑같단다. 30년 전의 젊음이 그래서 30년 전의 나에게 이렇게나 빨리 흐르는 소중한 시간을 잘 활용하고 이것은 하고 이것은 하지 말라고 말하고 싶지는 않다.

'행해서 실패한 것은 후회하고, 이것은 반드시 해야 한다'고 성공의 방법을 알려주더라도, 성실히 시행하지도 않을뿐더러 나중의 성공을 위해 지금의 행복을 포기하지 말고 하고 싶은 것을 즐기라고 말하고 싶을 뿐이다. 이렇게 했으면 돈을 더 벌었을 것이고, 이렇게 했으면 더 높은 지위를 얻을 것이다. 30년 전의 나도 아마 방법은 알고 있으리라 생각한다.

30년 전의 나에게 진정으로 하고 싶은 말은 어차피 안 할 테니 '하지 마라, 적당히 해라!'가 아니라, 그때 할 수 있는 것을 후회 없이 실행하고 경험하라고 말하고 싶다.

실패도 성공도 다 너의 쓰고 단 경험으로 남을 것이니 그 경험을 통해서 아쉬움이 없는 30년 후의 나와 다시 만났으면 한다.
30년 뒤에 다시 만나자.

이재희 3기

65세인 내 머리 위에 하얗게 서리가 내려 앉아 있고, 나는 여전히 바쁜 나날들을 보내고 있다. 손자도 봐야 하고 앞마당의 심어놓은 채소들도 잘 자랄 수 있도록 관리해 줘야 하는데, 몸 구석구석 아프지 않은 곳이 없구나. 네가 너무 열심히 써준 덕분이지. 건강도 하나의 재산이라고 생각하길 바란다. 세월이 흘러가면서 하나씩 고장 나기 마련이라 녹이 슬지 않도록 운동과 규칙적인 생활이라는 기름칠을 해주길 바란다.

금연과 금주는 너의 신체 시계를 정상화시켜 보다 윤택한 삶을 누릴 수 있게 해 줄 거야. 너무 많은 것을 안고 나아가려 하지 마라. 모든 것은 담을 수 있는 그릇은 세상에 없다. 담을 수 있는 양은 제한적이기 때문에 넘치거나 쏟아질 테니까… 필요한 것만 담을 수 있는 지혜를 키울 수 있길 바란다. 오늘 하루 그리고 지금 이 순간 하나하나의 너의 인생에서 유일한 순간이라 생각하고 열심히 살 거라. 인터스텔라의 주인공처럼 자신이 했던 일을 후회하지 않길 바란다. 인생은 짧더라.

어떻게 살아갈까 고민하는 것에 너무 많은 시간을 투자하지 마라. 밑그림에 색칠하듯 채워 넣는 것에 집중하다 보면 너의 인생이라는 그림은 완성될 테니깐… 너에겐 아직 일을 해야 할 시간은 많이 남았고 힘든 순간도 많을 것이다. 한 걸음 내디딜 때마다 엄습하는 불안감들은 너를 지치게 만들고 불안한 미래를 생각하게 만들 거다. 그럴 때마다 너의 곁을 지켜주는 가족들을 떠올리면서 한 걸음씩 나아갈 수 있는 용기를 얻길 바란다.

수십 년간 너의 곁을 지켜주고 지켜줄 친구고 동반자기 때문이다. 그리고 필요한 소비만 해라. 젊은 너의 불필요한 지출은 배고픈 노후를 선물해 줄 거다. 굶기 싫으면 절약의 습관화를 몸에 새겨 넣길 바란다.

'1, 7, 11, 25, 30, 38' 언젠가 당첨될 로또 번호라 생각하지 말고 30년 후의 통장 잔고가 되도록
네가 만들어 갈 바란다. 의미 있는 삶을 살자.

65세인 내가 35세인 나에게

권태연, 특별 게스트, 1기 이태영의 부인

태연아,

신선한 나무 내음, 숨어서 노래하는 풀벌레들, 보송보송 부드러운 흙 속살, 나뭇가지 사이로 눈부신 헬리오스, 모든 걱정거리를 씻어주는 바람의 서늘한 손짓의 공간 속에서 여전히 종이책에 대한 사랑을 간직하고 있구나!

지금 나이의 반년이라는 그 시점에 너는 참으로 발칙한 꿈을 키웠었는데 기억나겠지? 너의 르네상스가 시작되고 혁명으로 번지길 기대하면서 몇 년을 참으며 네 꿈을 이루려고 노력했었는데. 잠시 주춤하고 포기하고 싶었던 그때 말이야. 넌 중학교에서 아이들을 가르치다 어느 날 수업 시간 내내 교과 내용이 아닌 책에 대한 이야기를 하는 너 자신을 발견했지.

수업 연구보다는 행정업무에 치이는 학교 근무에 회의감과 정교사가 아닌 들러리, 임시 교사의 타이틀을 더 이상 하고 싶지 않았지. 유학도 가고 싶어 했고, 정확히는 영어도서관에서 도서관장으로 은퇴하고 싶어 했지, 결국 학부 전공과는 다른 일반 대학원에서 문헌정보학을 공부하고 양산에서 서울까지 매주 KTX를 타고 먼 거리 통학을 하면서 1년을 보냈었지. 교환학생도 합격하고, 소논문 쓰고 공부하는 즐거운 괴로움이 너무 좋았었는데… 경제 사정상 휴학하며 다시 중학교에서 근무하고 1년 뒤 대학원을 복학했지만 자퇴하고, 정교사 타이틀을 얻기 위해 노량진 임용고시 학원과 고시원으로의 지난한 인내심 테스트와 같은 인생 여정이 시작되었던 걸 그 당시는 순진하게도 너무도 몰랐었다.

열심히만 하면 되는 건 줄 알았던 무지함. 내 마음이지만 내 마음을 내 마음대로 컨트롤할 수 없는 슬럼프라는 긴 터널. 포기하고 싶은 마음과 그래도 버텨내야 한다는 마음들이 몇 년 동안이나 회전목마에서 내리지 못하고 있을 때… 두 딸들이 고학년이 되면서부터 너의 책꽂이에 책들은 구석으로 밀려나고 두 딸들의 문제집으로 채워지면서 딸들의 꿈을 응원하게 되었지… 그래도 하루하루 너는 최선을 다했어. 두 딸들을 잘 키워냈고 남편 또한 독특한 긍정적인 마인드로 건강한 노후를 즐기며 재미있지도 않은 농담으로 재밌게 해주려고 노력하면서…

두 딸들이 모두 입시 결과를 잘 내어주고 나서야 너의 책들은 다시 제자리를 찾았지. 그리고 몇 년을 더해야 했지만 결국 너는 학교에서 아이들을 가르쳤고 정년퇴임을 한 후 그동안의 집에 있던 책들을 모아서 작지만 영혼의 약국인 숲속 도서관을 열었고, 지금의 이룸 도서관장이 되었지. 누구든 오는 사람들에게 내가 가장 좋아하는 향긋한 수정과에 호두 곶감을 내어주고 재미있는 책들, 위로가 되는 책들을 안내하는 기쁨으로 살고 있어. 가끔 결혼한 제자들이 자녀들과 함께 놀러 와서 책을 기증해 주고 있다. 지금도 책을 선물 받는 것은 너무나도 반갑고 설레는 일이야. 그런 사람들이 더 많아지면 좋을 텐데 30년 후인 지금은 모든 게 너무나도 달라져 있다.

태연아!

기약할 수 없는 상황에서 피하지 않고 정면으로 맞서서 교사라는 꿈을 끝내 성취하고 이룸 도서관장으로 하루하루 감사하게 지내고 있는 너의 인생에 위로와 축복을 보낸다.

과거에서 본 나의 미래보다 미래에서 본 과거의 내가 나날이 더 아름답고 평화롭게 인생을 가꿔나가길…

미래를 아름답게 다짐하고 그려낼 수 있도록 격려해 주신 그분에게 무한한 감사와 영광을 드리면서…

2050년 4월 눈부신 초록들이 나의 눈 속에 한가득한 날

2-2-2 오늘의 내가 30년 후 나에게

김대민 1기

대민이에게

67세 대민아, 30년 전인 지금의 내가 꿈꾸고 있는 모습으로 새로운 삶을 향해 다시 또 힘차게 달려가고 있겠지만 이제는 잠시 뒤를 돌아보고 때론 발걸음을 멈추는 새로운 여유를 느끼고 있겠구나.

지금의 나는 37살로 여진이 아빠가 된 지 30일이 되었어. 요즘은 여진이의 패턴에 따라 아내와 함께 밤잠도 거의 못 자고 있지만, 천사 같은 여진이의 모습을 볼 때면 너무 예쁘고 힘들어도 이 순간이 너무 소중한데 어쩌나… 30년 후면 여진이와 아내와 함께 얼마나 많은 추억을 쌓고 행복한 시간을 보냈을지 생각하니 벌써 가슴이 벅차고 설레는구나.

70대를 바라보는 나이에서 보았을 땐 작고 쉽게 지나칠 수 있는 일이 될 수도 있지만, 지금의 나는 이러한 일상적이고 작은 행복들이 나의 삶의 원동력이 되어주고 있어. 오늘 하루도 세상에서 제일 사랑하는 사람과 함께 있어 행복하구나! 하는 안도감과 작은 행복을… 30년 후에도 늘 감사할 줄 아는 마음을 가지고 있기를 약속하자.

가끔 지금도 아내와 작은 말다툼이 있을 때도 있지만… 시간이 흘러 함께하고 있음에 익숙해져 서로에게 소중한 사람인 걸 잊지 말자던 아내의 말처럼, 그때도 서로에게 소중하고 사랑스러운 연인 같은 부부가 되었으면 좋겠어. 또한 그렇게 되지 않더라도 이 편지를 읽고, 다시 한번 지금 나의 마음가짐을 떠올리길 바랄게.

그리고 2025년에는 바티칸은 다녀왔니? 2018년 신혼여행 때 2025년 천국의 문이 열릴 때, 다시 한번 로마와 바티칸에 오자고 한 아내와의 약속을 지켰는지 너무 궁금하네. 다녀왔다면 그땐 아내와 나 둘이 아니라 6살이 된 여진이와 함께 다녀왔겠지~ 여진이 동생도 있으려나? 지금 이렇게 상상만 해도 웃음이 나오는데, 30년 후 나는 2025년을 회상하며 행복해할 것을 생각하니, 벌써 기분이 좋구나.

큰 약속뿐만 아니라 가족들과 나눈 작은 약속 하나라도 소중히 생각하고 지키면서 소중한 가족과 추억을 많이 만들고 살아갔으면 좋겠어. 30대인 지금은 무언가를 얻기 위해 달려갔다면, 60대의 나는 얻기만을 위해서가 아니라 어느 부분이든 놓아주는 연습을 시작하고 있을 텐데… 놓아주는 것이 지금은 상상이 잘 안 되어도 놓아주면서 얻을 수 있는 무엇인가도 있을 테니, 너무 서운해하지 말고 새로운 제2의 인생을 향해 천천히 하지만 꾸준히 걸어가고 있었으면 좋겠어.

항상 사랑하는 가족과 함께하는 행복을 만들어 가자.

2020년 5월 첫째 날 대민이가

김병곤 1기

2020년 내가 2050년 나에게

30년 후의 나는 70대 중반의 노인이 되어 있겠구나. 우선 내가 그때까지 이 세상에 살아 있다는 것이 정말 고맙다. 머리는 염색하지 않아 백발이 되어 있을 테고, 몸에는 주름이 많이 생겨 있겠지. 노인이 되었지만, 몸도 마음도 깔끔하게 살고 있을 것으로 생각해. 노년이라고 해서 스스로 가꾸는 부분에 소홀히 하지 말고 항상 깔끔한 옷과 머리 스타일, 매일매일 깨끗한 몸을 관리하고 있길 바래.

지금 나의 목표는 70대 중반까지 일을 하는 것이니, 아마 노인이 된 너도 어딘가에서 열심히 일을 하고 있을 거라 믿어. 중요한 것은 일을 하면서도 즐겁게 일하고 있겠지? 나도 지금의 생활에 최선을 다해 살고 있을게. 막상 너에게 편지를 쓰려니 사실 두려움도 있어. 과연 내가 행복한 너를 만들기 위해 지금 잘살고 있는 건지, 올바른 방향으로 살고 있는 것인지… 네 모습이 지금의 내가 상상하는 모습이 아니라면 너무 슬플 거 같아. 이 편지를 쓰고 나서 현재를 잘 살아야겠다는 생각이 더욱더 드는구나.

너에게 가장 중요한 것은 물론 건강, 돈도 있겠지만, 너 주위의 사람일 거로 생각해. 그래서 너는 가족과 행복하게 살고 있을 거라 믿어. 딸은 건강하게 성인으로 성장해서 사회생활을 잘하고 행복한 가정을 이루어 잘살고 있겠지? 귀여운 손주들과도 즐겁게 지내고 있을 거로 생각해. 가까운 친구들과도 간간이 여행도 가고, 즐거운 모임을 하고 있겠지. 하지만 지금의 내 모습을 토대로 내 미래에 대한 확신이 없으니, 네 모습이 조금 불안한 느낌도 있다. 너를 생각하면서 가장 슬픈 것은 부모님 생각이야. 너의 나이라면 부모님은 세상에 없으실 거 같은데… 부모님을 행복하게 해드려서 후회 없는 모습일까? 아니면 평생 마음고생만 시켜드린 불효자로 살고 있을까?

70대 중반이지만 사회에서 은퇴하지 않고, 건강하고 행복하게 살고 있길 바라. 지금의 내가 더욱더 열심히 나 자신을 아끼고 발전해 나갈 테니 너도 꼭 행복하게. 인생의 말미를 장식해 나가는 노년으로 살고 있길 바라.

1) 건강하고 깔끔한 모습

2) 사랑하는 사람을 행복하게 만드는 모습

3) 일을 하면서도 즐겁게 하는 모습

4) 마음 맞는 사람들과 어울리는 모습

5) 앞으로 10년은 더 살아서 80대 또는 90대까지 행복하게 사는 모습

이 다섯 가지를 꼭 이룰 수 있도록 노력해서 살아갈 테니… 꼭 행복한 네 모습을 꿈꾸고 있을게.

2020년 4월 30일

김병곤

이태영 1기

일흔한 살의 이태영에게

2020년 5월 나흘간의 휴식 시간 동안 곰곰이 생각하며 30년 후의 이태영에게 편지를 적어봅니다.

명품인생대학 최종 목표인 건강하고 여유로운 노후 생활, 65세 유창한 영어를 구사하며, 가족들과의 미국 여행, 시스템 분석 및 유압 설계의 Master, 세 가지의 카테고리를 30년 후의 이태영은 모두 성공하고

이 글을 흐뭇하게 웃으며 보고 있을 거로 의심치 않는다. 나는 건강한 삶을 살기 위해 노력하여 30년 후에 Muscle mania 대회 입상으로써 나의 건강한 신체를 증명할 수 있을 거야. 여유로운 노후 생활을 지내기 위해서 2개의 빌딩은 꼭 전문 경영인에게 맡기도록 당부한다.

65세 미국 여행을 하려 했지만, 첫째와 둘째 아이 모두 미국에 의사가 되어 시간이 나지 않아서 부인과 둘이 Cruise 세계여행으로 일정을 조율해야만 할 거야… 하지만 걱정하지 마! 두 아이가 한국으로 돌아와서 같이 여행하며 즐거운 시간을 계속 보내게 될 테니깐. Cruise 여행할 때의 유창한 영어 실력은 30년 전 EBS 교육 방송을 시작으로 착실하게 들으면서 귀가 트이고 반복적으로 말을 하면서 입이 트여 잘하게 된 것이니, 그때 이 편지를 보면 웃음이 나올 거야. 미국에서 대학 공부할 때의 두 아이도 너의 노력을 인정할 거야.

유압 설계 분야에서 너의 실력을 인정받아 대학에서 명예교수직을 제안할 거야. 너는 못 이기는 척 수락을 할 것이고, 그 후 너의 기술을 후배들에게 알리기 위해 애를 쓸 거야. 30년 후 나의 일상이 지금의 내가 준비한 선물이라는 것을 알아주었으면 해. 항상 감사함을 갖고 세상을 바라보고 나의 주위 사람들에게 행복을 주는 사람이 되어 있을 것을 의심치 않는다. 30년 동안 꾸준히 성장해 온 이태영, 당신은 최고입니다.

명품인생대학의 최종 목표가 완료되었을 날을 기약하며…

2020년 41살의 이태영

30년 후 서영에게

30년 후 나는 어떤 모습으로 있을까? 한참을 생각했어. 우선 "살아오 느라 수고 많았어!"라는 말을 먼저 해주고 싶어. 젊은 날 너는 일과 육 아로 늘 바빴지만, 너의 미래를 고민하고 계획하고 도전하고 노력해서 네가 이루고자 한 것을 다 이루었어. 그 시간이 힘들었지만 지금 추억이 된 건 지금 너의 여유를 행복을 가족과 함께 나눌 수 있기 때문이야.

너에게 편지를 쓰면서도 마음 한구석의 불안함을 떨칠 수가 없어. 미 래의 내가 행복하기 위해서는 지금의 삶을 후회 없이 잘 살아야 하는데 하루하루의 삶이 너의 미래잖아. 중요한 것을 놓치고 살고 있는 건 아닌 지… 편지를 쓰면서 지난날의 나를 지금의 나를 돌아볼 수 있어서 너무 다행이야.

이제는 그동안 꽉 쥐어왔던 한 아이의 엄마와 아내의 자리는 조금 느 슨해져도 괜찮을 것 같아. 한 아이의 엄마로 아내로 살아오는 것이 정말 고되긴 했지만 지치지 않고 달려올 수 있었던 힘이기도 했지. 달려온 이 유이기도 하고…

미래의 내가 후회 없이 행복하기 위해서 지금 해야 할 일이 있어. 영 원할 것 같지만 시간은 정해져 있는 법! 늘 너의 옆에서 사랑으로 지켜주신 부모님께 당장 전화 한 통 해! 표현하는 게 낯설고 힘들겠지만, 앞으로는 용기 내어 부모님께 감사함과 사랑을 전했으면 해. 널 만나는 날 웃을 수 있게 하루하루 열심히 살아가고 있을게. 지칠 때는 쉬어가면서 말이야. 미래의 너도 건강 잘 챙기며 늘 책을 곁에 두고 있길 바란다.

30년 뒤에 네가 이 편지를 볼 생각을 하니 두근거리고 설레기도 하다… 2050년의 나의 모습과 생각 그리고 모든 것이 궁금하지만, 꼭 행복한 나일 거라고 믿어! 꼭 그럴 거야! 행복할 거야! 아니 행복해야 해! 분명 곱게 늙은 할머니가 지난날을 웃으며 추억하고 있을 거야. 그러기 위해서 지금의 내가 더욱 열심히 살아갈 테니 미래의 너도 아낌없이 응원해 줄 거라 믿어!

신상우 2기

멋진 장년의 상우에게

건강하게 잘 지내지? 벌써 64세라니 시간이 참 빠르구나. 얼마 전 자녀의 결혼식이 끝나서 정신이 없겠어. 자녀는 밝고 건강하게 자라서 사회에 이바지하는 사람이 되었어.

결혼식 날 국내외에서 많은 손님들이 오셔서 축하해 주셔서 감사함을 느낀다. 은퇴하고 편안한 노후를 즐기려 했으나 아직 나를 찾아주는 사람이 많아 유압교육과 컨설팅하며 도움이 필요한 곳에 힘이 되어주고 있겠지? 국내외 사람들에게 나의 기술과 지식을 즐거운 마음으로 전한다. 30년 전부터 시작한 영어 회화 공부와 유압 공부가 지금의 나를 만들었어. 그리고 부인과 매년 새로운 곳으로 여행을 다니다 우연히 시작한 봉사활동은 참 잘한 일이야. 다른 사람을 행복하도록 도움을 주는 일을 하며 더 큰 보람과 행복을 느끼자.

64세에도 꾸준히 운동해서 건강하고 젊어 보이겠지? 동안이라 많은 사람이 나이를 듣고 놀라는 모습이 되도록 노력하자. 아직도 새로운 것을 배우고 바쁘게 생활하는 모습이 자랑스럽구나. 건강과 여건이 되는 한 활동적이고 생산적인 사람이 되자. 멋진 30년 후 신상우가 될 수 있도록 노력할게.

젊은 날의 상우가

이용석 2기

모든 것을 이루었을 용석아,

설마 벌써 지친 것은 아니겠지. 몸은 많이 망가지고 문제도 많이 생겼겠지? 지금도 많은 문제가 있으니… 하지만 자존심만은 지금과 다르지 않을 거로 생각한다. 그 자존심이 너를 아직 움직이게 하고 있을 거야. 그래서 지금 정신력(정신연령)과 그렇게 많이 차이가 나지 않을 것으

로 생각한다. 많이 힘들었지? 가족들의 생계, 건강, 미래를 어깨에 짊어
지고 살아가느라.

이제는 조금 쉬어도 된다고 생각해. 재산은 그 정도면 충분하지. 내
건물을 가지고 있고 국가에서 나오는 연금과 매달 들어오는 임대료로
힘들게 살아온 날들을 보상받듯, 부인과 1년에 두 번 이상의 해외여행
도 다니고 있겠지… 조그마한 사업장이지만 내 꿈이 있는 조그만 공장
에서 나와 함께 꿈을 키워가고 있는 사람들, 그 사람들과 어우러져 살아
가고 있는 모습 지금 너무 부럽게 느껴진다. 그건 지금 내가 최선을 다
하고 있기에 가능하다는 것을 알 거야. 나뿐만이 아니라 우리 가족들이
함께한 지금의 이 노력들이… 네가 살아간 세월 후회하지 않지? 너의
선택 그리고 너의 노력에 주위의 모두가 인정해 주지 않을 거로 생각하
지만 너만은 너 자신에게 꼭 자랑스러웠으면 한다. 그리고 너에게 "너는
행복했냐고" 물어보고 싶다. 내가 지금 내가 이루고자 하는 물질적 욕심
들이 네가 뒤를 돌아봤을 때 어떻게 느껴지는지, 무엇인가 잘못되어 가
고 있는 것은 아닌지.

네가 답해줄 수 없겠지만 두려움이 생긴다. 지금 네가 나의 선택과
결정에 많은 후회를 하고 있을까 봐. 하지만 지금 내가 고뇌하고 선택한
이 결정들이 너를 만들었기에 너무 나쁘진 않겠지. 그리고 우리 애들 첫
째 우리 지우는 어렸을 때부터 피아노 치는 것을 좋아하더니 작사, 작곡
을 하며 살아가고 있지. 늘 감성적으로 모든 것을 대하는 들판에 핀 꽃
한 송이도 늘 보며 즐거워하는 우리 아들. 그 감성을 표현할 수 있는 삶
을 가질 수 있어서 다행이야.

우리 둘째 서우는 늘 주변 사람들을 먼저 배려하고 위로하더니 봉사 활동을 하며 지내지. 둘 다 하고 싶어 하는 일을 하며 행복해서 너무 자랑스럽네. 내가 하고 싶어도 하지 못한 일을 하며 살아가는 우리 아이들의 모습을 지금의 나도 꼭 보고 싶다. 그 아이들이 내 자식으로 태어난 것이 나는 너무 자랑스러운데 그 아이들도 그렇게 생각하고 있을지는 모르겠지만, 이 세상 그 누구보다 사랑한다는 것은 느끼고 있지? 꼭 그랬으면 한다.

지금 이 글을 쓰고 있는 시점이 어쩌면 내가 가장 힘든 시기일 수도 있다고 생각한다. 코로나 너에게는 이미 추억이 되었을 콜레라와 같이 약이 개발되어 아무도 걸리지 않고 신경 쓰지 않는 병이 되었을 그 질병에 많이 힘들어하고 있다. 내 주변의 모든 사람(가족 친지)이 너무 지치고 있다. 하지만 잘 이겨내겠지. 더 건강해지고 더 튼튼해지겠지. 지금도 나는 살아 나간다. 누가 뭐라 하든 미래의 네가 나의 꿈이기에 더 격하게 충실하게 살아간다. 너도 나의 이런 모습을 보며 더 응원해 주리라 생각한다.

아직은 젊은 용석이가 세월을 견뎌낸 용석이에게

조낙현 2기

일흔넷의 낙현이에게

부디 무탈하며 이 편지를 아내와 함께 봐주기를…

마흔이 넘어서 부쩍 아내와 함께할 수 있는 운동을 찾아 열심히 하고 있기에 일흔넷의 나이에도 아내와 건강을 잘 유지하고 있을 거라 믿고 싶다. 손주들의 재롱을 보며 즐거워하고 있을 나를 상상하며 몇 글자 남겨 본다.

계획대로 60세 정년 퇴임 후에 아내와 전국 일주는 잘 다녀왔겠고, 북미 캠핑카 투어도 무사히 잘 다녀왔을 거로 생각한다. 그때쯤이면 여행 생활은 마무리하고 창녕 별장에서 귀농생활을 잘하고 있겠지? 내가 틈틈이 원예 공부도 하고 아버지께 농사일도 배워 둘게. 큰아들은 하고 싶어 하던 공무원 생활을 잘하고 있는지 궁금하네. 조용한 성격에 꼼꼼하니 자기 적성을 잘 찾아갈 수 있도록 응원할게. 둘째 가상 체험 가맹점 사업은 잘되고 있겠지? 벌써 금고에 돈을 모으는 것 보면 지금쯤 꽤 잘나가는 회사 대표는 되어 있겠지? 5년, 15년 뒤에 내가 우리 아이들이 하고 싶어 하는 일을 즐겁게 할 수 있도록 계속 응원해 주고 조력해 줬을 거로 생각한다.

그리고 내가 20년 후에 시작할 예정인 '건강한 삶을 위한 컨설팅'을 위해서 지금은 열심히 샐러리맨이 할 수 있는 여가 생활과 운동에 대해

명품인생대학

서 스스로 찾아서 해보고 있는데… 이제는 뭔가 체계적으로 해보려고 노력도 하는 중이다. 30년의 세월이 멀고 길다고 여유 부리지 않고, 1분, 1초 열심히 살아가 볼게.

과거로부터

조영욱 2기

안녕하세요. 조영욱 할아버지! 아픈데 없이 몸 건강히 잘 지내시죠? 얼마 전 편지 잘 받았어요. 30년 후 미래의 나에게 받은 편지라 뭔가 알 수 없는 감정을 받았어요. 30년 후 나의 이야기가 궁금하지만, 명확하게 묘사를 해주지 않아 아쉽기는 했어요. 편지에 내용을 보니, 건강한 마음과 육체로 생활하시는 거 같아 보기에 좋네요. 그걸로 전 만족해요.

최근에 아내가 "### 다락"이라고 자그마한 카페를 개업했어요. 하드웨어적인 문제만 제외하고 셀프 인테리어로 도전해 봤는데 정말 힘들었네요, 아내랑 엄청나게 싸우기도 하고요. 그래도 다시 한번 더 도전해 보고 싶어요. 세상에 하나밖에 없는 공간을 만드는 것도 무척 재미나더군요. 덕분에 평일에는 회사, 주말에는 효주를 보는 삶을 살고는 있지만, 앞을 위한 투자로 생각하고 있어요. 할아버지 옆에 있는 효주도 어엿한 어른으로 자라서 자기 자신의 몫을 다하는 삶을 살고 있는가요? 지금 옆에서 효주가 "깔깔깔" 하며 뛰어다니는데, 성인이 된 효주의 모

습이 그려지지 않네요. ^^=

　효주도 아마 결혼도 했을 나이인데, 결혼은 했나요? 30년 후의 세상은 결혼이라는 의미가 어떤 것을 부여하는지 무척 궁금하네요. 아, 그리고 아직 어머니, 장모님, 장인어른도 잘 지내고 있는가요? 앞 전 편지에는 부모님에 대한 말이 없는 걸 보니, 서글퍼지는 생각이 드는 건 저 혼자만의 생각일까요? 살아계실 동안 서로 좋은 추억과 효도할 수 있도록 노력하도록 하겠습니다.

　30년 후 나의 모습을 예측할 수는 없지만, 현실에 충실하며 노력한다면 분명 좋은 결과를 가져올 수 있을 것이라 믿어요. 그래서 작지만 건물을 소유하기 위해 조금씩 노력하고 있어요. 계획대로 될는지 모르겠지만 결과가 중요하다고 생각하지는 않아요. 과정에서 생기는 파생적인 결과물에서도 기회가 올 수 있으니, 현실에 맞게 과정에 맞게 움직이도록 할 거예요. 그래도 캔버스 공방에서 편지를 적으셨다는 걸 보니, 어느 정도 성공한 삶을 살고 계시나 봐요. 설마, 아직 현역으로 일하는 건 아니죠? 100세 시대라, 현역으로 일할 나이일 수도 있겠지만, 봉사 활동하며 살아가는 여유 있는 삶을 사실 거라 믿어 의심치 않아요.

　사실 현재에 내가 30년 후 나에게 편지를 적는다는 건, 자신만의 성찰을 갖는 시간을 가질 수 있는 시간이었어요. 아마 이 편지를 보고 있을 30년 후 나는 어떤 환경에서 이 편지를 읽고 있을지 궁금하네요. 이 편지를 읽으며, 멘토가 줬던 기회의 드라마의 주인공일지, 아니며 바보상자에서 나오는 드라마를 보는 시청자일지 말이죠.

그리고 이 편지를 적기 며칠 전, 추억을 묻어둔 상자에서 13살 때 적은 나의 10-20년 모습이라는 독후감을 찾아 읽어봤어요. 정확히 27년 전에 적은 글인데, 끝까지 정독 못 하겠더군요. 몸이 오그라들면서 읽지를 못했어요. 아마, 현재에 만족하지 못한 삶을 살아간다고 생각하기에 그런 거 아닌가 싶어요. 잠시나마, 어릴 적 순수하고 웃던 내 자신의 모습을 머리에 그려볼 수 있었어요.

30년 전 나와 30년 후 나의 만남이 성사될 수는 없지만, 이 편지로 서로 만날 기회가 생겼네요. 치매 걸리지 말고, 아프지 말고, 꼭 기억하시길 바랍니다. 할아버지!!!

그럼, 서로 만날 날을 기약하며… 이만 마무리하도록 할게요.

2020년 05월03일 책상 앞에서 내가 나에게…

PS: 30년 후의 모습을 생각하니, 할머니, 할아버지가 생각이 나네요…

차상봉 2기

할아버지 상봉아,

내가 꿈꾸는 미래에 살고 있을 너는 지금 어떤 모습일지 늘 궁금했는데 네가 보내준 편지 잘 받았다. 30년 후에도 여전히 출장을 다닌다고 하면 내 좌우명처럼 '나이를 먹어도 쓸모 있는 사람이 되자'라는 약속은 잘 지키고 있는 것 같아서 뿌듯하네. 이제 진급도 하고 내가 메인이 되어 진행하는 일들이 많아져서 목표로 했던 일본어 공부가 소홀해진 때에 네 편지가 좋은 자극이 될 것 같다.

주변 사람들의 해주는 조언을 받아들이고 누구에게도 배울 점은 있다고 해준 말은 꼭 기억하고 그렇게 살도록 할게. 그러고 보면 요즘에는 석계 친구들도 자주 못 만나고 대학 동기, 후배들도 만날 일이 잘 없는 것 같다. 이런저런 핑계를 대고 있지만, 주말에 다니는 일은 귀찮아서 그랬던 것 같기도 하다. 지금의 너는 여전히 주말을 어떻게 보내는지 궁금하다. 나는 요즘 살도 많이 찌고 체력도 많이 떨어진 것 같아서 아내와 근처 공원에 나가 시간을 보내고 돌아온다. 천천히 걸으면서 이런저런 이야기 나누다 보면 무의미가 하게 보냈던 과거의 주말들이 너무 아쉽기만 하더라. 전 주부터 날이 더워지기 시작했다. 여름이 오고 있는 건지 습하고 땀도 많이 났는데 문득 신혼여행으로 다녀온 스위스가 생각이 나더라. 겨울에만 가서 그런지 옷을 그렇게 두껍게 입어도 덥다는 느낌이 들지 않았던 나라인데 다른 계절은 어떨지 궁금하다. 20대에 한 번 30대에 한 번 그리고 40대에 다시 한번 가자고 서연이한테 늘 이야기했었는데 다녀왔는지 모르겠네.

다음 여행에서는 꼭 스카이다이빙을 하겠다고 다짐했었는데 그것도 궁금하고, 그때를 위해서 지금이라도 몸 관리에 신경 쓰도록 할게. 돈도 있고 시간도 있는데 체력이 안 돼서 하고 싶었던 일을 못 한다고 하면 나는 정말 잘못된 인생을 살았다는 생각이 들 것 같다. 나는 지금이라도 조금 더 부지런해지고, 나 스스로 조금 더 엄하게 대하는 삶을 살아보려고 한다. 내가 꿈꾼 미래에 살고 있을 너에게 부끄럽지 않도록 한 걸음

한 걸음 가보도록 할게. 여름 잘 보내고 건강해.

2020.05.03 차상봉

황규현 3기

존경하는 황 선생님, 반갑습니다. 2021년의 끝자락에서 이렇게 인사 올립니다. 아무쪼록 건강하신지요? 일전에 보내주신 편지는 감사히 잘 읽었습니다. 말씀 주신대로 저는 아직 많이 여물지 못한 듯합니다. 생각할수록 더욱이 그렇습니다. 또다시 이렇게 12월의 연말이 오니, 누가 시킨 것도 아니지만 겸손하면서도 찬찬히 지난 몇 달을 되돌아보는 반성의 시간을 보냅니다.

지금껏 매번 그러했듯 이루었다는 성취감보다는 부족했다는 반성이 훨씬 많은 지난 2021년입니다. 칠순을 앞둔 황 선생님의 2051년 연말은 어떠신지요? 보람이나 성취감이 반성보단 많으십니까? 선생님의 여물대로 여문 사고와 노련한 언행으로 많은 행복 느끼는 2051년의 연말이 되시기를 기원합니다.

한편으로 저는 최근 인간이 물리적인 시간의 흐름을 따라 성숙하고 여무는 것이 순리이긴 하지만, 꼭 그것이 필수적인가, 당연히 그리해야만 하는 것인가 하는 의문을 자주 느낍니다. 학교, 군대, 사기업 같은 다양한 형태의 조직에서 적지 않은 세월을 보내오면서 많은 사람을 만나왔고, 이제는 어느 정도 성숙한 모습을 보여주는 제 모습을 자주 발견은 합니다. 지난 2021년의 11개월이 넘는 시간 또한, 돌이켜 보면 적지 않은 실수들이 있었지만 그래도 10년 전, 5년 전의 저와 비교했을 때 충분한 차이를 느낄 만큼 1명의 성숙한 인격체로서 성장한 모습을 보였음에 자부심 또한 느낍니다.

다만 아련하고 매우 쓰린 것은, 긍정적으로만 생각했던 저의 이러한 성숙한 변화가 누군가 에게는 혹은 어떠한 조직에게는 결코 행복한 변화가 아니라는 사실을 인지했다는 것입니다. 어릴 적 옆집에 있던 크지는 않지만 다부졌던 몇 그루의 석류나무가 생각납니다. 석류 열매는 충분히 여물고 익으면 배를 갈라 그 붉은 속을 환히 자랑하다, 이내 곧 바닥으로 떨어집니다. 석류 열매의 맛을 좋아하고 그 맛을 기다리는 사람들에게는 그 과정이 매우 행복한 순간이겠습니다만, 저에게는 그리 반갑지도 행복한 장면도 아니었습니다. 저는 머리끝 뾰족이 가지 끝에 달려 우리 집을 내다보던 그 열매의 새침한 모습과 열매와 함께 있을 때의 풍성함을 주는 석류나무의 그 자태가 그저 좋았기 때문입니다.
이 의문에 대한 해답을 찾는 고민의 시간이 절대 짧지 않을 것이란 걸 이미 직감하고 있습니다.

과감한 변화로 새로운 많은 것을 얻었지만, 다른 한편으로 멀어져 가고 잃은 것 또한 적지 않음에 마음이 쓸쓸합니다. 쉽게 찾을 수 있는 해답이 아닐지라도, 저만의 고민과 성찰을 부지런히 이어가겠습니다. 변화의 요구에 잘 적응하고 변화된 제 모습에 잘 적응하리라는 기대를 하면서도, 제 본연의 모습을 내년이 와도 또 그다음 해가 와도 잃지 말자는 다짐 또한 해봅니다.

이제 나이를 어느 정도 먹었는지 연말이 되니, 부모님 생각이 많이 납니다. 오래도록 보지 못했던 친구, 지난 연인, 지인이 아니라 이제는 부모님이 가장 많이 떠오릅니다. 타인을 진실한 언행으로 대함을 인생 내내 실천해 가르쳐 주시고, 선천적으로 큰 욕심 없는 선한 내성을 물려주신 부모님께 항상 감사드립니다. 아무쪼록 무엇보다 항상 건강하시고 행복하시길 바랍니다. 부끄럽지 않은 인생 사셨으리라 믿습니다. 저는 내일도 최선을 다하겠습니다. 감사합니다.

2021.12.20 황규현 드림

강종환 3기

나이 여든세 살, 30년 후의 나에게 지금의 내가 편지를 쓴다. 나는 얼마 전까지 어설픈 모습으로 힘겹게 뛰어왔었어. 무엇을 목표로 그렇게 뛰었는지 지금 생각해 보면 잘 모르겠어. 어설픈 모습으로 뛰었다면 지금의 내가 30년 후에 원하는 안락한 삶에 잘 도착했을까? 뛰어온 지난 길을 되돌아보니 어느 것 하나 제대로 이룬 것이 없는 것 같아 초조한 마음이 드는 것도 사실이야. 하지만 장달식 대표님과의 명품 인연과 명품인생대학이라는 기회를 얻어 이제야 삶의 목표를 세우고 멋진 모습으로 걷고 있어 내 모습이 자랑스러워지는 요즘이야. 목표를 세우고 멋진 걸음을 걸으니 여유도 생기고 이렇게 30년 후의 나에게 편지를 쓰는 기회도 찾아왔다고 생각해. 앞으로 어떤 일이 있던 어설프게 뛸 바엔 멋지게 걷자, 남은 인생 아직 한참이니까.

30년 후면 명품인생대학 최종 골인 65세 이후 경제활동 마무리까지 2년 남았다? 충분히 경제적인 기반을 다 쥐놨지? 어떻게 돈을 벌었니? 최종 Goal로 설정한 목표자산을 이루기 위해 지금의 나는 주식을 조금 시작했어 내가 주식을 하는 게 맞을까? 30년 후의 나와 이야기할 수 있다면 주식으로 큰돈을 벌 수 있는 종목을 듣고 싶어, 10만 삼성전자 되는 거니? 혹은 비트코인은 1억까지 오를까? 30년 후의 나와는 닿지 않으니 지금의 나는 열심히 공부 중이야, 서른두 살 지금의 나는 은퇴까지 33년이라는 긴 시간이 남았으니 잘 해내리라 생각해.

유기견 및 동물복지 관련 활동은 하고 있니? 이 편지를 쓰는 지금은 추운 겨울인데 밖에서 떠돌고 있을 동물들을 생각하니 맘이 좋지 않아. 지금 당장 무언가를 해야 한다는 생각은 있지만 내 몸 하나 건사하기 힘들다는 핑계에 무엇하나 그들을 위해 한 것이 없어. 기껏해야 길 가다 보이는 강아지, 고양이들 밥이나 가끔 챙겨주는 정도구나. 유기견 및 동물복지 관련 활동은 큰 것은 아니라도 뜻있는 작은 활동이라도 해야겠다고 생각해.

명품인생대학 교수로 취임하겠다던 당찬 포부는 잘 준비되었겠지? 누군가에게 행복을 나눠주고 이룰 수 있게 돕는다는 것에서 나의 행복을 함께 느낄 수 있을 거로 생각해. 그러기 위해선 내가 그만한 역량과 인생을 살아야겠지. 행복을 나눈다는 것에 자격이 필요한 것은 아니라 생각되지만 누군가를 행복으로 이끌기 위해 내가 먼저 행복하고 그 행복을 이루기 위해 무엇을 했는지 느껴야 다른 누군가에게 그것을 알려줄 수 있을 테니까.

무언가 하고 싶은 말은 많았는데 막상 글로 옮기니 내 마음과 생각이 다 쓰이지 않은 것 같아. 30년 후의 나야 행복을 위해 열심히 목표를 추구하며 행복하게 살아갈 테니 조금만 기다려 우리 곧 만나.

2021년 12월 23일 32살의 내가

송관우 3기

36세의 송관우가 66세의 송관우에게

30년 후의 관우야 치열하게 인생을 살아온다고 고생 많았어! 지금은 회사에서 퇴직하고 이제 제2의 인생을 살고 있겠구나. 어떤 일을 하고 있을지 아주 궁금해. 지금의 내 생각은 퇴직해서도 계속 일을 하고 싶은 생각을 하고 있어. 사람이 일을 계속하다가 쉬게 되면 급격히 늙어지고 전체적으로 활기 없어 보여서 그게 싫어서 계속 일하고 싶다는 생각을 하고 있는데 66세의 송관우는 무엇을 하고 있을지 궁금하네. 분명 성격상 집에 가만히 있지는 않을 거야.

우리 서준이는 이제 많이 커서 30대가 되어 아저씨 같겠네. 지금의 모습으로는 전혀 상상되지 않아서 어떻게 자랐을지 많이 궁금해. 이제 조금 있으면 백일인데 아직은 건강하게 자라고 있는 것 같아서 항상 감사하게 생각하고 있어. 분명 아픈 곳 없이 건강하게 잘 자랐을 거야. 서준이가 태어나는 그 순간은 나는 아직도 잊지 못해 정말 경이로운 순간이었어. 30대 때의 가장 멋진 순간이었어! 그리고 수고해 준 아내가 너무 고마워 이제 아내도 60대가 되어 너랑 함께 늙어가고 있겠지? 지금도 많이 혼나니? 아내 말을 잘 듣고 대화를 많이 하고 있으니 30년 후에도 함께 살고 있겠지? 위기의 순간들이 오더라도 지혜롭게 헤쳐나갔길 바라.

지금 내가 열심히 집안일도 하고 아기도 잘 보고 있어서 나이 먹어서 구박받거나 밥도 못 얻어먹지는 않을 거야. 우리 가족 모두 부디 건강하게 잘 지내고 있기를 바라. 물론 나의 건강은 지금의 내가 노력해야겠지만, 명품인생대학을 하면서 몸도 마음도 건강하게 만들려고 노력 중이니 66세에도 큰 걱정 없을 거야. 66세의 네가 돌이켜 생각해 보면 명품인생을 살아왔는지 모르겠네. 지금의 나는 작은 것들이지만 하나씩 실천해 나가고 있어. 이 작은 것들이 모여 노후에 나의 삶에 큰 영향을 줄수 있도록 열심히 실천해 나갈게.

30년 후의 나에게 편지를 쓰다 보니 뭔가 지금의 삶을 어떻게 살아가고 있는지 뒤돌아보게 되는 것 같아. 내가 무언가를 하고 있지 않다면 30년 후에 아무것도 이룬 것 없으리라 생각하니 더욱 지금의 삶에 최선을 다해야겠다는 생각이 드는 것 같아. 30년 후의 관우야 열심히 인생을 살아볼게.

행복하게 살고 있나? 아니면 외롭고 불행하게 살고 있니?

아마도 30년 후면 70세 나이에 세월에 흔적들로 많이 변해 있겠지? 회사도 정년퇴직을 했겠구만. 머리카락은 하얀 백발에 주름진 얼굴 성격은 꼬장꼬장한 고집불통 영감탱이가 생각이 나서 나도 편지를 쓰면서 웃음 짓게 된다.

편지를 쓰려니 감정이 잘 나오질 않아 소주를 한 병 마시고 알딸딸한 상태에서 편지를 적고 있어. 역시 감정 잡을 때는 술 한잔이 최고야 미래의 나도 한 잔씩 하지? 많이는 마시지는 마라! 즐기는 것은 좋지만 선을 넘을 때는 아~~ 몸이 괴로워. 지금도 한 번씩 선을 넘나드는 술자리 가질 때가 있지만 미래의 나 때문이라도 조금 줄이려고 해.

가족들은 잘 지내고? 마누라는 밥 잘 차려줘? 결혼하고 잡은 물고기에게 먹이를 주는 법이 아니라고 하며 1년에 한두 번 잘해주는데 어때? 많이 무서우냐? 안 봐도 비디오다. 지금도 "늙으면 보자"라는 말을 달고 살며 남들은 젊어지길 바라지만 마누라는 세월만 가길 바라고 있네. 70살 아침에 일어나면 '퍽' 밥 달라고 하면, '퍽' 마누라가 어디 가냐고 물어보면, '퍽' 무서운 세상이야 가장이 설 자리가 없어. 30년 후 구박받고 매 맞는 남편이 될까 봐 지금부터라도 운동과 비자금은 챙겨놓아야 할 것 같아.

끈 떨어진 연처럼 늙어서 체력도 안 되고 돈까지 없으면 얼마나 서럽겠어. 세상에서 가장 기분 좋게 쓰는 돈은 비자금을 모아서 오직 나에게만 쓰는 돈인 것 같아. 안 걸리게 조심해! 마누라와 둘째 아들의 눈치가 장난이 아니거든… 몇 번 걸려서 이벤트니 보물찾기니 그냥 넘어갔지만 피 같은 내 돈을 오늘 계 탔다며 마구잡이로 쓰는데 나는 억장이 무너져. T.T 돈 냄새를 얼마나 잘 맡는지 누가 보면 한국조폐공사에 근무하냐고 하겠어.

아들 둘은 잘 컸고? 결혼은 했어? 며느리, 손자, 손녀는 있고? 뭐라도 잘 되어 있었으면 좋겠네. 큰아들 나이가 34살이고 둘째가 27살이겠네, 큰아들은 결혼했겠다. 손주들도 있겠다, 손주들 귀엽지? 늘그막에 손주들 재롱에 얼굴에 웃음이 떠나질 않겠네. 손주들 재롱 오래도록 보고 즐기려면 건강해야 해. 미래도 금연 중이지?

그래 담배는 아닌 것 같아 참 독종이야 37년을 참고 있으니 누가 그러더라… 담배는 끊는 것이 아니라 참는 것이라고 한번 시작하면 끝을 보려고 달려드는 성격은 그대로 일 거야. 부러질지언정 휘어지지는 말자는 개똥철학으로 세상을 40년 살아가다 보니 두 가지 분류의 사람들이 생겨나더군. 나를 좋아하는 사람과 나를 싫어하는 사람 인간의 감정 중 완전히 상반되는 감정이 좋고 싫고의 감정이 아닌가 싶다.

엄마 뱃속에서부터 태아의 얼굴 웃음과 찡그림 초음파 사진으로도 확인할 수 있을 정도니까 기본적인 유전자에 좋고 싫은 감정이 기억된 것 같아. 너무 감정에 대해서 극단적이라는 생각도 하고, 험한 세상 냉정하게 뚝 잘라서 살아야 한다고도 생각한다. 하지만 미래의 나에게 편안하고 행복한 삶을 선물해 줘야 하니, 이제 조금씩 바꿔보려고 노력 중이야. 명품인생대학 기억하지? 변화를 두려워하기만 하고 도전 의식 결여되어 있던 날 담장 밖으로 날려 세상을 마주 보게 한 2021년 40세의 큰 선물이야.

장 달식 멘토님의 가르침에 새로운 나를 찾아가는 여행을 하는 지금 조금씩 인생을 재설계하고 있어. 미래의 나도 지금의 내가 이 편지를 쓰는 지금도 바뀌고 있어. 생각을 바꿔 나가는 연습을 조금씩 할 거야 한 번에 내가 바꿔 나가는 안 될 것 같아. 천천히 조금씩 바꿔 나가면 70살이 된 내가 인생을 뒤돌아볼 때 '후회 없이 살았노라, 남은 인생 후회하지 않고 살겠노라'라고 외칠 수 있겠지.

아~~ 술 마시고 감정에 취해서 이 말 저 말 쓰는 것 같아서 복잡하구먼~~~ 앞으로 즐겁고 행복한 내 인생을 위해서 이것만 기억하자~!
배운 대로 실천하고 가르침대로 나누어라 또 다른 나의 개똥철학이겠지만 한번 열심히 살아보자고 오늘보다 더 기대되는 내일을 위하여 파이팅!!

2021년 12월 10일 술 취한 밤에 30년 후 종훈에게

손철웅 3기

이 편지를 받는 넌 여든다섯 살의 철웅이겠구나! 그 시기에는 지금처럼 코로나로 사회가 고통받는 시기가 아닌 평화로운 시기였으면 좋겠구나. 30년 후 나의 모습은 어떨까? 곰곰이 생각해 보니 우선 가족을 위해 노력을 했을 너에게 수고 많았다는 얘기를 먼저 해주고 싶구나, 이제는 잠시 뒤를 돌아보고 여유를 가질 수 있는 사람이 되었으면 한다. 아내와 우리 아이들은 행복하게 살아가고 있는지도 궁금하구나. 알다시피 올해는 너의 인생에 아주 중요한 쌍둥이들이 태어나는 해란다. 아주 행복한 시간이지. 지금 이 시기만큼 너도 행복한 시기를 가지고 있으면 하는 바람이 있어.

지금 이 편지를 쓰면서도 한편으로는 시간이 많이 흐른 시기라 가족들의 건강은 괜찮은지 혹여 불행한 일이 있지 않은지 걱정도 된단다. 저번에 네가 보내준 편지를 보면서 사랑하는 가족들에게 전화를 자주 하라는 조언을 듣고, 가족들에게 전화를 자주 하고 있단다. 평소에는 연락도 잘 하지 않았던 나에 대해 반성을 많이 했단다. 전화할 때마다 반겨주는 목소리와 이야기를 하는 가족들을 보면서 나 또한 많은 행복을 느끼고, 앞으로도 자주 안부를 묻는 사람이 되어야겠다고 다짐을 하게 되더구나, 너 또한 30년 후에도 사랑하는 사람들과 자주 교류하며 지내는 내가 되어 있었으면 한다.

적다 보니 미래의 내가 행복하기 위해서는 지금의 삶을 후회 없이,

걱정 없이 살아야 하는데, 지금 나는 행복하면서도 한편으로 걱정을 가지고 있어 마음이 무거울 때도 있단다. 하지만 최근 명품인생대학을 하면서 마음을 가볍게 가지고, 행복을 가지는 방법을 찾아가고 있단다. 명품인생대학을 하면서 나의 행복을 위해 개인 공간도 만들고, 아내와 대화도 많이 하면서 즐거운 시간을 많이 가지게 되었단다. 물론 나의 개인 공간은 알다시피 최근 쌍둥이들을 위한 아기방으로 개조가 되고 있지만, 이 또한 준비하면서 너무 행복함을 느꼈었단다. 분명 30년 후 너도 이 느낌을 기억하고 간직하며 살아가고 있다고 생각이 된다. 이러한 일상적이고 작은 행복들이 나의 삶의 원동력이 되어주고 있단다. 70대를 바라보는 나이에 보았을 때 이런 행복한 느낌과 경험을 많이 가지고 있었으면 하는 바람이 있단다. 네가 행복해야 나도 행복할 테니!

30년 뒤 네가 이 편지를 볼 생각을 하니 부끄럽기도 하고 설레기도 하는구나. 현재의 내가 30년 후의 나에게 편지를 적다 보니 나만의 고민과 생각을 하게 되고, 또 성찰을 갖게 되는 기회가 되었던 것 같다. 30대의 지금은 무언가를 얻기 위해 노력하고 붙잡는 시기인데, 60대의 너는 내려놓는 연습도 하고 있을 때라고 생각이 든다. 무엇보다 가족들과 너의 행복을 위해 노력했을 너에게 고맙다고 얘기해 주고 싶다. 앞으로도 건강하고 행복한 삶을 살아가길 바란다!

준엽아, 넌 어떤 삶을 살았고 남은 삶은 어떻게 살고 싶어?

나는 지금 서른 살인데 너는 여든 살이구나. 넌 30년 동안 일하느라 고생 많이 했겠다. 그래도 건강하고 멋진 여든 살이어서 다행이야… 여든 살이면 정년 퇴임을 하고, 퇴임 후의 삶을 시작하는 단계이겠지? 스물일곱 살에 취업하고 스물여덟 살에 결혼하고 서른 살에 첫째를 가졌으니, 가족을 위해, 나를 위해 치열한 직장 생활을 하였겠네.

너의 직장 생활은 명품인생대학을 시작하면서 누구보다도 행복하게 끝맺었다고 믿고 싶어. 나의 명품인생대학의 최종 목표 달성률은 어떠니? 가족과 나를 위한 바닷가 앞의 별장, 기부하며 봉사하는 삶. 다 진행하였겠네. 그중에 제일 중요한 건, 아내와의 오로라 여행이야. 지금도 그렇지만 30년 뒤면 아마 아내의 내조 없이는 별장도, 봉사하는 삶도 힘들었을 수도 있어. 아내와의 오로라 여행은 꼭 갔다 온 준엽이었으면 좋겠다. 그래야 여든 살 이후의 삶도 아내와 함께 행복하게 보내지 않을까?

이렇게 여든 살의 너에게 편지를 써보니 내가 이제 어떻게 살아야 하는지 많은 생각을 하게 해주는구나… 5년 후 목표를 향해서 다시 한번 나름대로 고민을 많이 해봐야 할 것 같아… 내가 이제 열심히 명품인생에 대해 연구하고 실천을 해야 30년 뒤의 너 또한 행복하겠지?

여든 살의 준엽아, 퇴임 후의 건강한 삶을 응원한다. 처음 이렇게 너에게 편지를 써보지만, 왠지 모르게 마음이 편안해지는 것 같아. 앞으로 종종 30년 후의 나에게 편지를 쓸게.

안녕.

구민효 3기

30년 후의 나는 무엇을 하고 있을까?

나의 30년 후는 68세… 작지 않은 나이인데 건강하시죠?

젊은 날에 충분히 만족할 만한 시간을 보냈나요?

어떻게 지내고 있는지 변한 내 모습이 어떨지 너무 궁금하네요.

미래는 어떤지 과거에 비해서 미래에 대한 궁금증이 훨씬 많은 것 같네요.

예전의 67세는 할아버지, 할머니의 나이였지만 현재 제가 환갑이 넘으신 저의 부모님을 비추어 보면 60이 인생이 시작이라는 말이 거짓은 아닌 것 같아요. 아직 정정하시고 최소한 자식인 제가 부모님을 바라보았을 때 할아버지, 할머니란 생각이 들지 않으니까요.

아직까지 저는 꿈이 없습니다. 아무 계획이 없다는 것이 아니라 무엇을 해야 하겠다는 목표를 정하고 준비하고 있죠. 꿈이 없다는 것에 대한 조바심을 느낄 때도 있었지만 언젠가는 관심을 가지고 하고자 하는 일이 생길 것이라 생각하며 차근차근 준비하고 있습니다. 사실 나이를 점점 들어가며 조바심도 느껴지는 것도 사실입니다. 기회는 많이 찾아오는 것이 아니라고 하잖아요. 그래서 그 소중한 기회가 왔을 때 놓치지 않기 위해 다양하게 또 신중하게 기회가 오기만을 준비하고 있습니다.

30년쯤 뒤에 저는 제 꿈을 찾았을까요? 꿈이 아니더라도 하고자 목표를 이루었을까요? 지금 저는 아직 용기가 나지 않아 망설이고 있습니다. 계속 망설이고 도전할 용기를 내지 않는다면 30년 후의 저 또한 지금의 저와 다른 것이 없는 삶을 살고 계시겠죠?

하지만 제가 변화하고 노력한다면 30년 뒤의 저에게도 변화가 생길 것이라고 생각합니다. 저는 이 편지를 쓰면서 포기하지 않고 용기를 내보겠습니다. 현재의 저는 지금 일에 최선을 다하고 언제가 원하는 목표가 생겨 그에 따른 기회가 왔을 때 그 기회를 놓치지 않기 위해서 노력하면서 살아가겠습니다.

30년 뒤 내가 어떠한 모습이라도 후회나 아쉬움이 남지 않게 30년 뒤의 나를 위해서라도 오늘보다 조금이라도 더 나은 내일을 쌓이고 쌓여 이 경험들이 30년 뒤의 나에게 좋은 선물이 되었으면 합니다.
30년 뒤에는 꿈을 찾고 이룬 저의 모습으로 뵙겠습니다.

65세인 너는 건강한 모습으로 잘살고 있을지… 35세인 지금의 나는 그것이 제일 궁금하구나. 존재에 대한 궁금증이 먼저 생기는 것은 아마도 너의 좋지 않을 것 같은 건강 상태 때문이겠지. 한 치 앞도 보이지 않는 안개 가득한 비포장도로를 헤드라이트 하나에 의지한 채 달린 너의 인생은 그저 순탄치 않았을 거로 생각한다. 고생 많았겠구나…

지금도 너는 욕심이 많은 사람이라 그때도 너무 많은 것을 짊어지고 살아가려고 하고 있지는 않을까 걱정된다. 지금은 일도, 가정도, 행복도 많은 것을 지키고 싶은데 쉽지가 않은 것 같다. 어떤 길이 맞는 길인가 연속된 선택지 안에서 어떤 답이 정답인지 고민이 많이 된다. 이 모든 선택의 순간이 모여 65세인 너를 완성할 테니까 말이야.

어느덧 소윤이는 지금의 너의 나이가 되어 있겠구나. 어릴 때부터 음악을 좋아했던 아이는 어떤 모습으로 성장하였을지 기대가 된다. 바쁜 소윤이를 대신해서 너는 허리가 아픈 것도 참아가며 손자, 손녀를 돌보고 있을지도 모르겠다. 그것 또한 얼마나 큰 행복일지 편지를 쓰면서 입꼬리에 기분 좋은 여운이 남는구나.

네가 이루고자 했던 명품인생이라는 목표에는 얼마나 다가갔을지 궁금하다. 아니면 이미 이루었을지도 모르지. 30년이라는 시간은 너의 가장 필요한 곳에 투자되어 조금이라도 나은 결실을 보았으면 좋겠다. 그렇게 꼭 만들고자 했던 바다 앞 별장은 잘 완성되어 여러 사람에게 좋은 휴식처가 되어 있겠구나. 행복은 관성이 있다고, 너 역시 주변 사람들을 행복하게 만들고 싶어 했잖아. 주말마다 도란도란 모여 지금까지의 여정과 앞으로의 미래를 서로 얘기하면서 기분 좋은 여유를 가질 수 있는 생활은 지금의 나로서는 부럽지만, 지금의 내가 노력해서 꿈꾸었고 그렸던 것들을 이루어볼게.

마지막으로 묻고 싶구나.
"너는 지금 행복하니?", "그렇다"라고 답해줬으면 좋겠다.
행복하고 건강해라.

2021년 5월 햇볕 따스한 어느 날. 내가 나에게⋯

⫴ 2-3 감사편지 ⫴

김대민 1기

• 사랑하는 딸 여진이에게

여진아, 아빠가 우리 딸에게 쓰는 첫 편지구나.

아빠는 요즘 하루하루 세상에서 제일 행복함을 느끼고 있단다. 엄마를 처음 알게 되고 엄마와 함께 지낸 시간이 아빠의 인생에서는 가장 소중하고도 행복한 시간이었는데, 여진이가 엄마와 아빠의 곁에 와준 이후로는 아빠의 삶 그 자체가 행복이 되었단다. 아직 아빠도 모든 것이 처음이라 서툴고 부족한 점도 많이 있지만, 그런 아빠를 보며 웃어주는 여진이 미소에 아빠의 마음속 고단함이 스르르 녹아내리는구나.

모든 부모는 아기가 배 속에 있을 때와 태어났을 때는 '건강하게만 자라다오~'라고 생각하다가, 아이들이 커가면서 착하게 자라기를 그리고 공부를 좀 잘했으면 등 아이에게 바라는 것들이 많아진다고 하더라. 아마 아빠도 여진이가 점점 자라면서 다른 부모들과 같이 여진이에게 바라는 점이 점점 더 생길 수도 있어… 하지만 이렇게 우리 여진이가 건강하게만 자라주는 것에 감사하고, 여진이가 아빠를 보고 웃어줄 때 행복한 지금, 이 시간들을 잊지 않도록 할게.

여진아, 아빠는 여진이가 태어나기 전에는 낳아주시고 길러주신 부모님께 감사한 존재라고 생각했어… 하지만 여진이가 태어난 후에는 자식이 부모에게만 감사하는 것이 아니라, 부모도 자식에게 감사함을 느낄 수 있다는 것을 배우고 있어. 아직 우리 여진이가 태어난 지 6개월 정도밖에 안 되었지만, 여진이가 태어난 후 아빠의 삶에 대한 자세도 달라지고, 엄마를 사랑하는 마음도 좀 더 견고해지는 등 아빠도 여진이가 태어나서 달라지고 배우는 부분이 많아졌어.

그리고 할아버지가 우리 여진이를 안아주며 놀아주고 있는 모습을 보니 아빠도 모르게 그 모습을 한참 바라보며 생각하게 되었어. 여진이를 바라보는 할아버지의 눈빛에서 아빠는 그동안 잠시 잊고 있었던 아버지의 사랑을 추억하며 느낄 수가 있었단다. 할아버지에게는 아빠도 사랑스러운 자식이며 항상 처음과 같이 지금까지 아빠와 우리의 곁을 지켜주고 있었다는 것을 다시 알게 되었어. 그런 할아버지의 모습을 보면서, 아빠도 자식으로서 말과 글로는 표현할 수 없을 만큼의 감사와 사랑의 마음을 다시금 생각하게 된단다.

아마 이제 아빠도 여진이를 보면서 부모의 마음을 조금씩 배워나가고 있는 것 같구나. 아직은 좀 더 많은 것을 배워나가야 하는 초보 아빠지만, 여진이를 사랑하는 마음만큼은 누구보다 크다. 아빠는 여진이가 정말 고맙단다. 거기다 우리 여진이 잠도 잘 자고 잘 먹고 잘 웃어주고, 주변에서도 순하다고 인정할 만큼 초보 아빠 엄마에게서 잘 자라주고 있어서 너무 기쁘구나.

비록 평일에는 너의 잠든 모습만 잠시 바라볼 수밖에 없는 아빠이지만, 주말이나 쉬는 날에는 너와 함께 많은 추억을 만들도록 할게.
사랑하는 나의 딸 언제나 고맙고 사랑해.

2020년 10월 여진 아빠 대민

・ 장달식 대표님께

안녕하십니까, 대표님.

사무실 책상의 달력을 넘기며 한 해의 마지막이라는 아쉬움과 새로운 시작의 설렘이 함께하는 12월을 맞이하였습니다. 매일 반복되는 하루의 업무를 마치며 퇴근길에 문득 2년 전 대표님을 처음 뵙게 된 그해 12월을 떠올려 보았습니다. 처음 대표님을 뵙게 되었을 때는 개인적으로는 직장이라는 한 조직의 대표이시기에 저에게는 선 듯 다가가기 어려운 중압감과 개인적인 거리감, 그리고 무엇인가 말로는 표현하기 힘든, 단어 그대로 '어려운 분'으로 느껴졌습니다. 하지만 어느덧 대성에서 대표님과 2년의 시간을 함께 지내며 스스로를 되돌아보는 계기가 되었습니다.

대표님을 알기 전 지금까지 경험으로는 직장에서 대표님과 직원의 관계는 업무의 지시와 보고를 기초로 한 형식적이며 보편화된 업무적인 관계로 형성되며, 그 이외의 다른 부분에서 확장된 새로운 관계를 형성하는 것이 일반적으로 불가능할 것이라는 스스로의 선입견이 깊이 내재되어 있었습니다. 하지만 대표님과 2년의 시간을 함께하며 제 자신에게는 모든 것이 새로운 깨달음이 되었습니다. 직장에서의 업무적인 부분뿐만 아니라 개인적인 인생의 삶에 있어서도 많은 변화가 일어났습니다.

지금까지 저는 오랜 시간 반복된 업무와 스트레스로 인해 개인적인 일상마저도 자신도 모르게 활력을 잃어가고 있었습니다. 잠자리에 누워 눈을 감으면 내일의 반복된 출근과 또다시 시작되는 업무를 생각하면 현실을 부정하며 도피하고자 하는 마음이 제 마음과 몸속을 가득히 채우고 부정적인 마인드로 회색빛 인생을 살고 있었던 것 같습니다. 때론 포기하고 싶고 도망가고 싶은 마음으로 하루하루를 이렇게 간신히 버티다 떨어질 것 같은 마른 낙엽과 같은 생활의 연속이었습니다.

하지만 대표님과 함께한 2년은 저에게 많은 변화를 주었습니다. 대표님의 따뜻한 인사 한마디와 작은 일에도 믿음으로 대화하며 소통하는 업무 방식에서 제 자신의 업무방식도 능동적이며 긍정적인 방향으로 다시 한번 업무의 방향성과 목표를 설정하게 되었을 뿐만 아니라 개인적인 생각과 삶도 완전히 변화되었습니다. 가장 중요하지만 미처 그것을 제대로 알지 못했던 행복이 무엇인지 새롭게 배우고 느끼게 되었습니다. 처음에는 다소 생소하고 어색했던 명품인생대학 생활도 어느덧 제 삶과 생활의 일부로 스며들어 이제는 제 자신도 긍정적으로 내일이 기다려지는 삶에 한 걸음씩 느리지만 정확한 목표를 향해 천천히 다가가고 있는 것 같습니다.

회사 생활을 하면서 이렇게 개인적인 인생에 대한 방향성과 성찰의 시간을 함께 마련해 주시는 대표님께 깊은 감사의 마음을 전하고 싶었습니다. 기회가 허락된다면 지금보다도 더 많은 시간을 대표님과 함께하여 지금의 행복을 '명품행복'으로 만들 수 있는 앞으로의 대성에서 직장 생활과 명품인생대학 생활을 기대하며 한 해의 아쉬움보단 새로운 설렘이 가득한 내년을 기다리며 준비하겠습니다.

감사합니다.

2020.12.20··· 명품인생대학 제자 김대민 올림

정수현 1기

• 사랑하는 아내에게

오랜만에 편지를 적으려고 하니 좀 어색하기도 하고 뭘 적어야 할지도 생각이 나지 않아서 고민만 하다가 이렇게 편지를 적어보네…

2006년 1월에 결혼해서 어느덧 14년 차, 2020년. 가족여행을 가려고 모아놓은 적금으로 하와이, 발리 등 좋은 여행지를 알아보며 부푼 마음으로 새해를 시작했어. 그런데 3월에 정기적으로 받던 갑상샘 검사에서 조직검사를 해봐야겠다는 의사 선생님 말씀을 듣고, 설마 하는 마음으로 검사를 받았었지. 결과가 나오기까지 1주일은 내 인생에서 가장 긴 1주일이었어. 결과는 기대와 달리 좋지 않아서 서울에 병원을 알아보고 다시 검사하고 너무나 걱정되고 정신이 없는 3달을 보내게 되었지.

이후 애들은 코로나로 원격수업 진행하여 항상 집에 있어서 당신은 몸도 좋지 않은 상황에서 애들도 돌보느라 너무나 힘든 시간을 보낸 거 잘 알고 있어. 항상 자기보다 나를, 또 아이들을 먼저 챙기던 당신이 이렇게 아프니 그동안 내가 뭘 하고 있었나 하는 생각이 들었어. 내가 너무 무심해서 그런 건 아닌지, 평소에 집안일을 좀 더 도와주고, 아이들과 좀 더 시간을 보내서 당신이 여유를 가지게 할 걸 하는 생각 등, 여러 가지 생각이 끊임없이 머릿속에 맴돌았어.

지금은 수술도 잘 되고 건강도 많이 회복되었으니, 올해는 국내에 공기 좋은 곳으로 맛있는 음식 많이 먹으러 다니고, 내년에 코로나가 안정되면 올해 계획했지만 못 간 해외여행을 결혼 15주년으로 잘 준비해서 평생 기억에 남을 만큼 멋지게 다녀오자.

나에게 당신이 얼마나 소중하고 감사한 존재인지 퇴근하고 집에 갔을 때 반겨주는 모습을 볼 때마다 생각하게 돼. 이제는 서로에게 좋은 일만 있을 거니까 평소에 아프지 않도록 건강관리 잘해서 좋은 추억 많이 만들자.

돌아보면 여러 일이 많았던 2020년도 이제 얼마 남지 않았네. 당신에게 감사한 일이 너무나 많이 있는데 평소에 잘 표현을 못 해서 미안해. 이제는 자주 표현하며 살자.

사랑하는 그리고 소중하고 감사한 당신에게
사랑하는 남편이

• 사랑하는 큰딸 혜원이에게

그동안 어버이날이나 생일, 크리스마스에 편지를 받아보기는 했어도 이렇게 편지를 쓰는 건 처음이네. 2008년 4월 22일 작고 눈도 못 뜨며 태어난 우리 딸을 처음 봤을 때가 아직도 생생히 기억나는구나. 처음에는 실감이 안 나고 다음에는 '가족이 생겼구나!'라는 생각이 들고 '이제

가장으로 책임감을 가지고 열심히 살아야겠다!'라고 다짐했었는데 내년이면 벌써 초등학교를 졸업하고 중학생이 되는구나.

작년 말에는 올해 결혼 15주년 가족여행을 가려고 너무나 즐겁게 어디를 어떻게 갈까 생각하며 보냈었는데, 코로나로 여행도 취소되었어. 국내라도 어디 가려고 했는데, 엄마가 아파서 그것도 안 되어서 미안해. 대신 내년에는 꼭 우리가 가고 싶었던 가족여행을 갈 수 있도록 할게.

그래도 4월에 혜원이가 그토록 키우고 싶어 했던 강아지가 나의 강한 반대의견에도 불구하고 우리 집에 새 식구로 들어와서 즐거워하는 모습을 보니, 요즘은 나도 조금씩 강아지가 귀여워 보이더라. 다른 집 이야기를 들어보면 처음 약속은 강아지 산책, 밥 주는 것, 똥, 오줌 치우기 등 다 한다고 하고 결국 몇 달 지나면 부모가 다하는 게 대부분인데 8개월이나 지났는데 아직도 동생이랑 약속한 대로 잘 지켜주는 모습을 보며 대견하다는 생각이 들어.

요즘 사춘기가 와서 그런지 점점 방에서 핸드폰만 하는 시간이 늘어서 조금 걱정이긴 하지만, 그래도 엄마와 아빠에게 학교에서 있었던 일과 친구 이야기 등을 날마다 스스럼없이 하는 모습을 보며 '우리 딸이 잘하고 있구나!' 하고 생각해.

코로나로 수학여행도 못 가고 학교도 1주일에 1-2일 정도 친구들도 못 봐서 많이 힘들겠지만, 내년에 상황이 나아지고 중학교 친구도 많이 사귀어서 올해 못 한 거 다 했으면 좋겠다.

앞으로도 지금처럼만 밝고 건강하게 자라주었으면 좋겠다.

아~ 난 딸이 둘인데 어떻게 시집 보내지… 벌써 걱정이네

사랑하는 아빠가

이태영 1기

• 부모님께

올 초부터 시작된 코로나19 시대에 맞이한 추석은 예전과는 다르게 진행되었지요. 평소 1년에 두 번의 명절 때에만 찾아뵈었는데 그것조차 못 할 것 같은 현실에 마음이 무거웠어요. 선뜻 말씀드리기 어려웠는데 추석 전 먼저 전화를 주셔서 "대전에 올라오려 하지 마라. 아이들도 있고 대전에 확진자도 많이 있으니 올라올 생각하지 말고 집에서 장인, 장모 잘 대접해 드려라"라고 말씀해 주셨지요.

나는 다행이라는 생각이 들면서도 부모님이 안쓰럽게 느껴졌어요. 1년에 두 번 정도 얼굴 보는 자식을 생각하는 부모의 마음이 어떤 건지 나를 투영하여 생각해 본다면 자식이 너무 그리울 것 같고 '잠깐 와서 얼굴만 보고 가는 것도 괜찮을 터인데…' 하는 생각이 들었지요. 부모는 자식에게 항상 지는 것 같아요. 더 사랑하는 사람이 맞춰 준다고 하던데 그런 형국이네요. 아빠, 엄마도 항상 나한테 져주시는 것 같더라고요…

결혼부터 지금의 생활을 하는 나에게 있어 "하지 마라, 못 해준다" 말씀 하셨다가도 그 후에 할 수 있도록 도움을 주시니깐 말이에요.

추석인데도 찾아뵙지 못하고 영상통화를 하며 안부를 묻고 아이들의 얼굴을 보여드렸을 때, 많이 아쉬워하시면서도 좋아하시고 눈물을 조금 보이는 모습이 눈에 보여 마음이 짠했어요. 평소 1주일에 한 번 정도 안부 전화를 하며 자식의 도리를 한다고 생각하던 나에게 그러한 부모님의 모습은 더욱 마음을 아프게 했어요.

항상 부모님은 계절에 맞게 과일을 보내주시고 아이들이 좋아하는 고기도 주기적으로 보내셔서 항상 감사한 마음 표현했는데 부족한 것 같더라고. 이번 추석에도 사과와 소고기를 보내주셨지요.

매년 생신에 찾아뵙지 못하고 전화를 드리면 잊지 않고 연락해 줘서 고맙다고 말씀해 주시는 것이 항상 나를 미안하게 만들어요. 제대로 자식 노릇을 못 하는 것 같고 고맙다는 표현도 서툰 것 같아요.

나도 효은이와 루미를 키우면서 부모의 마음이 어떤 건지 조금은 알 것 같아서 조금이라도 표현하려고 하는데 그렇지 못해 항상 미안해요. 하지만 항상 아빠, 엄마 사랑해…

건강이 제일 중요하니깐 항상 운동도 하고 식사 잘하시고 자주 연락 하는 아들이 될게요.

사랑해요.

부족하지만 항상 사랑하는 아들이

회사 동료에서 시작하여 나의 마음을 나누어 주는 사람이 되어버린 조영욱 과장님 항상 감사하고 고맙습니다. 일을 하며 어렵고 힘든 부분을 묵묵히 옆에서 도와주시는 당신은 참 멋있는 사람입니다. 올해 1월 동양물산 연구소에 같이 출장을 간 적이 있었지요. 그때 개발팀 주관으로 품질 팀에서는 참석하여 내용 확인만 하면 되는 상황이었습니다. 하지만 조 과장님께서는 두 팔을 걷어 우리의 문제가 아님을 누구보다 열심히 찾아주시고 그것으로 동양 연구소에서도 밸브 문제가 아니라는 것을 인정한 적이 있었습니다.

그 당시에 파이프 배관의 휘어짐으로 인해서 Port에 나사 체결이 되지 않았습니다. 오랜 시간 체결하기 위해 여러 방법을 동원했지만 되지 않아 연구소에 안 된다고 말하려고 했는데, 조 과장님께서는 끝까지 해서 결국 성공했고 손가락에 힘이 완전히 빠졌었던 기억이 있습니다. 그러므로 인해 저는 연구소에 면이 설 수 있었습니다. 동양 익산 출장 시에도 이런 경우가 여러 차례 있었습니다. 항상 솔선수범을 보이며 일을 함으로 인해 옆에 있는 저는 든든함을 느낄 수 있었습니다.

지난번 동양 익산으로 출장을 가던 일은 평생 잊을 수 없을 것 같습니다. 그날 저는 매우 피곤하여 이동 중에 차 안에서 자고 있었습니다. 자다 '쫙! 쫙!' 거리는 소리에 놀라 일어났을 때 조 과장님께서는 졸음이 오셔서 졸음을 깨고자 자신의 목을 사정없이 내리치고 있었습니다. 왜 그랬는지 물었을 때 조 과장님께서는 제가 너무 피곤해 보였고 고객과의 도착 시간에 대한 약속을 지키기 위해 어쩔 수 없이 그랬다고 했었지요.

저는 너무 웃기면서도 조 과장님의 배려심에 감동을 했습니다. 저라면 조수석에 탄 사람을 깨워서 바꾸자고 했을 텐데 말입니다. 지금도 출장 또는 외근을 다니시는데 졸리시면 잠깐 눈 붙이시고 운전하십시오. 안전이 최고입니다.

저만의 생각인지는 모르겠으나 업무적인 부분뿐만 아니라 마음이 통한다고 느끼고 있습니다. 저의 시답지 않은 농담도 유쾌하게 받아주시는 모습에 감사함을 느낍니다. 무미건조한 회사 생활에 있어 조 과장님은 저의 오아시스 같은 존재입니다. 지쳐 있을 때 조 과장님과의 대화를 통해서 저는 힐링이 되고 다시 일할 수 있는 원동력이 됩니다. 제 주위에 조 과장님이 있어 저는 행운이라고 생각합니다. 여러 인터넷 글을 보면 주위에 또라이 같은 사람만 있다는 내용의 글을 심심치 않게 읽게 됩니다. 그런 것으로 볼 때 저는 운이 좋게 함께 일을 할 수 있는 사람을 얻어 행복합니다.

두서없이 적은 편지에 제 마음이 표현되었을지 궁금합니다. 항상 다른 이를 배려해 주고 최대한 도움을 주려고 하는 조 과장님 감사합니다. 요즘 들어 저에게 소원해진 것 같이 느껴집니다. 혹시 제가 불편한 말이나 행동을 했다면 말씀해 주세요. 저는 언제나 조영욱 과장님의 팬입니다.

2021년 12월 20일
항상 감사함과 고마움을 느끼는 이태영 드림

• 어느덧 17세의 고등학생이 된 소중한 딸에게

갓 태어난 지 엊그제 같은데, 벌써 이 만큼 자라서 청소년이 되었다
니 세월이 참 빠르구나.

추석 명절에도 계속 독서실에서 공부하는 지민이를 보면 아빠는 안
쓰러워 마음 아프고, 한편으로는 고맙단다. 아빠는 네가 갓난아이 시절
부터 거의 10년 이상 회사 일로 늦게 마치고, 주말에도 출근하고 직장
동료들과의 시간을 더 소비해서 지민이의 어린 시절 함께 해주지 못했
던 아쉬움이 지금은 가슴 깊이 남아 후회하고 있단다. 그때는 너도 나도
늦게 일하고 주말도 일해야 본인의 마음도 편하고 남들도 인정하던 회
사 분위기였어.

이제는 시간 관리도 합리적으로 하고 있어 너와 함께 시간을 보내줄
수 있는데, 이미 우리 딸은 대학 입시 준비로 바쁘고 아빠를 찾지 않는
나이가 되어서 더욱더 그 시절로 돌아갈 수 없음을 느끼고 있단다. 지
민이는 어릴 때부터 부모에게 가지고 싶은 걸 사달라고 한 번도 떼를 쓴
적도 없는 고마운 딸이다. 항상 스스로 공부하고 방과후의 활동도 열심
히 하고 또 형편이 어려워 학원도 제대로 보내준 적 없지만, 혼자 잘할
수 있다고 얘기해 주는 너를 보면 아빠는 미안하고 감사하다.

화목하지 못한 가정 분위기에도 항상 씩씩하게 밝게 생활하는 지민

이를 보면, 아빠도 힘이 나고 더 열심히 살아야 되겠다는 생각이 든다. 아빠가 지민이 교육에 특별히 신경을 쓰지 못했지만, 지금처럼 검소하고, 착하고, 성실하고, 건강한 딸이 되어줘서 고맙고 특히 아빠가 해줘야 할 역할까지 해준 엄마에게도 감사하단다. 최근에는 힘든 학업에 지칠 만도 하지만, 잘 버티면서 열심히 하고 있는 것 잘 알고 있어. 앞으로도 지금처럼 열심히 살면서 건강하고 성실하면 아빠는 더 바랄 게 없이 고맙단다. 지민이한테 거는 기대가 부담스럽기도 하겠지만, 이해하고 받아 드리는 모습을 보면 많이 어른스러워 보여. 아빠가 출장이 잦아서, 아빠가 집에 없을 때는 엄마와 함께 하는 시간이 많아 그 시간 서로 잘 지내고 있을지 걱정도 많이 했었어.

이제 대학입학까지 2년 남았으니 지금처럼 엄마와 잘 호흡 맞춰서 남은 고등학교 시절을 후회 없이 잘 보내길 바랄게. 아빠도 열심히 살고, 건강관리 잘해서 지민이가 사회인이 되어도 아빠와 딸이 함께 사회인으로서 서로 고민도 얘기하고, 멘토도 할 수 있는 그런 아빠와 딸 관계가 되었으면 좋겠다. 예전에 지민이와 엄마가 일본 여행 갈 때 아빠는 같은 비행기를 타고 출장을 갈 수밖에 없었고 칸사이 공항에서 지민이와 아빠와 함께 찍은 사진 1장이 전부인 게 아빠는 지금도 가장 가슴이 아프단다.

얼마 전 여행도 아빠가 시간이 없어 엄마와 지민이만 다녀올 수밖에 없었기에 정말 미안하게 생각한다. 그래도 지민이가 다음에는 아빠와 함께 가자고 밝게 얘기를 해줄 때 너무 고맙고 감사하단다. 다음에는 꼭 아빠와 함께 해외여행이든 국내여행을 함께 꼭 가자. 아빠도 건강 잘 관리해서 지민이 옆에서 든든하게 오래 함께할 수 있도록 노력할게. 이 편지는 언젠가 아빠가 꼭 전할게. 아빠 딸이 지민이이여서 너무 고맙고 사랑해.

2020년 10월 4일, 아빠가

• 서영 씨

함께 일한 지 벌써 14년이 되어 가는 것 같네요.

처음에 구매팀에 서영 씨 일할 때가 엊그제 같은데, 오자마자 아무것도 모르는 서영씨를 일본에 전화하게 하고 고생시켰던 때가 생각납니다.

내가 가장 서영 씨한테 마음 아팠을 때는 2008년 리먼 사태 때 서영 씨 고참들이 전부 빠지고 혼자 구매부서에 남겨두었을 때에요. 저도 부산영업소로 보직 변경되고, 김홍도 과장님이 갑자기 구매를 맡게 되어 서영 씨와 엄청나게 고생했다고 생각하고 있어요. 이때만 해도 내가 다시 구매로 복귀할 거라 생각을 안 했지만, 우여곡절 끝에 다시 구매로 복귀하면서 서영 씨와도 함께 일을 다시 하게 되었습니다.

내가 예전에는 업무를 진행할 때 완급 조절 없이 무조건 앞만 보고 달려왔던 것 같아요. 늘 야근에 휴일 출근에, 내 머릿속에는 열심히 하면 되는 것밖에 없었습니다. 또한 매일 늦게 마치고 술 마시고, 술 마실 때도 회사 애기만 하는 그런 사람이었죠… 그래서 서영 씨도 함께 일하면서 많이 힘들었을 것 같습니다.

　30대 중반이어서 그랬던 건지 그때는 아무튼, 회사에 늦게 일하고 휴일에 나오면 그게 최선일 줄 알았어요. 그래서 옆에서 많이 답답했을 텐데 상사라서 편하게 말도 못 했을 거라 생각합니다. 10년을 함께 일해온 사이인데, 제가 너무 업무적인 부분만 깊이 얘기한 것은 아닌지 후회가 되기도 합니다. 직장 생활 속에 동료란 인간관계로 발전하기가 참 어려운 거 같아요. 단, 발전하려면, 선배가, 상사가 더 다가가야 하는데, 내가 그렇게 하지 못해 미안합니다.

　그래도, 서영 씨가 마음이 착하고, 따뜻해서 우리의 인간관계가 잘 형성되고 있는 것 같아서 감사합니다. 2019년에 Global팀이 생기면서, 새로운 부서의 업무R&R이 생기고, 적응이 힘든 상황이지만 항상 긍정적으로 적극적인 자세로 새로운 업무에 대응을 해줘서 너무 감사하고 있어요. 서영 씨가 기술적인 부분을 잘 모르는 것이 스트레스가 될 수도 있을 거예요.

　그래도 조금씩 보완해 나가면 되고 사람은 약점과 강점이 다 있다고 생각해요. 그래서 서영 씨도 영업관리를 충분히 할 수 있다는 저의 응원을 항상 서영 씨가 긍정적으로 받아들이고 스스로 할 수 있다는 자신감을 가져주어서 팀장으로서 정말 힘이 되고 있습니다. 예전에는 술 한잔 같이하며 이런저런 고민을 얘기 많이 했었는데, 최근에는 코로나 때문에 이런 자리도 없어지다 보니, 환경이 좀 서운하기도 합니다만, 앞으로 좋은 날이 꼭 와서 소주 한잔하며 인생의 친구로서 함께 행복하고, 함께 웃을 수 있길 바랍니다.

최근에 제가 중국시장의 영업까지 맡게 되어 업무 시간이 많이 증가되어서 힘들어요. 하지만 서영 씨가 대일관계의 일에 대해 잘 체크하고, 점검하고 있어서 엄청나게 힘이 되고 힘도 많이 납니다. 감사합니다! 앞으로 회사 생활 속에 웃을 때도, 화날 때도 있겠지만 함께 슬기롭게 도와주면서 최소한 서영 씨 60세까지는 함께 건강하게 행복하게 대성에 서 있을까요?^^

2020년 12월 20일 김병곤 드림

• 장달식 전무님께

전무님과 대성에서 함께 일한 지 2년이 지났습니다. 새로운 조직, 적자의 조직에서 리더로서 많은 고충이 있으셨을 거라 생각하고, 매주 서울과 양산을 이동하시는 부분도 체력적으로 많이 힘드실 거라 생각합니다. 저도 1년간은 서울과 양산을 매주 이동하며 많이 힘들었습니다만, 전무님께 비교하면 큰 어려움도 아니라고 생각합니다.

전무님께서 오시고 저의 생각과 업무 방법에 대해 엄청난 변화가 생겼습니다. 우선 저의 직속 상관인 전무님께서 경영자로, 시인으로, 음악인으로 인생을 살아가시는 모습 자체가 제게는 큰 경험입니다. 물론 사람마다 가지고 있는 장점과 성향이 다르기에 제가 똑같은 방법으로 시인이 될 수는 없고 음악인이 될 수는 없지만, 저도 무엇인가 방법을 찾아가면서 행복을 구체적으로 찾아보고 싶다는 의욕이 생기고, 명품인생대학을 통해 목표가 생기는 것입니다.

사람들은 새로움을 받아들일 때 어색해합니다. 저도 명품인생대학의 프로그램이 많이 어색했습니다. 하지만 이런 계기를 통해 가족을 생각하게 되고, 주변인을 생각하게 됩니다. 이것이라도 없었다면, 근거 없는 인생의 자신감 속에 행복에 대한 고민 없이, 그냥 앞만 보고 살고 있지 않을까 생각됩니다.

속담이라고 알고 있습니다만, 명장 밑에 약졸 없다는 말대로 전무님과 일을 하면서 제게는 인생을 살아가는 방법에 대해 자신감이 생겼습니다. 대 거래선 관계에서는 전무님의 경력이 저한테는 어느 정도 무기가 됩니다만, 이것보다 더 큰 무기가 되는 것은 저를 믿고 일을 맡겨주시는 부분입니다.

저는 해외 거래선과의 상담에서 이 부분이 저의 가장 큰 자신감이 되고 있습니다. 내 상사가 나를 믿고 있다는 부분이 제가 책임자로서 더욱 더 신중하게 판단하게 되고, 지속적으로 생각의 깊이가 성장하는 것 같습니다. 또한 자신감과 책임감이 함께 동반되어, 앞으로 제가 한 단계 더 성장하는 데 많은 도움이 된다고 생각합니다.

저는 인생을 직장과 가족과 지인(친구)으로 나누는 것 같습니다. 직장은 사람이 아니고, 가족과 지인은 사람입니다. 저는 직장으로 구분했지

직장 동료라고 구분하지 않았습니다.

  그동안 직장 동료는 일만으로 얽힌 사람들이라고 생각했는데, 전무님께서 오시면서 명품인생대학을 하면서 일이 주제가 아니라 회사에서도 사람이 주제가 되는 경험을 하고 있습니다. 본인의 인생의 경험을 토대로 후배들이 행복할 수 있도록 방향성을 제시해 주셔서 감사합니다.

  사실 전무님 자리에서 굳이 이런 프로그램을 하실 이유가 없다고 생각합니다. 냉정하고, 늘 벽이 존재할 수 있는 직장 생활 내 인간 관계 속에서 전무님과의 2년을 통해 조금씩 사람과의 관계가 보이고, 제가 살아온 현재까지의 결과와 앞으로 어떤 식으로 살아가야 할지 방향성이 정해지는 거 같습니다. 저도 언젠가는 전무님처럼 긍정적인 영향을 내 후배에게 나누어 줄 수 있는 사람이 되고 싶습니다.

  전무님께서 항상 대화의 문을 편하게 열어주셔서 진심으로 감사드립니다. 글을 잘 쓰지 못하는 것 잘 알고 있습니다. 부족한 글솜씨지만 이해 부탁드립니다.

2020년 12월 19일 김병곤 드림

• 사랑하는 나의 부모님께

우선 저를 낳아주시고 지금까지 길러 주셔서 감사합니다. 부모님에 대해서 생각하게 된 건 제가 부모가 되면서부터인 것 같아요. 늘 회사일로 바쁘셨던 아빠는 세 딸 먹이고 입히고 공부시키느라 '절약! 절약!'을 강조하셨는데 늘 잔소리로만 들어서 죄송합니다.

세 딸 키우느라 늘 바쁘셨던 부모님… 다섯 식구 여행 한번 가본 적 없는 것 같아요. 성인이 된 후 엄마와는 한 번씩 여행도 다니고 했는데 아빠와는 기회가 있어도 가지 못한 것 같아요. 마음은 늘 있는데 다정하게 전화 한 통, 밥 한번 먹는 게 쉽지 않더라고요. 앞으로 제가 부끄럽지만 어색하지만 아빠 옆으로 성큼성큼 다가가도록 노력하겠습니다.

지난 세월 가정을 지키기 위해 희생하신 부모님께 진심으로 감사한다는 말을 꼭 전하고 싶습니다. 지금의 환경보다 더 어려운 시절에 세자녀를 키우느라 얼마나 힘드셨을까? 얼마나 많은 희생을 했을까? 생각하면 가슴이 먹먹해집니다. 결혼하고 가정을 이루면서 부모님한테 정말 잘해드려야지 했는데 내 자식을 먼저 생각하고 걱정하는 저를 발견할 때마다 미안한 마음이 들었습니다.

늘 엄마가 저에게 말씀하셨죠! "부모는 자식을 평생 짝사랑한다"라고… 이제서야 그 말의 의미를 아는 나이가 되었어요. 부모님이 살아계실 때 그 깊은 사랑을 깨닫고 자주 연락드리고 감사함을 표현하려고 하는데 생각처럼 잘되지 않아 속상해요…

저희 키울 때 부모라는 책임감의 무게로 딸 셋 이쁜 줄도 모르고 키우다 보니 세월이 가버렸다고… 요즘 손자, 손녀 보는 게 제일 행복하다고 고맙다고 말씀해 주실 때마다 저까지 마음이 행복해집니다. 지난 시간 함께 보낸 시간이 많지 않아 너무나도 아쉬운 만큼 남은 시간은 여행도 가고 산책도 하고 맛있는 것도 먹으며 소소한 행복을 부모님과 함께 나누고 싶습니다.

엄마 아빠께 바람이 있다면 지금처럼 건강하고 그리고 엄마 아빠 사이좋게 지냈으면 해요! 지난날 힘든 일은 잊어버리고 앞으로의 남은 인생 즐기셨으면 좋겠어요… 저희 키우느라 앞만 보고 달려왔을 텐데 이제는 서로만 바라보며 남은 시간 두 분만을 위해서 보내셨으면 좋겠어요… 이 편지를 통해 그동안 전하지 못한 감사한 마음을 몇 번이나 전합니다.

딸 셋 키우느라 정말 고생 많으셨습니다! 엄마 아빠 정말 감사드립니다. 저도 함께할 수 있는 이 시간 더 살갑게 다가가도록 노력할게요!!!

첫째 딸 서영 올림

• 김병곤 차장님께

감사편지 쓰기라는 명품인생대학의 과제를 받고 한참이나 고민했습니다.

가족 이외 감사편지 보낼 사람이 없을까 고민하다 문득 차장님 생각이 나서 이렇게 보내봅니다.

조금 늦은 나이에 시작하는 첫 직장이었지만 처음부터 하나하나 친절하게 가르쳐 주신 덕분에 지금까지 버틸 수 있었던 것 같습니다. 가족보다 더 많은 시간을 보내는 직장에서 일 이외에도 인생 선배로서 다양한 이야기와 조언을 해주셔서 '조금 더 따뜻하게 직장 생활을 할 수 있지 않았나…'라는 생각이 듭니다. 제가 이 회사에 와서 차장님과 인연을 맺은 지도 벌써 10년이 훌쩍 넘었습니다. 길다면 길고 짧다면 짧은 세월입니다만 차장님 도움으로 크고 작은 결실을 얻을 수 있었습니다.

차장님,

직장에서 만난 사람들과 인간적인 관계를 맺는 게 여간 어려운 게 아니라지만, 지난 시절의 추억들을 공유하며 함께 웃으며 이야기할 수 있는 직장 선배가 있다는 것은 큰 행운이 아닌가 합니다. 직장 생활 동안 많은 일이 있었지만, 최대 고비는 엄마가 된 후였던 것 같습니다. 육아와 일을 지금까지 병행할 수 있었던 것은 차장님의 이해와 배려 덕분입니다. 진심으로 감사의 마음을 전하고 싶습니다. 조금은 쑥스럽지만, 차장님께 감사한 마음을 전할 수 있어서 행복합니다.

차장님,

힘들어할 때마다 용기를 주시고 격려해 주셔서 다시 한번 진심으로 감사드립니다. 코로나19로 2020년은 유독 어려움이 많은 한 해였지만, Global 팀 힘을 모아 2021년 잘 헤쳐나가 보아요!!!

날씨가 상당히 추워졌어요. 항상 건강 잘 챙기시고요.
언제나 행복하고 즐거운 나날이 되시길 바랍니다.

문서영 드림

신상우 2기

• 부모님께

아버지, 어머니 감사합니다.

항상 투덜대기만 하고 쑥스럽다는 핑계로 감사합니다. 사랑한다고 말하지 못해 죄송합니다. 앞으로는 자주 표현할 수 있는 막내가 되도록 노력하겠습니다. 어려서부터 항상 제가 한 결정을 믿고 응원해 주셔서 감사합니다. 그 당시에는 제가 모든 일을 스스로 했다고 생각했지만, 지금은 사소한 거 하나부터 열까지 챙겨주신 걸 알게 되었습니다.

결혼해서 부모님 곁을 떠나 생활해 보니 더 감사함을 느낍니다. 청소부터 시작해서 각종 집안일은 물론이고 계약과 돈 관련 일까지 직접 해보니 부모님과 함께 사는 동안 참 편하게만 살았습니다. 지금도 철이 없지만 더 철없던 시절에는 당연히 아버지, 어머니 일이라고 생각하고 심지어 별일 아니라고 생각한 사실을 반성합니다.

그리고 아내와 함께 아이가 생기고 부모님 나이가 된 미래를 이야기해 보면 더 큰 고마움을 느낍니다. 아이를 키우기 위해 해야 할 일과 비용이 만만치 않은데 사랑으로 세 남매를 키워주신 부모님 존경합니다. 요즘은 당사자들의 인생을 위해 아이를 낳지 않는 사람도 많은데 말이죠.

아버지, 어머니, 누나네들 가족과 나와 아내까지 12명 자주 만나고 가끔 여행을 갈 수 있는 지금이 행복합니다. 빨리 코로나19가 종식되어서 부모님이 조금이라도 더 건강하실 때 많은 추억을 만들고 싶습니다. 아버지! 지금 건강상 관리할 게 많으신데 어머니 신경 안 쓰게 해요. 항상 우리 가족을 위해 헌신하신 아버지, 어머니 사랑하고 존경합니다.

끝으로 이런 편지를 쓰기 위해 생각할 기회를 주신 장달식 대표님께도 짧게나마 감사한 마음을 전합니다. 감사합니다.

상우 올림

　많은 사람들의 축복 속에 부부의 연을 맺은 지 1년이란 시간이 지났어. 결혼 전에는 편지로 고마운 마음과 사랑을 표현하곤 했는데 결혼 후에는 잘 하지 않은 것 같아. 가끔 '고마워', '사랑해'라는 표현을 하지만 부족한 것 같아 편지를 쓸게…

1) 부모님과 가족에게 항상 웃으면서 이야기해 줘서 고마워

2) 내 친구들과도 잘 지내서 고마워

3) 친구들과의 모임을 이해해 줘서 고마워

4) 작은 집에서 결혼 생활을 시작했지만 불평하지 않고 재미있어해서 고마워

5) 이사할 때 함께해서 고마워

6) 이사 후 출퇴근 길이 멀어져도 긍정적으로 생각해 줘서 고마워

7) 나에게 맛있는 음식을 해줘서 고마워

8) 내가 해준 음식을 맛있게 먹어줘서 고마워

9) 항상 사랑받고 있음을 느끼게 해줘서 고마워

10) 주변 사람들로부터 결혼 잘했다고 인정받게 해줘서 고마워

11) 나의 건강을 걱정해 줘서 고마워

12) 집안일을 함께 재미있게 해서 고마워

13) 나의 투정을 받아줘서 고마워

14) 문화생활에 관심을 가지게 해줘서 고마워

15) 작은 일에도 감사를 표시해 줘서 고마워

16) 정리하는 방법을 가르쳐 줘서 고마워

17) 내가 스포츠경기 보는 것을 이해해 줘서 고마워

18) 새로운 사람을 알게 해줘서 고마워

19) 나에게 장난스러운 말과 행동을 많이 하지만 아내로서 남편을 존
　　중하여 주고 있음을 알기에 고마워

20) 나와 취미생활을 같이해서 고마워

21) 작은 선물에도 기뻐하는 모습을 보여줘서 고마워

22) 나의 고민을 들어줘서 고마워

23) 나에게 고민을 말해줘서 고마워

24) 매해 우리의 추억을 담은 앨범을 만들어서 고마워

25) 언제나 옆에 있으면서 내 편이 되어줘서 고마워

26) 나의 단점을 보완해 줘서 고마워

27) 항상 웃을 수 있게 해줘서 고마워

28) 날 보고 웃어줘서 고마워

29) 함께 미래설계 해서 고마워

30) 나와 모든 걸 공유해 줘서 고마워

31) 부족한 나를 항상 최고라고 말해줘서 고마워

32) 나를 설레게 해줘서 고마워

앞으로 살면서 힘들고 다투는 일이 있더라도 서로 고마움과 사랑으
로 행복하게 살자.

항상 사랑하고 고마워.

신상우

- 사랑하는 나의 아버지에게 감사하며…

하루는 이런 생각을 했습니다. 내가 과연 지금까지 아버지에게 사랑한다는 표현을 한 적이 있습니까? 아무리 생각해 봐도 아버지라는 단어와 사랑한다는 단어를 함께 사용해 본 적이 없는 것 같습니다. 결혼해서 분가하기 전 32년이라는 세월 동안 저는 단 한 번도 당신에게 그런 단어를 사용해 본 적이 없습니다.

늘 힘들게만 살아오신 나의 아버지… 어릴 적 저는 늘 아버지께 불평만 했던 것 같습니다. 젊은 날에 사업을 일찍 시작하신 아버지 몇몇 일요일 및 여름휴가를 제외하곤 하루도 빠짐없이 출근하시던 아버지. 그 횟수는 손으로도 꼽을 만큼 적었습니다. 그땐 왜 그렇게 일을 하고 계신 건지, 가족들과의 시간을 함께 보내기 위해 노력하지 않으신 건지 이해할 수 없었습니다. 하지만 시간이 지나 내가 당신의 모습이 되었을 때 저는 조금이나마 당신을 이해할 수 있었습니다. 참 오랜 세월을 혼자 아파하며 살아오셨구나.

'암'이라는 단어 정말 나와는 상관없는 굉장히 불행한 사람들만이 경험하는 단어라고 생각했습니다. 너무나 평온한 한 주말 저녁 어머니와 맥주 한잔 기울이며 저녁을 보낼 때 저는 어머니로부터 이 단어를 들었습니다. 다음 주 수요일 아버지가 정밀검사를 해야 할 것 같다고… 그 이유가 바로 암이었습니다. 망치로 머리를 맞은 듯한 충격이었습니다. 너무나도 건강하신 당신이었기에 단 한 번도 생각해 본 적이 없었습니다.

잠이 오지 않았습니다. 내가 생각했던 그 불행한 사람들만 경험한다던 암의 고통이 당신에게도 생겼구나. 정밀검사 후 의사와 많은 얘기를 하였습니다. "수술 전 환자와 가족들의 걱정을 줄이기 위해 의사가 노력하는구나!"라고… 불행 중 다행일까 '직장암 3기' 악성은 아니지만 많은 고통을 겪으시리라 생각합니다. 70의 나이에도 저보다 더 굵은 팔과 다리를 가지고 계셨는데 수술과 항암 치료에 많이 야위었습니다. 지금 당신의 모습은 할아버지의 모습과 정말 많이 닮았습니다. 그 모습을 보고, 제 노년기의 모습을 예상할 수 있습니다. 나이가 들수록 당신을 닮아가는 저를 보며, 저도 지금의 당신처럼 당신의 모습이 되었을 때 '고통을 이겨내고 가족들을 사랑할 수 있을까?' 저는 아직 자신이 없습니다. 하지만 최선을 다해 노력하겠습니다.

그리고 이 암이라는 고통도 잘 이겨내시리라 생각합니다. 늘 감사하고 사랑합니다. 아버지!

용석 올림

• 사랑하는 나의 아내에게 감사하며…

우리가 처음 만난 날을 기억합니다. 내가 아주 어렸을 때죠. 군대를 제대하고 복학생이라는 신분으로… 학교를 다니고 있는 젊은 아이들이 너무나 철없고 어려 보였습니다. 처음 내가 당신에게 한 말을 기억하고 있습니다. "앞으로 오빠라고 부르지 말라고!" 너희는 나에게 아저씨라고 불러야지 오빠라고 부를 수 있는 사람이 아니라는 것이었습니다. 너무나 차가운 그 말이 당신과 처음 한 대화라는 것이 조금은 안타깝습니다.

조금은 더 낭만적이고 온화한 말이었다면 좋았을 것을⋯ 하지만 시간이 지나 후배의 결혼식장에서 다시 만나고 그 후에도 나는 철없던 시절 그저 흘려보낸 세월을 만회하기 위해 최선은 다하고 있었던 시간이었습니다. 그때부터였던 것 같습니다. 당신이 나를 기다리며 사랑해 준 시간이⋯ 벌써 16년이란 세월이 흘렀습니다.

나의 모든 것을 배려해 주고 믿어주고 모든 도움을 주기 위해 애썼다고 생각합니다. 다시 대학을 가고, 회사를 다니며 대학원을 다니고, 회사를 옮기고, 큰 아이와 작은 아이를 낳고, 장모님이 쓰러지시고, 지금 겪고 있는 코로나에 힘든 생활까지⋯ 큰 사건들만 적었지만 이 외에 무수한 일들을 겪으며 단 한 번도 불만이나 투정을 하지 않았습니다. 그래서 그 조그만 체구를 가진 당신을 너무나 크고, 튼튼하다고 생각하고 있었던 것 같습니다. 그 여렸던 어린 여자아이가 두 아이의 엄마가 되고, 가족들을 보살피기까지 얼마나 많은 고뇌와 절망이 있었을까. 한 번도 나에게 말하지 않았는데 묵묵히 참아낼 때 얼마나 힘들었을까. 참 많이 무책임했다고 생각합니다.

주변보다 내 자신의 목표를 이루기 위해 살아왔던 놈이라 아무렇지도 않게 내가 가장 힘들다고 생각해 왔습니다. 내가 열심히 하면 모든 것이 나아지리라. 주변의 아픔과 고통 특히 당신이 느끼고 있는 고통과 어려움에 대해 몰랐던 것이 아니라 모르고 싶었던 것 같습니다. 내가 줄 수 있는 배려가 너무 작고 보잘것없을 것이라 생각한 것 같습니다.

하지만 내가 힘들 때 당신이 해주었던 것처럼 아주 작은 배려가 큰 힘이 되었던 것을 생각하지 못했습니다. 그래서 당신의 어려움과 고통에 더 많이 귀 기울여 보려고 합니다. 공감해 주는 것만으로도 얼마나 큰 힘이 될지는 알 수 없지만 함께 느끼고 생각하도록 하겠습니다. 이 생각이 또 나의 고난으로 잊을 수도 있지만 다시 공감할 수 있는 남편이 되겠습니다.

이용석이 사랑하는 나의 동반자에게…

조낙현 2기

- 부모님께...

40여 년을 살아오면서 마음을 담아 편지를 드리는 건 처음이라 오늘 쓰는 이 편지는 머쓱한 마음에 몇 번이고 썼다 지웠습니다. 살아오면서 받은 사랑에 대해 어떠한 표현의 감사를 드려야 할지… 감사한 마음은 많은데 표현이 서툴러 저도 어쩔 수 없는 경상도 남자인가 봅니다.

몇 달 전 직장을 은퇴하시고, 다시 농부의 생활을 시작하신 아버지, 어머니의 모습이 참으로 행복해 보였습니다. 왜 그리 행복해 보였을까? 오늘 편지를 쓰면서 생각해 보니 아… 우리 아버지 어머니는 농부였는데… 제가 잠시 잊었나 봅니다. 농사밖에 모르셨을 텐데, 자식들을 위해 도시로 나와 낯선 직장 생활을 하시고, 뒷바라지하시느라 아까운 청춘을 다 보내셨으니… 지금 제가 그때의 부모님 나이가 되니 생각할수록 죄송한 마음이 앞섭니다.

과연 저는 아이들을 위해 현재의 생활을 다 접고 새로운 곳에서 새로운 일을 밑바닥부터 할 수 있을까? 생각해 봤지만, 감히 쉽게 생각할 수가 없는 어려운 일이기에 그때 부모님의 고민과 결정이 얼마나 저에게는 은혜였고, 감사해야 할 일인지 다시금 생각하고 있습니다.

그로부터 33년이 지나서 다시 고향으로 내려가셨지만, 세월에 못 이겨 생긴 깊은 주름과 흰 머리카락은 볼 때마다 마음이 편치 않네요. 고된 농사일에도 환하게 웃으시는 두 분을 위해 앞으로 더 자주 손주들을 데리고 찾아뵙겠습니다. 제가 부모님께 받은 은혜와 사랑을 저 또한 자식들에게 아낌없이 나누겠습니다.

아무쪼록 좋아하시는 농사일도 건강 생각하시면서 쉬엄쉬엄하시고, 언제나 든든한 아들이 뒤에 있다는 걸 잊지 마세요.

사랑하는 아들 올림

- [받는 사람] 나의 37년 지기 아내에게
- [보내는 사람] 동갑내기 남편 조낙현

유치원 시절… 노란 모자 쓰고 봄 소풍 가서 찍었던 사진이 처음 우리 두 사람이 함께 나온 사진이었소… 그게 벌써 37년 전이구려. 동갑내기랑은 사귀지 않겠다던 당신에게 구애했던 대학 시절도 벌써 강산이 두 번은 넘게 바뀐 지난 시절이구려…

당신께 마지막으로 쓴 편지가 20년도 더 지난 옛날이라… 오늘 이 편지를 스무 번도 넘게 썼다 지웠다 하고 있는 내 자신에 대해 많은 생각을 하게 합니다. 지금 이 글들이 감사의 편지라기보다는 내가 기억하는, 당신께 미안했던 일을 후회하고 있고, 고마워하고 있다는 마음을 전하는 편지가 더 어울릴지도 모르겠군요.

연고도 없는 창원으로 시집와서 매일 야근, 특근하는 남편과 제대로 된 신혼 생활도 없고, 몇 번의 유산으로 힘들게 지내온 그때를 불평 하나 없이 묵묵히 뒷바라지해 준 당신께 감사합니다. 요즘은 공동육아가 당연한 사회 통념인데, 불과 10여 년 전 일을 핑계로 육아를 당신께 떠맡겨 버린 무책임한 남편임이 아직도 많은 후회로 남아 있습니다. 늘 배려심이 부족한 나에게 항상 들어주는 조언자 역할을 마다하지 않고, 취미생활을 맞춰 주는 당신께 항상 고마워하고 있습니다. 요즘 회사에서 하는 명품인생대학과 독서를 통해 당신과 가족이 중요함에 대해서 다시금 많은 생각을 하고 있답니다.

몇 년 전부터 조금씩 괜찮은 남편이 되기 위해 주말 두 끼는 남편이 차린 밥상, 골프, 자전거 등 취미생활의 공유, 금연을 시도하고 있습니다. 그리고 아직 찾지 못했던 당신에게 감사를 표현할 수 있는 일을 생각해서 자랑스런 남편이 되도록 노력해 볼게요. 아직 남은 두 아들의 뒷바라지 10년을 열심히 살고, 버킷리스트 잘 꾸려서 행복한 노후를 내가 보장하겠습니다.

소꿉친구에서 황혼의 동반자이고픈 신랑이…

조영욱 2기

- 엄마…

엄마 아들 영욱이에요.

막상 편지로 엄마에게 감사하다는 마음의 글을 적으려니 쑥스럽네요. 마음에서는 감사의 그림이 그려지는데 머리에서 글로 표현하려니 어떤 마음의 글을 적어야 할지 모르겠어요. 지금까지 너무 감사한 일이 많아, 뭘 어떻게 표현해야 할지 몰라 그런 거 같아요.

아니면 편지를 적어 표현하는 방식이 서툴러 그런 거 같기도 하고요. 생각해 보면 엄마가 사랑의 매 한 번도, 큰소리 한 번씩 내지 않으셨던 기억이 나네요. 전 내 자녀가 말을 듣지 않을 때 한 번씩 큰소리로 혼을 내는데, 어떻게 그렇게 하셨는지 배워야 할 거 같아요.

　유년기부터 청소년기 초반까지는 부모님과 여기저기, 여행을 많이 다녔는데, 그 이후로는 근교로도 여행을 가지 않았던 거 같아요. 비록, 지금 아버지는 옆에 없지만, 기회를 만들어서 어머님과 단둘이 여행을 가도록 해요. 엄마와 나만 알고 있는 기억 속에 기쁨, 원망, 행복, 슬픔, 그리움 등 앞으로 서로 기억될 수 있는 추억의 이야기를 말이죠. 서로의 기억에서 멀어져 가기 전에요. 일상에서 말할 수 있지만, 특별한 공간에 서 한 번도 말하지 못한 아니 말할 수 없는 이야기가 있지 않을까 싶어 요. (내가 알지 못하는…)

　나의 어릴 때 이야기는 엄마만 알고 있죠? 아니, 엄마만이 알고 있는 이야기겠죠. 하지만 앞으로 엄마의 노년 이야기는 나만 아는 이야기이 지 않을까 싶어요. 평범하면서도 평범하지 못한 가정에서 엄마가 늘 저 의 곁에 있어 너무 감사하다는 말을 드리고 싶어요.

　아마, 엄마가 저의 곁에 있지 않았다면, 전 평범한 인생이 아닌, 다른 인생을 살고 있었는지도 모른다는 생각이 문득 들기도 합니다. 이 세상 에 있어 하나의 부속품일지 모를 사람이지만, 나의 세상에서는 누구보 다 중요하고도 귀한 사람이기에 너무나 고맙고 너무나 감사합니다.

　당신이 있었기에 내가 존재할 수 있었고, 당신이 있었기에 나의 소중 한 가족을 만났고 또한 힘든 삶이지만, 행복이라는 단어가 무엇인지 느 낄 수 있게 해주셔서 감사합니다. 복 중의 복은 인복이라는데, 그 인복의 첫 번째는 엄마 '강정혜' 씨입니다. 늘 곁에 있어 감사하지만, 늘 곁에 있을 수 없기에 죄송하고 사랑합니다.

부족하지만 늘 든든한 당신의 아들이…

20.10.11

차상봉 2기

* 서연에게

세상 누구보다 부지런하고 나를 옆에서 믿어주고 의지해 주는 너에게 감사의 편지를 쓰려고 한다. 오랜 시간 연애를 해서 많은 시간을 함께 보냈기에 서로에 대해 누구보다 서로를 잘 알고 있다고 생각하지만, 그러기에 작은 다툼도 서로에게 큰 상처가 되는 일도 많은 것 같다. 작은 다툼이 있던 다음 날에 아침밥도 먹지 않지만, 나를 위해 일찍 일어나 식사를 준비하고 아침잠이 많은 나를 깨워주는 너에게 항상 감사하다.

오전 근무를 하고 돌아오는 날에는 주말에 더 많은 시간을 나와 보내고 싶다며, 밀린 빨래와 청소 등 집안일을 해두고 퇴근해 돌아오는 나를 보면 오늘 이것도 저것도 다했다며 웃는 모습에도 늘 감사하다. 코로나 때문에 주말에는 예쁜 카페며 좋아하는 맛집에도 가지 못해 답답하고, 우울하다지만 근교로 드라이브라도 가자고 하면 그래도 이럴 때 아니면 언제 주말에 푹 쉬어보겠냐며 나를 걱정해 주는 모습도 감사하다.

주말에 장을 보러 가면 이번 주에는 무엇을 먹을까, 먹고 싶은 음식이 있으면 해주겠다며, 핸드폰을 꺼내 검색하며 "이건 어때 저건 어때?"라고 하는 모습에도 감사하다. 퇴근하고 돌아오면 설거지와 빨래를 해두고 오늘 하루도 고생했다고 먼저 말해주는 모습, 오늘 하루 있었던 일들과 재밌었던 이야기들을 해주면서 즐거워하며 웃는 모습에도 감사하다.

나는 너에게 하루에도 감사할 일이 이렇게 많은데도 늘 바라기만 했고, 고맙다는 말도 잘 못 했던 것 같다. 매일 매일 나를 위해 해주는 일들이 당연하다고 생각하지 않도록 고맙다고, 늘 감사하다고 표현해 보려고 한다.

늘 감사합니다.

2020.10.11 차상봉

송종훈 3기

- 은사님께, (고등학교 2학년 담임 박재생 선생님)

기억하시는지요? 선생님 사감실 실장 송종훈입니다. 고교 졸업 후 23년이라는 세월이 너무나도 빨리 흘러버렸습니다. 그사이 저는 가정을 일구고 한 여인의 남편이자, 두 자녀의 아빠가 되었고 기업의 원재료 구매를 담당하는 과장으로 성장했습니다. 멋지고 훌륭하게 성장하지는 못했지만 선생님의 가르침을 잊지 않고 항상 열심히 노력하고 살고 있습니다.

선생님께서는 어떻게 지내시는지요? 건강하시죠?

언제나 멀리 있다는 핑계로 선생님의 은혜의 1%도 갚지 못하는 제자를 용서해 주세요. 사회생활에서 또 다른 인생의 스승을 만나 선생님의 은혜를 다시 생각할 수 있는 기회가 되어 행복합니다. 고등학교 사춘기 시절 집안 사정과 부모님의 이혼으로 1학년을 방황하고 2학년 진학까지 포기하려던 시절 두껍고 큰 손을 내미시며 잘할 수 있다, 다시 할 수 있다는 선생님의 격려로 2학년 담임을 맡아주셨습니다.

기숙사 생활로 1주일에 한 번 집에 갈 때 IMF로 집안 사정이 안 좋고 형편이 어려운 동기들에게 차비를 주시며, 잘 다녀오라던 선생님의 따뜻한 사랑을 베풀어 주시던 기억이 납니다. 그리고 방황하는 동기들을 모아 밴드생활을 할 수 있도록 지원을 아끼지 않고 우리들에게 자존감과 자신감을 심어주셨던 일들이 한편의 오래된 영화를 보는 것처럼 아직도 머릿속에 생생히 남아 있습니다. '할 수 있다!', '해낼 수 있다!'의 열정적인 가르침으로 현재의 제 삶이 있습니다. 항상 바른길로 나아갈 수 있도록 길잡이가 되어주신 선생님의 은혜에 감사드립니다.

평생 죽을 때까지 못 잊을 것 같아요. 저희들에게 큰 산이 되어주셨어요. 선생님의 모습과 가르침을 항상 기억하고 받았던 깊은 사랑과 가르침으로 더 좋은 사람이 되도록 노력하겠습니다. 그리고 힘든 동료들이나 동생들에게 참 스승의 뜻을 전 할 수 있는 사람으로 성장하겠습니다. 그것이 선생님의 가르침을 대물림되어 선생님의 은혜를 조금이나마 갚을 수 있지 않나 생각합니다.

선생님의 은혜에 다시 한번 깊이 감사드립니다.
건강하시고요, 꼭 한번 다시 뵙고 싶습니다.

2023년 10월 27일

제자 송종훈 배상

구민효 3기

· 사랑하는 부모님께

편지로 아버지, 어머니께 오랜만에 표현하지 못한 마음을 전하는 것 같습니다. 이 편지를 계기로 부모님께 마음을 더욱 많이 표현할 수 있는 계기가 되었으면 합니다.

어릴 때부터 저를 항상 우선으로 생각해 주시고 친구처럼 항상 옆에 계셔 주셨습니다. 그래서 이렇게 특별하지는 않지만 나름 잘 성장했다고 생각하고 있습니다. 하지만 나이가 들고 친구가 생기고 학교를 졸업해 직장을 다니게 되면서 부모님과의 거리가 생기게 된 것 같습니다. 사소한 이야기도 함께 나누고 함께 여행도 많이 다녔었지만 나이를 먹으면서 가장 가까운 부모님보다는 자연스럽게 친구, 직장 동료들과 함께 하는 시간이 더욱 많아졌습니다. 이렇게 부모님보다는 친구, 직장 동료들이 우선시하고 있었던 것 같습니다.

마음은 그렇지 않았는데 이 만큼 시간이 지나고 나니 부모님과의 관계도 표현 방법도 많이 서툴러져 이것이 당연하다는 핑곗거리가 되어버린 것 같습니다. 바쁘다, 피곤하다는 핑계로 연락을 잘 드리지도, 자주 찾아뵙지도 못했습니다. 아버지, 어머니 두 분 다 한동안 몸이 편찮으셔서 계속 건강관리를 하셔야 하는데 제가 많이 보살펴 드리지 못한 것 같아 마음이 너무 아픕니다.

앞으로는 핑계 대지 않고 시간을 내서라도 부모님께 자주 찾아뵙고 연락드려서 부모님에 대한 마을을 아낌없이 표현할 수 있도록 하고 제가 부모님의 친구같이 옆에 있을 수 있도록 하겠습니다.
이렇게 항상 감사하고 죄송한 마음뿐입니다.
아프지 않고 건강하고 밝은 모습을 되찾으실 수 있도록 더 자주 표현하고 사랑한다고 말씀드리겠습니다.
사랑합니다, 아버지 어머니.

- TO. 최수일

수일아 너에게 감사와 사랑의 마음을 담은 편지를 보낸다.

너에게 자주 써주던 편지도 너와의 오랜 연애의 익숙함에 속아 내 마음을 글로 전달한 지 많은 시간 흐른 것 같아. 미안한 마음이 먼저 앞선다. 감사의 편지라 고마운 마음과 사랑을 담아 편지를 쓰려고 했지만, 이상하게 미안하고 애틋한 마음이 앞서네. 너에게 잘해주지 못한 것만 생각나는 것 같아. 그래서 항상 미안하고 고마워…

고집 세고 한 가지 일에 몰두하면 주변을 잘 살피지 못하는 나를 만나며 서운한 점도 많았을 텐데 이런 날 잘 이해해 주고 사랑해 줘서 고마워. 나라는 사람이 어떤 사람인지 알고 나를 이해해 주고 보듬어 주는 사람이 너야. 그렇기에 우리가 만나온 시간 동안 큰 싸움 한번 없이 서로에게 상처 주지 않을 수 있었다고 생각해. 너 덕분이야. 내가 앞으로 더 잘할게. 항상 고마워.

너와 나 사이의 믿음과 신뢰가 있었기에 그리고 사랑이 제일 컸기에 오랜 기간 우리가 만날 수 있었던 것 같아. 농담으로 만나다 보니 시간이 많이 흘렀다고, 어쩌다 보니 오랜 기간 연애한 거라며 말했던 적이 있었지. 부끄러운 마음 때문이었을까? 너와 나 오랜 연애에 대한 고마운 마음을 표현하기보단 농담처럼 넘겨왔던 것 같아. 나의 속마음은 나와 오랫동안 연애해 줘서 고마운 마음이야.

나랑 결혼을 약속해 주어서 고마워. 우리의 오랜 만남이 양분이 되어 열매를 맺는 날 1월 14일, 우리가 결혼하는 날이야. 결혼을 앞두고 있기에 걱정이 앞서지만, 결혼에 대한 기쁜 마음에 비하면 이러한 걱정은 아무런 문제가 되지 않아. 결혼 생활과 연애는 다른 영역이라는 이야기를 귀가 닳도록 들어왔지만, 글쎄… 나는 우리의 연애 초 서로를 아직은 잘 모르던 때로 되돌아가는 거로 생각해. 그때와 같이 서로 다른 점을 이해하고 보듬어 준다면 우리의 연애 초기 시절과 같이 재미있는 신혼을 보낼 수 있을 거로 생각해. 앞으로도 잘 부탁해 그리고 항상 고마워.

2023.11.28

From. 강종환

손철웅 3기

- 선영이에게

우리 결혼한 지 어느덧 4년이라는 시간이 흘렀네요. 그동안 하지 못했던 말을 편지로 써보려고 하는데 막상 적으려고 보니 어색하고 쑥스럽기도 합니다. 결혼한 주변 친구들 얘기처럼 결혼하고 1년 정도는 서로 달라진 생활에 정신도 없고, 또 가끔은 토닥토닥 싸우기도 한다는데, 우린 연애 때 그랬던 것처럼 하루하루 기쁘게 보내는 것 같아서 행복합니다. 아마 각자 달라진 생활에 서로를 조금 더 이해해 주려고, 또 나의 이야기를 진지하게 많이 들어주려 노력해 주기에 가능하다고 생각해요.

최근 쌍둥이들이 태어나고 육아를 하면서 바쁘게 살아가는 모습을 보며, 한편으로는 아내로서 엄마로서 힘들어하는 것을 볼 때면 옆에서 많이 도와주지 못해서 힘들어하는 것 같아서 미안한 마음이 듭니다. 하지만 그럴 때마다 오히려 이러한 상황을 이야기하고 힘을 북돋아 줄 때면 참으로 감사할 따름입니다. 그동안 사고 싶은 것도, 하고 싶은 일과 꿈들을 엄마라는 이름으로 포기하고 살아와서 미안하기도 합니다, 내가 많이 도와주고 해야 하는데, 현실적 어려움을 겪으면서 도와주지 못할 때는 부끄럽고 미안한 마음이 많이 들었습니다. 어느새 '서선영'이라는 이름보다 쌍둥이 엄마라고 불리는 일이 더 많아지는 시기이고 앞으로도 이름보다는 쌍둥이 엄마라는 얘기를 듣더라도 우리 가족 행복하게 살아갈 수 있으면 좋겠어요.

나의 바람이 있다면 아프지 말고 항상 건강했으면 합니다. 나에게는 소중한 아내이자, 쌍둥이에게는 소중한 엄마, 너무나 보물 같은 사람이기에 아프지 않고 건강하게 행복하게 살았으면 좋겠어요. 당신뿐만 아니라 아이들 그리고 우리 부모님들까지 건강하게 지낼 수 있다면 더할 나위 없이 행복할 것 같아요. 아침에 일어나서 가족들을 보면 참으로 행복합니다. 그리고 '우리 가족의 건강과 행복을 지켜주세요'라고 늘 생각을 하게 됩니다.

이 편지를 쓰는 시기가 선선한 바람이 부는 가을 날씨에 접어들었어요. 편지를 쓰다 보니 자연스럽게 쌍둥이 얘기가 나오는데, 이제 조금만 더 지나면 애들도 두 돌이 지날 테고, 겨울도 금방 다가올 것 같아요. 육아하느라 밖을 나가지도 못하고 있지만, 겨울이 지나고 따뜻한 봄이 오면 아이들과 함께 당신이 좋아하는 나들이도 많이 가고, 여행도 갈 수 있도록 꼭 약속할게요. 이제껏 한 이야기를 흘려듣지 않고 항상 이해하고 배려해 주려고 하는 걸 잘 알기에 앞으로도 우리의 행복이 지켜질 수 있도록 저도 노력하겠습니다.

무슨 일이든 열심히 하고 세밀하게 생활하는 우리 소중한 아내, 항상 건강하고 지금처럼 유쾌하게 즐기면서 결혼 생활하며 인생의 동반자로 지내도록 합시다. 감사합니다.

2023.09.25 손철웅

이재희 3기

· 나의 딸 소윤에게

2016년 추운 겨울 너는 마법과 같이 엄마, 아빠에게 다가왔단다. 지난 7년이란 시간을 돌이켜 보면 모든 시간과 모든 순간이 행복한 기억으로 남아 있구나. 어느덧 시간이 지나 초등학교에 입학하고 작은 사회의 구성원으로 첫걸음을 내딛는 모습을 보니 기대보다는 걱정이 앞섰던 것 같구나.

많은 것을 해주고 싶은 부모의 욕심과는 달리 현실이라는 벽은 생각보다 더 높은 것 같아… 기침 한 번에 많은 것을 걱정하는 게 부모 마음이라 잔소리로밖에 표현할 수가 없구나. 36년을 넘게 살았는데도 모르는 게 너무나 많단다. 아빠도 아빠가 처음이라 이해해 줬으면 좋겠구나.

덧셈, 뺄셈이 어렵다고 힘들어하는 너의 모습을 보니 아빠도 예전 모습이 떠올라서 웃음 나면서도 하나씩 풀어나가는 것을 보면 또 대견하기도 하네… 이제 하나씩 스스로 해나가고 또 욕심을 가지면서도 또 친구들과 비교하는 것을 보니 걱정이 되기도 하고 아빠도 자신감이 조금씩 없어지기도 하지만 그래왔던 것처럼 너를 보면서 용기를 가져봐야겠구나.

어느덧 7년이라는 시간 속에서 좋았던 기억밖에 없지만 앞으로도 더 행복하고 좋은 기억을 같이 만들어 나갔으면 좋겠다. 힘이 되어주어서, 웃음이 되어주어서 고맙다.

사랑하는 아빠가

• 주연이에게

편지를 쓰는 것도 오랜만이네. 연애할 때는 자주 편지를 썼던 것 같은데 결혼하고 아기까지 있으니 점점 더 편지가 안 써지는 것 같아. 늘 옆에 있어서 그런 것 같기도 하네…

늘 옆에 있어도 연애할 때처럼 더 잘해줘야 하는데 그러지 못해서 너무 미안하고 감사해. 2019년에 결혼하고 벌써 결혼 4년 차가 된 우리, 이제는 아이까지 해서 3식구가 되었네…

추석이 얼마 남지 않은 지금, 이제 명절이 오면 본가에서 음식 하느라 고생하는 당신이 생각나네. 내가 너무 못 챙겨 준 거 같아 이번 명절에는 내가 좀 거들어 줄게! 얼른 음식 하고 우리 둘이 나가서 데이트도 하자!

많이 주지도 못하는 생활비인데 생활비를 줄 때마다 "우리 가족을 위해 돈 번다고 고생이 많아 고마워"라고 해줄 때 '나는 참 결혼 잘했네'라는 생각이 들어… 출근할 때는 배웅해 주고, 퇴근할 때는 맞이 해주고 이렇게 해줌으로써 나도 집에서 대접받고 일하러 간다는 느낌이 들고 자신감이 생기는 것 같아, 고마워.

아이가 있어서 우리 둘이 데이트를 해본 지도 되게 오래된 것 같네. 아이와 함께 있는 것도 좋지만 우리 둘이 분위기 좋은 카페에서 도란도란 이야기도 나누고 싶은데 참 시간 내기가 어렵다. 앞으로 우리 둘만의 시간을 많이 가지려고 내가 노력해 볼게. 육아에 참여도가 높지 않아서 늘 미안한 마음이 큰데, 우리 아이가 지금 이렇게 건강하고 밝게 크는 걸 보면 당신이 아이를 위해서 얼마나 노력하는지 눈에 보이더라. 고마워.

이제 2023년도 시작한 지가 얼마 되지도 않았는데, 벌써 가을이 오고 있네. 당신에게 감사한 일이 너무나 많이 있는데 평소에 잘 표현을 못 해서 미안해. 감사한 마음을 잘 표현하고 사랑한다는 말도 자주 하는 좋은 남편이 될게.
사랑한다.

송관우 3기

• 사랑하는 부모님께

부모님에게 편지를 쓴다는 것이 참으로 어색합니다. 하지만 세상 그 누구보다 제일 감사한 사람입니다. 시커먼 아들만 2명 있는 집이라 딸이 있는 집처럼 말이 많거나 대화가 많은 편은 아니었던 것 같습니다. 항상 저희 먼저 생각해 주시고 잘 키워주셔서 정말 감사합니다.

부모님 덕분에 크게 아픈 적 없이 지금까지 건강하게 생활할 수 있는 것 같습니다. 이제 부모님의 건강을 제가 더욱 보살피는 아들이 되도록 노력하겠습니다. 아직까지 쉬지도 못하시고 일하는 부모님을 보면 존경스럽습니다. 그리 길게 하지 않았지만 사회생활을 해보니 아직 일하시는 부모님이 얼마나 대단한지 새삼 느끼게 되었습니다.

결혼을 하고 독립하여 가정을 꾸리며 살아간 것도 어느덧 4년이 되었습니다. 한 가정의 가장이 되어보니 아버지의 무게를 조금이나마 느끼고 있습니다. 저도 아내와 살아가며, 아이를 낳고 키워보니 큰 책임감을 하루하루 느끼고 있습니다. 더불어 가족의 소중함도 느끼고 있습니다.

아이가 아파 병원에 입원했던 적이 있습니다. 입원해 있는 동안 병원 옷을 입은 아이를 보니 눈물이 날 것만 같았습니다. 큰 병은 아니지만 아이가 무서워하고 아내가 걱정하는 모습을 보니 너무 힘든 시간이었습니다. 제가 어릴 때 아프거나 다쳤을 때 부모님도 저와 같은 마음이었을 것 같습니다. 부모님의 사랑을 다시 한번 느낄 수 있는 시간이었습니다. 감사합니다.

요즘 손주 보는 기쁨으로 살아간다고 항상 말씀하시는데, 손주 걸음걸이 애교 하나에 무척 좋아하는 모습을 보면 제가 다 기분이 좋습니다. 좋아하시는 손주 오랫동안 볼 수 있도록 건강하셔야 합니다. 자주 연락하고 찾아뵙도록 하겠습니다.

2023년 11월 관우

• 사랑하는 아들 황지우에게

지우야 안녕! 아빠야. 너에게 편지를 쓰는 게 처음은 아니지만, 이렇게 마음을 전할 때마다 아빠는 여전히 쑥스럽다. 그만큼 평소에 너에게 감정표현을 자주 하지 않은 이유라 생각하니 씁쓸하기도 하면서, 아빠 스스로 반성도 많이 해야겠단 생각이 들어. 그런 반성과 함께 특별한 감사의 마음을 표현하고자, 아빠는 너에게 이렇게 편지를 쓴다.

네가 이 세상에 나오고 엄마, 아빠와 함께한 지 벌써 9년이란 시간이 흘렀어. 너에게 많은 것을 해주지 못했음에 항상 미안한 마음이 많이 크구나. 무엇이든 처음이 어렵고 시행착오가 많기 마련인데, 네가 엄마, 아빠의 첫째로 이 세상을 나오다 보니 서툴고 부족한 부모의 보살핌을 받은 게 아닌가 싶어 이따금 마음이 착잡하다.

사실 표현을 잘하든 못하든 사소한 것에도 가슴 속 깊이 감사하는 마음을 가지는 게, 아빠는 인생에서 매우 중요하다고 생각해. 우리 아들도 표현은 서툴지만 엄마, 아빠를 포함해서 지우를 사랑해 주시는 많은 분들께 항상 마음속 깊이 감사하는 마음을 가지고 있다는 것이 아빠는 느껴져. 그래서 아빠는 우리 아들을 보는 매 순간, 많이 대견하고 사랑스럽다.

인생을 살면서 좋을 때도 있고 나쁠 때도 있는 것처럼, 누군가에게 능숙한 모습을 보일 때도 또 서툰 모습을 보일 때도 있는 것 같아. 무엇보다 중요한 건 그 상대에 대한 진심이 담긴 배려와 마음이라고 생각해. 누구를 대하든 사려 깊고 따뜻한 마음으로 함께하고, 그분들로부터 오래오래 사랑받는 황지우가 되길 기대해.

지난가을 새 학기와 함께 학교에서 부모 초청 공개수업을 했던 날이 떠올라. 일반적인 너의 주변 친구들과는 조금 다른 너의 행동을 보면서, 아빠는 그날 마음이 많이 아팠어. 평소 친구들과 잘 어울리지 못하는 건 알고 있었지만, ADHD 증상으로 또래들 중에 유달리 행동이 특이한 너를 실제로 본건 처음이다 보니, 교실에 있던 그 짧은 시간 동안 여러 번 울컥할 만큼 마음이 격해지더라.

그래도 아빠는 우리 지우가 이 아픔을 오래 걸리지 않아 극복하리라는 믿음이 있어. 부산하고 어수선한 그 마음속이 아빠는 어렴풋이 기억이 나. 그리고 자연스레 잘 극복했던 거 같아. 네가 다른 세상이 아닌 내품속에서 나왔다면, 나를 닮았다면, 그 아픔 또한 잘 극복할 거 같아. 학교에서 많이 힘들 텐데, 집에서 힘든 내색 없는 네가 아빠는 많이 고맙고 대견하다. 오늘도 내일도 또 그다음 날도, 아빠는 마음속 깊이 우리 황지우를 응원해. 많이 고맙고, 사랑한다. 우리 행복하자!

–♥아빠 황규현♥–

2-4 문화체험

김대민 1기

잠을 자기 위해 눈을 감기 전에 시계의 알람을 설정하며 시간을 확인한다. 또 날이 지난 새벽 1시 늦은 잠을 자기 위해 눈을 감고 오늘 하루 무엇을 하고 어떻게 지나갔는지 곰곰이 생각을 정리해 본다. 매일 수많은 일이 일어나고 새로운 경험과 시간을 보내지만, 특별히 한 것은 없으며 기억에 남는 일도 없는 보통 하루의 시간이 반복된다. 그러면서 나의 하루는 이렇게 지나간다.

요즘은 문득 시간에 대한 고민이 많이 생긴다. 이 세상의 사람뿐만 아니라 모든 것에 동등한 시간이 주어지는데 나에게는 이러한 시간이 부족함을 느낀다. 하루의 시간이 2시간 정도만 더 생기면 정말 많은 것을 할 수 있을 것 같은 그런 답답함과 허상을 기대하게 된다. 그것은 지금의 나의 생활에 여유가 없는 것일까, 내가 시간을 잘못 보내고 있는 것일까? 누구나 같은 시간이 주어지지만 왜 나는 그 시간이 항상 부족하다는 생각이 드는 것일까?

항상 나의 하루는 비슷한 패턴의 주기적 반복이 이루어진다. 아침 6시 일어나 출근을 하고 저녁 9시에서 10시 정도 귀가해 항상 새벽 1시 잠이 든다. 가족과 많은 시간을 함께하지 못하는 미안한 마음 때문일까? 주말이면 항상 모든 시간을 가족과 함께하는 것을 우선으로 생활하고 있다. 그러다 보니 정작 나를 위한 시간은 부족해서일까, 항상 시간에 대한 나의 갈증은 해소되지 않는 것 같다. 5월 한 달 동안 나는 그 해답을 찾기 위해 시간에 대한 주제로 몇 권의 서적과 영화를 보며 생각을 정리해 본다.

《잠자기 전 15분, 아이와 함께하는 시간》 (이영애)

— 이제 여진이도 어느덧 2살이 되어 하루가 다르게 자라고 있다. 하지만 바쁜 일상에 육아의 책임을 아내에게 맡겨두고 아빠인 나는 이런저런 핑계로 한걸음 뒤로 물러서 있는 것 같다. 아내에게 항상 고맙고 미안하다. 도움을 주고 함께하고 싶은 생각에 가장 먼저 육아 관련 책을 펼쳤다.

이 책은 일반적인 아이의 수면 교육 또는 육아 교육에 관련된 책은 아니다. 교육에 중점을 둔 내용이기보다는 제목 그대로 잠자기 전 15분을 얼마나 유익하게 아이와 잘 활용하느냐에 따라 아이의 수면 질과 정서발달 그리고 부모와의 유대관계의 형성에 영향을 줄 수 있다는 현실적인 방법을 제시하고 있다. 나와 같이 초보 아빠에게는 어렵지 않고 생활에 바로 도움이 되는 실용적인 육아의 기초이지만 기본이 되는 내용이 쉽게 설명되어 있다. 잠은 그냥 매일 잘 자면 된다는 생각이었지만 어린아이는 그 잠자는 활동에서도 인지능력과 인성, 두뇌의 발달까지 이루어진다는 사실이 놀랍기도 했고 그동안 그냥 육아에 지친 부모의 탈출구로 아이를 빨리 재우고 휴식의 시간을 가지려 했던 과거 나의 모습을 뒤돌아보며 자아 성찰의 계기가 될 수 있는 시간이 되었다.

《내 마음을 읽는 시간》(변지영)

─

　　　　　　나는 우유부단하기보단 자신의 결정과 주장이 강한 편이라 이 책의 저자가 생각하는 불안한 사람들의 기준과는 조금 다르므로 저자의 의도를 공감할 수 없을 거 같은 선입견이 있었다. 하지만 현실의 불안함을 벗어나기 위해 고민하는 나에게 심리적인 스트레스의 원인과 해결책을 제시하는 5장 이후의 후반부에서 행복을 위한 새로운 대안을 제시해 주었다. 나는 왜 그럴까, 남들과 다르게 뒤처지고 늦어지는 건 아니겠냐는 타인과 비교하며 행복의 기준을 설정하는 단순한 마인드보다는 자신의 만족감, 심리적으로 편안함 같은 기본적인 낮은 강도의 긍정적인 마인드가 중요하다는 다른 시각의 행복한 삶의 방향성을 제시해 주고 있다. 불행하다 생각될 때 자신을 자책하기보다는 온전히 나에게만 집중하여 생각해 본다면 많은 것에서 자유로워지고 새로운 행복을 찾을 수 있을 것 같은 기대를 하게 해준다.

　주말 늦은 저녁은 나에게 유일한 나만의 시간이 주어지는 순간이다. 무거워지는 눈을 애써 참으며 그 시간을 조금 더 즐기고 싶은 마음에 나를 위한 영화감상의 기회를 얻었다. 유료 인터넷 서비스를 통해 집에서도 영화를 자유롭게 볼 수 있는 서비스가 보편화되어서인지 실제 경험해 보니 그동안 영화를 보기 위해 가까운 영화관에 가서 표를 사고 정해진 시간을 기다리며 영화를 즐기던 과거의 영화관 문화가 오히려 불편하게 느껴질 만큼 홈 시네마 시대는 이미 생활화되었다는 것을 느낄 수 있었다.

그리고 한 달 동안 시간을 주제로 만들어진 영화를 찾아보았다. 조금은 오래전 상영한 영화에서부터 최근의 상영작까지 장르와 시기는 다양했지만, 영화의 소재로 사용된 시간이라는 주제는 지금 나의 관심을 끌기엔 충분했다. 사람들은 누구나 시간을 자신의 의지대로 조정해 보고 싶은 상상을 할 것이다. 일부 영화에서는 현재를 되돌리기 위해 과거로 시간을 되돌려 현재의 결과를 자신이 원하는 대로 바꾸기도 하고 미래를 바꾸기 위해 시간여행을 하는 내용이기에 감상하는 동안 대리만족을 느끼며 영화를 볼 수 있었다. 하지만 만약 나에게도 시간을 조정할 기회가 주어진다면 지금보다 행복한 인생으로 삶을 변화시킬 수 있겠냐는 고민을 해보게 된다. 영화로도 상영된 나비효과와 같이 지금, 이 순간에 일어나는 사실이 나의 미래에 어떤 영향을 끼치게 될지는 아직 아무것도 알 수 없는 것이다. 다만 현재를 부정하며 과거와 미래에 집착하기보다는 지금 순간에 만족할 수 있는 행복한 삶을 살아갈 수 있다면 그것은 지나온 과거의 시간과 앞으로 만들어질 미래의 시간에 대한 충분하고 최선의 삶의 방식이 될 수 있다고 생각하게 된다.

비록 지금 나에겐 시간이 부족하고 삶에 대한 불만족과 기대치가 크지만, 그 속에서도 자세히 들여다보면 행복을 누리고 삶아가고 있다는 걸 느낀다. 그래도 나는 힘든 오늘 하루에도 많이 웃었기 때문이다. 아마 오늘 내가 웃었던 그 순간에는 행복했었던 것 같다. 내일은 그 행복한 웃음을 기다리며 지금 순간을 즐기며 살아가겠다.

내가 경험한 문화 콘텐츠 List이다. 시각적으로 쉽게 접할 수 있는 영화가 주를 이루고 있으며 오랜 시간이 걸리는 책은 두 권밖에 읽지 못했다. 또한 다른 이의 추천을 받았던 일본 드라마도 볼 수 있는 계기가 되었다.

〈미나리〉
—   우선 미나리는 윤여정 배우의 아카데미 여우조연상 수상작으로 보고 싶었던 영화였다. 여우조연상 수상을 받았던 작품이라 윤여정 배우의 등장만으로 무엇인가 변화되고 위기를 극복하는 계기가 될 거라고 짐작하며 영화를 보게 되었다. 하지만 나의 예상은 빗나갔다. 후반부에, 농장에서 수확한 농작물을 모아 놓은 창고를 홀랑 태우게 만든다. 하지만 그것으로 가족들이 새롭게 시작할 수 있는 계기를 만들어 준 것이 아닌가 생각하게 한다. 할머니를 좋아하지 않았던 손주들이 집으로 같이 돌아가자는 말을 먼저 건네주고, 헤어질 수 있었던 가족을 다시 연결하게 하는 계기가 된 것으로 보인다. 결국 가족은 함께 있어야 하며 소소한 행복을 공유할 수 있어야 한다고 느꼈다. 우리 가족도 윤여정의 가족과 비슷한 것 같았다.

현실 생활에 지쳐 있으며 나름의 발전을 위해 더 좋다고 생각하는 것으로, 아버지로서, 어머니로서, 할머니로서 해야 할 역할을 하기 위해 부단히 노력하는 모습이 안쓰럽게 느껴졌다. 함께하는 것이 가족이라고 느꼈다.

〈Holes〉
—

　　　　　　〈Holes〉라는 영화는 아내가 추천하여 가족 모두 TV 앞에 앉아 보게 되었다. 스탠리라는 주인공은 제로라는 친구를 만나 100년 전 가족의 저주를 풀 게 된다는 이야기이다. 등장인물 간의 연결이 매우 촘촘하게 되어 있어 꽉 찬 구성력을 보여준다. 모든 것에는 우연이라는 것이 없다. 그렇기 때문에 신중한 태도를 가져야 한다고 느낀 영화다.

〈더 프레스티지〉
—

　　　　　　〈더 프레스티지〉는 최고가 되고 싶어 하는 마술사의 이야기이다. 나보다 뛰어난 사람을 시기하고 질투하며 그 사람의 것을 빼앗으려는 사람들의 비참한 인생의 이야기다. 그러한 내용이 복수라는 틀을 가지고 영화는 풀어나간다. 프레스티지는 마술쇼에서 마지막 대 반전을 말하는 용어로써 사용되고 있다. 결국 주인공 두 명은 프레스티지를 통해서 한 명은 죽고 쌍둥이 한 명도 죽으면서 영화는 끝이 난다. 매우 씁쓸한 영화다. 인생이 무엇인지, 어떠한 것을 가치로 생각하며 살아가는지가 중요하다고 생각하게 되었다.

〈너의 이름은〉
—

　　　　　　일본의 동일본 대 지진을 모티브로 하여 만든 애니메이션 〈너의 이름은〉에서는 혜성을 매개체로 사용하였다. 타임워프를 소재로 하여 두 남녀 아이의 몸이 바뀌게 되고 그것으로 일어나는 헤프

닝이 있으며 결국에는 혜성 충돌로 몰살하게 된 마을 주민을 과거 시간으로 돌아가 모든 마을 주민을 살리게 된다는 영화다. 그리고 끝으로 주인공 남녀는 서로를 정확히 기억하진 못하지만, 항상 그리워하고 있었고 마지막에는 서로 알아보며 이름을 물어보며 영화는 마치게 된다. 애니메이션을 보면서 연애 감성이 물씬 느껴졌고 마음이 뭉글뭉글해졌다.

〈나미야 잡화점의 기적〉

〈나미야 잡화점의 기적〉은 책을 먼저 읽고 영화를 보게 되었다. 이 도서 역시 타임 러프를 활용한 내용이었다. 책에서의 상상력이 영화를 통해서 고정되어 버리는 것을 느낄 수 있었다. 책을 즐겁게 읽었다면 영화는 안 보는 것이 좋을 것 같았다. 책의 감동과 즐거움을 영화로는 모두 표현이 안 되었고 이미지화한다는 것이 모두 좋은 것은 아니라 생각하게 되었다.

〈변두리 로켓〉

〈변두리 로켓〉, 일본 드라마는 밸브를 개발하는 과정과 그것을 지키려는 엔지니어의 자존심을 엿볼 수 있는 드라마이다. 내가 하는 일과 비슷한 부분이 많이 있어 흥미롭게 보게 되었으며 일본어도 익힐 수 있을 것 같다. 다음에 〈변두리 로켓〉 시즌 2를 봐야겠다. 우리 개발팀에 추천해 주고 싶은 일본 드라마이다.

지금까지 경험한 나의 문화 콘텐츠 10편 중에서 간략한 설명을 하였다. 명품인생대학 이번 과제를 통해 우리 가족이 모여 하나의 콘텐츠를 공유하고 서로 이야기할 수 있는 시간을 가져 행복했다. 소소한 작은 행복감이 서로를 아끼는 마음으로 표현될 수 있었다. 일상에서 단조로움을 벗어나는 하나의 작은 물결과 같이 느껴졌다. 이번 과제는 가족 그리고 나 자신을 다시 볼 수 있는 소중한 시간이었다.

일본 애니메이션, 드라마를 통해 일본어 학습이 가능하다고 생각하게 되었으며 재미와 공부를 얻을 수 있을 것 같다. 더 노력해서 자막 없이 볼 수 있는 날이 오도록 노력할 것이다.

김병곤 1기

새로운 지식을 배워가며…

작년부터 코로나로 인해 비대면 동영상 강좌, 특히 유튜브에서 쉽게 접할 수 있는 지식 학습 프로그램을 여러 번 시청하게 되었다. 물론 카이로 스님이 항상 메신저를 통해 늘 보내 주셨다. 주로 사고의 전환, 실생활에 도움이 되는 아이디어, 자기 발전에 필요한 지식, 역사 이야기 등이 주제인 프로그램이었다.

*가장 기억에 남는 것은 김경일 교수의 인지심리학 내용이다.

나는 3년 전만 해도 직접적으로 업무에 연관되지 않는 새로운 분야의 지식을 배워가는 것에 관심이 없었다. 그러나 명품인생대학의 인연을 계기로 전혀 관심 없었던 내게 카이로 스님이 보내주시는 강좌들을 하나씩 접하다 보니, 재미도 생겨나고, 내 인생과 연관되는 내용들도 보이게 되어 더욱더 흥미로운 시간이 되고 있다. 처음에는 수동적인 시청이었지만 시간이 지날수록 주제들을 능동적으로 찾아보게 되고, 지금은 새로운 습관이 되어 나의 생활이 조금은 알차게 된 것 같아 보람도 느끼고 있다.

최근에도 한 달에 한두 번은 내가 직접 관심 있는 프로그램을 찾아서 보게 되고 좋은 지식과 정보를 알아 가고 있다.

메탈리카 공연 영상을 다시 보며…

나는 X세대이다. 94학번, 서태지의 등장, 힙합바지, 삐삐, 시티폰 등등,,,

X세대라는 말은 1991년 캐나다 작가 더글러스 커플랜드의 소설 《X세대 Generation X》에 서 유래되었다. X세대는 '주위의 눈치를 보지 않는 개성파였으며 경제적 풍요 속에 성장했던 세대로 경제적으로 원하는 것은 무엇이든 얻을 수 있었던 세대'였다.

이번에 이리저리 무언가를 찾던 중, 내가 고등학교 방송부 시절 가장 즐겨 듣던, 그들의 음악이 다시 눈에 띄었고, 가장 좋아했던 앨범인 Enter sandman, 한국 공연 동영상이 있어 아주 오랜만에 감상을 하게 되었다.

공연 실황을 보던 내내 옛날의 감성이 올라오고 심장의 비트 수가 빨라짐과 동시에 최근에 90년대 시절의 음악을 회고하는 프로그램에도 눈이 갔다. 서태지, 듀스, 김건모, 신승훈, 룰라, 클론, 현진영 등 내 대학 시절 추억의 스타들이 나를 94년도의 추억에 잠기게 하였고, 이와 함께 내 딸의 세대는 무엇으로 불리는지 검색을 하게 되었다. 내 딸은 Z

세대라고 한다. (2004년까지 Z세대)

핸드폰에 글자를 입력하는 속도 차이이고, 이모티콘 사용부터, 내가 모르는 이상한 언어까지, 생각과 말하는 것 모든 것이 나와 교집합이 없는 듯하다. 내 딸과 비슷한 세대의 친구들은 나를 중년의 '꼰대'로 바라볼 수 있겠지만 최근 딸과 소통을 잘하기 위해 세대 차이를 줄일 수 있도록 노력하기로 하였다.

유형에 관계없이 새로운 문화는 나의 인생에 새로운 경험과 지식이 되어간다.

3-5년 전 나는 단조로운 인생 패턴이었다. 평일은 동료와 술자리, 스크린 골프, 토요일은 오전 출근, 오후 친구들과의 모임, 일요일은 집에서 쉬면서 단순히 스포츠 감상에 일본어 공부 등 몇 년간 이런 반복적인 삶을 살아왔다.

지금부터라도 단조로움에서 벗어나 다양한 활동과 새로운 지식에 대한 공부를 통해 다양한 문화를 접하면서 가치 있는 인생과 진정한 리더로서의 성장하여 다른 이에게 가치를 주는 사람이 되기를 희망한다.

요즘 회사에서 팀장으로서 오랜 시간 동안 노력하며 걸렸던 일이라도 새로운 방향이 필요하면, 과감하게 버리고 새로운 방법들을 찾기 위해 노력하고 있다. 아쉬움에 변화하지 않고 끌고 가는 것보다는, 늦었지만 변화를 선택하는 삶이 내게는 필요한 것 같다.

열 가지 문화 콘텐츠

1) 스포츠 관람(프로야구): 롯데:두산, 롯데:NC, 롯데:한화
2) 독서: 《화폐전쟁》, 《아무도 모르는 기적》
3) 영화: 〈자산어보〉, 〈미나리〉, 〈식스 센스〉(다시보기)
4) 뮤지컬: 〈캣츠〉(유튜브), 〈위키드〉(부산 드림시어터)

문화생활 열 가지에 대하여 처음에는 '무엇을 해야 할까'라는 막막함과 고민이 있었다. 여러 생각 끝에 내가 하고 싶은 것 다섯 가지와 가족과 함께 하고 싶은 것 다섯 가지로 콘텐츠를 정하였다. 내가 좋아하는 야구 관람 3경기 중 최소 1경기는 야구장을 가고 싶었으나 코로나로 상황이 여의찮아 야구 중계로 시청하였고, 독서 두 권은 저녁 시간과 주말에 틈틈이 읽었다.

가족과 함께하는 문화 콘텐츠로 영화 3편과 뮤지컬 2편을 각자의 추천으로 선정하였다. 영화 3편 중에 가족들이 가장 기억에 남은 것으로 내가 추천한 〈식스 센스〉가 선정되고 심지어 이해가 안 되는 부분이 있다며 다시 보자고 해서 나의 설명과 함께 재관람까지 하였다. 나도 다시 보니 4번째지만 새로운 부분이 보였다. 뮤지컬은 작년에 〈오페라의 유령〉을 유튜브로 보고 너무 기억에 남은 큰딸의 추천으로 〈캣츠〉(유튜브)와 〈위키드〉(부산공연)를 관람하였다. 사실 이번 문화 콘텐츠 중 가장 기억에 남는 것이 뮤지컬 관람이 있다. 예전에 안중근을 주인공으로 한

'영웅'이라는 뮤지컬을 본 적이 있는데 당시에 감동은 있었지만 기억에 남지는 않았다. 하지만 〈캣츠〉를 볼 때는 〈MEMORIES〉 메인 테마곡이 유독 기억에 남는다. 사실 〈오페라의 유령〉과 달리 한글 자막이 제공되지 않아 가족 모두가 더듬더듬 공부와 이해를 병행하면서 보았는데 그래서 더욱 음악과 노래가 감동을 준 것 같다.

이후 〈위키드〉라는 《오즈의 마법사》를 살짝 뒤튼 내용의 뮤지컬이 부산에서 공연한다는 것을 알고 급하게 예약을 알아보고 옥주현이 주인공인 공연으로 꼭 보고 싶다는 큰딸의 의견을 반영하여 2층 측면자리를 겨우 구하여 관람하였다. 사실 좋은 자리가 많은 다른 주인공 공연과 옥주현이 큰 차이가 없을 거라 생각으로 관람을 시작하였는데 아이들은 공연으로 처음 보는 뮤지컬에 1막과 2막 중간 쉬는 시간을 제외하고 눈을 떼지 않고 집중해서 보았으며, 옥주현이 왜 티켓파워 1등인지도 알겠다는 생각이 들었다. 우리 가족이 관람한 공연의 전 주 공연에서 목 이상으로 환불했다는 뉴스도 보아서 걱정했는데 정말 프로답게 관리를 잘하여 멋진 공연을 볼 수 있었다. 부산 공연이라고 중간에 사투리를 섞어 재미를 준 부분이 현장에서 보는 관람의 재미라고 느꼈다.

이번 문화 콘텐츠를 경험하면서 너무나 즐거운 가족과의 시간을 보낼 수 있었고, 공통 관심사가 생기는 순간이었다. 나는 우리 가족에게 유튜브로만 본 뮤지컬 〈오페라의 유령〉을 대표님은 서울에서 오리지널 팀의 내한 공연으로 보셨다고 하니 진심으로 부러워했다. 이번 여름방학에도 또 좋은 공연이 있으면 보려고 알아보는 중이고, 언제가 될지는 모르지만 〈오페라의 유령〉도 또다시 내한 공연이 있다면 1층 가운데서 꼭 보러 가자고 약속했다.

요즘도 종종 공연 이야기를 하는 아이들과 아내를 보면서 지금 사춘 기인 첫째, 사춘기가 오고 있는 둘째와 자연스럽게 대화를 할 수 있는 계기가 되었고 나도 즐거운 시간이었다.

문서영 2기

아침에 일어나 출근하고 정신없이 업무보고 집으로 돌아와 아이를 보살피는 반복된 생활을 하는 나에게 문화 콘텐츠 활동은 삶에 활력을 불어넣어 준다. 삶을 살아가기 위해서 문화 콘텐츠 활동은 꼭 필요하다 고 생각한다. 어떤 문화 콘텐츠 활동이 지금의 나에게 활력을 주는지? 찾아서 행동으로 옮겨야 한다. 업무와 일을 분리할 수 있는 활동을 통해 서 여유를 되찾고, 또 다른 삶의 즐거움을 느낄 수 있다. 회사 업무와 육 아만으로는 인생의 만족감, 즐거움, 행복함을 느끼기에는 너무나 부족 하기 때문이다.

지금은 아이와 함께할 수 있는 문화 콘텐츠가 충분히 행복하지만, 아 이가 성장하면 나를 위한 콘텐츠 활동을 할 것이다. 문화 콘텐츠 활동은 일상생활 속에서 쌓인 스트레스 해소뿐 아니라 삶에 힐링과 위로가 된 다. 일도 중요하지만, 삶의 질을 높여야 행복하게 살아갈 수 있다. 다시 말해 일하지 않는 시간을 어떻게 보내느냐에 따라 삶의 행복감이 달라진다. 바쁜 현대인들에게 문화 콘텐츠는 생활에 쉼을 주고 심신을 재충전하여 일과 삶의 균형을 맞추어 주는 중요한 활동이라고 생각한다.

이번 과제로 10개의 문화 콘텐츠 활동을 하면서 각각 다른 감정과 행복을 느꼈다. 다양한 경험이 인생을 풍요롭게 한다는 생각이 들었다. 지금을 살아가는 젊은 사람에게 문화 콘텐츠 활동도 물론 필요하지만, 세월이 흘러 노인이 되었을 때 여생을 건강하고 즐겁게 보내기 위해서도 필요하다. 다시 말해 문화 콘텐츠는 행복한 삶을 위해서는 없어서는 안 되는 소중한 활동이라고 생각한다.

이용석 2기

먼저 문화 콘텐츠 경험에 대한 글을 쓰기 위해 많은 것들을 검토해 보았다. 사실 요즘은 연극, 영화, 뮤지컬, 드라마, 애니메이션까지 마음만 먹으면 인터넷으로 얼마든지 경험해 볼 수 있다. 하지만 지금 내가 관심을 가지고 꼭 하고 싶은 것으로 목표를 정하고 싶었다. 하여 지금 최선을 다해서 읽고 있는 책들을 더 집중적으로 많이 읽어보는 것으로 목표를 정하였다. 그리고 그 책들에서 느낀 감정들을 소개하려 한다. 내가 읽은 책은 모두 내가 읽고 싶어서 읽은 책만은 아니다. 아내가 추천해서 읽은 책부터 아이에게 읽어준 책, 내가 관심이 있는 책까지 여러 가지 책이 있다.

그 책들에 대해서 가장 감명 깊었던 부분에 관해서만 서술하려 한다. 《종이 동물원》이라는 책은 미국으로 팔리듯이 결혼을 한 여자가 미국에서 살아가며 한 아이를 키우는 내용이다. 이 여인은 중국의 아주 작은 마을 종이를 접어 여러 가지 동물의 모습을 만들어 파는 곳이었다. 너무 가난하여 미국으로 팔리듯이 결혼을 하기를 선택하며, 미국에서 결혼하여 아이를 낳는다.

하지만 우리나라도 마찬가지 다문화 가정이 살아가기 쉽지 않다. 아이는 미국에서 태어나 영어를 사용하면서 문제가 되지 않지만, 이 여인은 중국을 그리워하며 미국에서도 중국에서 생활하는 것과 마찬가지로 살아간다. 아이가 어릴 때는 이 종이 동물을 가지고 노는 것을 좋아하지만, 성장함에 따라 이런 중국 문화로 인해 현 사회(미국)에서의 생활이 어려워 짐을 느끼게 되고 종이 동물과 마찬가지로 엄마와의 관계도 멀어진다. 하지만 엄마는 언젠가 아이가 커서 이 종이 동물들을 다시 볼 것이라는 기대로 편지를 적어 종이 동물을 만든다. 이 책은 이 아이가 커서 엄마가 돌아가신 후 우연히 종이 동물을 확인하고 거기에 중국어로 적힌 내용을 확인하고 이 책을 쓴다. 감성적으로 메말라 있는 나에게 부모의 소중함을 다시 한번 느끼게 해주는 책이었다.

《피어》를 읽고 난 후에 나는 달라진 것이 있다. 이 책은 행복지수에 관해 확인을 하는 행위에서 한 걸음 더 행복에 가까워질 수 있다고 말한다. 과연 나의 생활에서 가장 행복지수가 높은 활동은 무엇인가? 일(고객 면담, 서류작업, 목표 수립)하고, 취미생활(운동, 독서), 가족과의 생활(아이들과의 놀이, 아내와의 대화), 친구와의 만남 등의 모든 일에 행복지수를 정하고 가장 행복지수가 높은 부분을 기준으로 시간 배분을 하는 것이다. 결과적으로 나는 아이들과의 놀이가 가장 행복지수가 높았다. 그래서 친구들과의 약속도 주말에는 잡지 않는다. 그리고 회사에서 퇴근하면 일에 대해 생각하지 않으려 노력한다. 일할 때는 최대한 늦게 퇴근하지 않으려 집중력을 높인다. 2개월이 흐른 지금은 이런 적은 노력에도 내 얼굴이 바뀌었음이 느껴진다.

《그림 한 권의 책》은 한 교사가 아이들과 함께 그림책을 만들 시작하면서 발생한 에피소드에 관해 기술하고 있다. 아이들이 책을 만들며 보여주는 재치와 그 나이에 바라보는 세상의 변화, 자기들의 생활은 어른들이 바라보는 세상과는 아주 다르다. 부모의 기준에서 아이들의 말과 행동을 평가해서는 안 된다. 아이들을 알기 위해서 더 세세히 아이들의 말과 행동의 이유에 대해 아이에게 물어보고 아이와 함께 생각하여 결정해야만 한다.

《테슬라 모터스》는 어떻게 보면 나의 스트레스를 해소하기 위한 독서였다. 짧게 추진하였지만, 전혀 문외한인 배터리 부분의 영업을 위해 나는 많은 정보가 필요했다. 가까운 지인 중에 배터리 전문가도 없을 뿐만 아니라, 계속 질문을 할 수도 없었다. 그래서 《테슬라 모터스》를 읽기 시작했다. 배터리의 구조 및 시행착오, 배터리 적용 이유, 테슬라가 추구하는 방향, 테슬라가 꿈꾸는 미래 이 책을 읽으며 조금은 이해할 수 있었다. 그런 노력의 성과일지 볼보 배터리 담당자(삼성 SDI 출신)와 면담할 기회가 있었으며, 그분의 얘기를 더 많이 이해할 수 있는 계기가 되었다.

《퍼펙트 스톰》은 10년 전 각국 저명인사들이 미래를 예측하고 너 나은 미래를 준비하기 위한 지식 교류 행사인 세계지식 포럼에서 각 인사들의 주장과 위기 해결을 위한 방안에 관해 얘기하고 있다. 각 인사들의 공통적인 주장은 창의성과 리더십, 윤리성, 행복 등에 포커스가 맞춰져 있다.

《내일을 바꾸는 작지만 확실한 행동》이란 책을 한마디로 설명할 수 있다. 책 내용 중에 나와 있는 문구로 한 인디언 추장이 한 말이다. "사람들은 나무를 베어내고 강물을 마르게 하여 물고기들이 다 죽고 나면 그제야 돈을 먹을 수 없다는 것을 알게 될 것이다" 아주 감명 깊은 문구였다. 이 책의 시작은 사람이 자연으로 되어 있는 그림에서 시작된다. 큰아이에게 이 책을 읽어주며, 읽고 있는 나 자신도 늘 생각해 왔지만, 이 문구 하나로 모든 생활을 다시 한번 생각해 볼 수 있는 계기가 되었다. 아이가 있다면 꼭 읽어주길 추천한다.

《신도 버린 사람들》이란 책은 우리가 얕은 지식으로 알고 있는 인도의 카스트 제도에서 시작된다. 우리 카스트 제도의 계급을 위에서부터 브라만(사제), 크샤트리아(왕족, 무사), 바이샤(농, 공, 상인), 수드라(노예)라고만 알고 있다. 하지만 이 계급에도 들어갈 수 없는 불가촉천민이라는 계급이 있다. 제목에서의 신도 버린 사람들은 이 불가촉천민을 나타내는 말이다. 인도에서는 불가촉천민을 전생의 죄를 지어 태어난 인간이라고 판단한다. 하여 개도 마실 수 있는 물을 마실 수 없으며, 같이 밥도 먹을 수 없다. 교육도 받을 수 없고, 힌두교 사원에도 들어갈 수 없지만 힌두교를 믿는다. 가장 중요한 것은 불가촉천민만의 이름이 있어 이름만 들어도 가촉천민이라는 것을 나타내기에 숨길 수도 없다. 이런 계급사회에 반하여 살아온 한 남자의 삶을 아들이 책으로 펴낸 것이다. 이 아들은 미국에서 교육을 받고 금융관계자로 근무하며, 아직도 인도에 와서 사원을 들어갈 때는 가슴이 떨린다고 한다. 자신이 불가촉천민이기 때문에… 인도에 관심이 있다면 꼭 이 책을 읽어보길 바란다. 인도인들의 역사와 삶을 책을 읽음으로 간접 경험이 가능하리라 생각한다.

조낙현 2기

다시금 명품인생대학을 통해 내 자신을 들여다보는 시간을 가지게 되어 참으로 고마움을 느낍니다. 이번 과제 '문화 콘텐츠 경험'을 정리하다 보니 나이 40이 지나면서 여가를 보내는 방법이 점차 변화되었다는 것을 알 수 있었습니다.

가족들과 함께 여행, 캠핑 등을 주로 보냈던 때가 30대라면, 40대에 들어서면서 훌쩍 커버린 아이들은 각자의 사회로 들어가 버리고, 자연스레 혼자 또는 아내와 보내는 시간이 늘어나면서, 독서, 청음, 음악 감상 등이 나의 여가 생활의 한 부분으로 자리 잡았습니다.

최근 2년 동안 공부가 아닌 마음의 양식을 위한 독서와 청음을 지난 40년보다도 많이 했다는 것이 저 자신도 놀라게 하더군요. 그리고 늘어나는 마음의 양식이 자연스레 나의 화법이나, 대화의 기술에 묻어 남을 느끼면서 독서의 참맛을 이제 느끼기 시작하는 듯합니다. 최근 몇 년 새 많은 책을 읽고 기억에 남는 공통분모를 하나 선정해서 공유코자 합니다.

내가 공유하고 싶은
문화 콘텐츠 주제: 신념

—   전쟁 속에서 빛을 발하는 리더십, 훌륭한 스승과 제자, 위대한 성인의 이야기 등 한 번쯤 경험해 본 글과 영화 속에서 다양한 신념을 바탕으로 한 이야기들이 많습니다.

신념의 사전적 의미는 信念:
굳게 믿는 마음

—   종교적인 의미로 국한되기보다는 더 넓은 의미에서 많이 통용되는 단어로써 유의어로는 '신조, 소신, 믿음, 확신, 신심' 등의 단어들이 있습니다.

제가 경험한 문화 콘텐츠 속에는 각자의 신념을 바탕으로 조직 내에서, 또는 국가 더 넓게는 인종들 간에서 어떠한 영향력을 발휘하고, 삶에 묻어나는지를 살짝만 맛을 보고 이야기할까 합니다.

글 속에서 찾은 신념

—   **1)《네이비씰 승리의 기술》**(조코 윌링크, 레이프 바빈)

이 책은 이미 리더십 관련 분야에서는 잘 알려진 책입니다. 미국 최강의 네이비씰 출신의 두 저자가 실전을 경험으로 한 리더십의 바이블과 같은 것으로 유명합니다. 이 책에서 조직 내 신념은 어떻게 하면 만들어지는지를 잘 설명해 주고 있습니다. 조직 안에서 마치 모세의 십계

명과 같이 리더십을 위해 명심해야 하는 기본 규칙을 얼마나 상황에 맞게 잘 지켜야 하는지를 설명하고 그 결과가 신념과 신의로 나타난다는 것을, 실전을 바탕으로 잘 기술되어 있습니다.

겸손하라. / 모든 것을 다 아는 것처럼 행동하지 마라. 경청하라. / 사람들을 존중하라. / 실패와 실수에 책임져라. / 성공에 대한 공로를 아랫사람에게 돌려라. / 열심히 일하라. / 정직하라. / 균형을 잡아라. / 결단력을 가져라. / 관계를 맺어라. / 일을 성취하라.

다 맞는 말이고 중요한 바이블과 같은 규칙이지만, 얼마나 상황에 맞게 잘 준수하느냐에 따라 조직 내에 신념, 신의가 형성됨을 보여주기에 군대가 아닌 일반 사회 조직에서도 충분히 통용될 수 있는 책이라 생각합니다.

2) 《한자와 나오키》 (이케이도 준)

지금까지 영화와 글 속 신념의 의미가 무겁고 거룩한 점이 있다면, 이번에 소개할 소설 속의 주인공이 가진 신념은 아주 단순하면서 직관적인 신념을 가지고 있습니다.

'당한 만큼 갚아준다. 부조리한 일은 절대 용납하지 않고, 불합리한 상대에게는 지위 고하를 막론하고 바른말로 맞받아친다' 단순 무식한 신념이라 생각할 수 있지만, 이를 하나씩 실천해 나가는 주인공의 모습이 독자들에게 대리만족을 주는 것 같습니다. 여기서 중요한 점은 주인공이 아무리 어렵고 난해한 상황에서도 그 단순 무식한 신념을 굽히지 않고 풀어 간다는 점입니다.

이쯤 되면 타협을 해야지 않을까? 여기서 그만해야 내 주위 사람이

다치지 않을 것인데? 라는 상황들이 계속 발생하지만, 굴하지 않는 주인공의 신념은 대단하다고 생각이 듭니다.

3) 《변두리 로켓》 (이케이도 준)

변두리 동네 중소기업인 쓰쿠다 제작소에서 대기업을 상대로 로켓 냉각장치에 대한 개발과 도전을 이야기한 소설입니다. 이케이도 준 작가의 소설을 즐겨 읽다 보니 3번째 글도 그의 소설이 되었습니다. 이 소설 속에 신념은 바로 스쿠다 제작소의 사장이 가진 기술에 대한 신념입니다.

과거에도 지금도 일본에는 장인정신과 기술을 기반으로 중소기업들이 일본 경제를 받쳐주고 있습니다. 그들이 가진 기술 부심은 그야말로 대단하며, 마치 하나의 신념과도 같은 것이 되어 버린 사례가 많습니다. 소설 속 주인공이 가진 신념은 뚝심과 많이 닮은 점이 있습니다만, 그 밑바탕은 자기를 믿고 따라주는 직원들의 신뢰가 아닐까 합니다.

4) 《나관중의 삼국지》: 신념의 종합선물세트 같은 책

이미 삼국지를 읽어보시거나 중국 드라마로 보신 분들이 많을 것입니다. 드라마보다는 소설을 통해 삼국지를 접해 보신다면 그 속에 얽혀 있는 등장인물들 간의 신념, 신의, 신조, 소신 다 나오는 책이었습니다.

지금까지 이야기한 신념의 사례보다는 더욱 광범위하지만, 그들 신념의 시작은 한왕조의 재건이라는 대의(大義)명분 아래 형성되어 있다는 점입니다. 설명하기에는 너무 많은 내용이라, 책을 한번 읽어보시길 추천합니다.

명품인생대학을 통해 처음으로 주제를 정한 후 콘텐츠를 감상해 봤습니다. 과거에 봤던 영화나 글이지만, 신념을 주제로 다시 보게 되니 무심코 넘겼던 장면이나, 주인공의 고뇌 등이 더 와닿는다는 것을 느꼈습니다. 신념을 다룬 더 많은 영화와 소설이 있기에 연말까지 천천히 하나씩 보는 즐거움을 가져보겠습니다. 감사합니다.

조영욱 2기

미처, 생각하지 못한 일상생활 속의 모든 것들이 문화 콘텐츠라는 범주 안에서 이루어지고 있다는 것을 이번 과제로 알게 되었다. 무심코, 일상 속에서 보는 휴대폰 하나에도 많은 문화 콘텐츠를 경험하고 있는 것이다. 잠시 시간 있을 때 보는 영상, 네이버 카페, 뉴스, 페이스북, 인스타그램 등 여러 SNS을 랜선으로 간접적으로 경험하고 있는 것이 문화 콘텐츠 발전의 산물이 아닐까 생각한다.

코로나 시대를 맞아 직접적인 문화 콘텐츠보다, 간접적으로 경험하고 즐기는 것이 현실이다. 물론 여러 가지 이유로 직접적인 경험을 못하는 실정이다. 난 여러 문화 콘텐츠 중 TVN 프로그램인 〈어쩌다 어른〉을 문화 콘텐츠를 선정하였다.

1) 〈죽도록 했는데?〉 (허태균 교수)
허태균 교수는 사회심리학자로 특유의 감칠 맛 나는 말투가 인상적이었다. "내가 한턱낸다" 무심코 일상적으로 한국인이라면 한번이 아닌, 여러 번 했을 말이다. 무심코 던진 말 안에 오늘 내가 주인공이라는 것을 내포하고 있었다는 것을 알 수 있었다. 생각해 보면 그 말을 던진 나의 본심은 내가 돈을 지불한다는 것이 아닌, 내가 오늘 주인공으로서 자기 자신의 존재를 드러내고 싶고, 한턱낸 것에 대한 보상심리가 있었던 것 같다. 이것을 허태균 교수는 한국인 특이한 행동 중 하나이며, 주체성이라고 표현을 한다 "속도보다는 방향이다" 속도를 중요시 하기보다는 방향성이 중요하다고 말하고 있다.

예로 한 가정의 두 형제의 굴착기 이야기를 들어주면서 방향성에 따른 다른 결과를 설명하였다. 열심히 하면 된다고 하는 한국의 사회지만, 무엇을 해야 하는지 모르는 우리라고 말한다. 이것이 가난의 대물림의 근원이라 표현을 하였다. 세계에 유례없이 경제성장을 보여준 한국, 속도가 중요시되던 한국 사회에 경제부흥은 좋지만, 부흥을 일으킨 세대 (50대)와 그 자식들의 갈등으로 힘든 세대(20대)의 관계가 되어 버렸다. 현재 이 시기에 살고 있는 50대와 20대가 가장 대한민국 역사상 가장 힘든 세대라고 한다. 이런 관계를 이사회에서 발생한 사회의 책임이라고 말한다.

허태균 교수의 강의는 일상 속에서 우리가 행하는 행동들이 왜 그렇게 흘러가는지, 옳다고 생각하는 사회에 대한 지적, 그리고 어쩔 수 없이 흘러가야 했던 사회적 방향을 설명해 주고 있다.

2) 〈어쩌다 어른〉 (김창옥 교수)
내가 들은 강의 중 가장 인상 깊었던 김창옥 교수의 〈어쩌다 어른〉이다. 소통 전문가라고 소개하는 김창옥 교수는 사실 TV 예능에 출연한 것을 본 적이 있다. 그때는 그냥 예능으로써 봤길래 "저 사람 뭐지? 느끼하게 생겨서 왜 저렇게 오바하지?" 하면서 TV 채널을 돌렸던 기억이 난다.

강의 내용은 다른 강의들에 비해 듣기 편안한 강의였고, 들으면서 눈물도 흘렸던 강의였다. 예로 이효리와 이상순의 대화 일부 중 "나는 오빠랑 말하는 게 제일 재미있어", " 오빠랑 말하려고 결혼했어" 등 여러 대사를 예로 말해준다. 주거니 받거니 하는 대화 속에 상대방에 대한 반응과 편안함을 주는 대화를 듣는 순간, '난 과연 저렇게 말하고 있는가? 내가 먼저 저렇게 해본 적이 있는가? 과연 난 지금 어떤 말들을 주위 사람과 아내에게 말하고 있는가?'라는 의문이 들었다.

3) 셀프 텔러를 아나요?

한 번씩 경험해 본 아닌, 무슨 문제가 발생하면 나타나는 존재가 셀프 텔러라고 한다. 자기 자신의 마음속에 있는 또 다른 자신과 대화하는 현상이다. 이것도 적절한 상황을 비유하며, "이만하길 다행이다 vs 내 그럴 줄 알았다", '굿 셀프 텔러'와 '베드 셀프 텔러'가 평상시에는 가만히 있다가, 어떤 급한 상황에서 나타나 말을 걸어온다는 것이 핵심이다. 난 굿-베드 셀프 텔러가 마음에서 말을 걸고 있는 것을 느끼고 있었다. 아니 속삭이고 있다.

강의 시청 중 나에게 '"베드 셀프 텔러'가 더 많이 친숙하다고 느껴졌다. 나의 소통적인 문제, 심리적인? 성격상의 문제가 있다는 것을 한 번 더 생각하게끔 만들었고 굿-베드 셀프 텔러와 친숙함을 가지기 위해 나를 변모해야겠다는 생각이 들었다. 마지막으로 '어쩌다 어른'이 되어버린 우리들은 준비되지 못한 채 어른이 되었다고 한다.

어린 시절 행복한 기억, 체계적이지 못한 삶, 온전하지 못한 교육, 가정환경 중요성 등 부족한 인생의 삶을 살다 '어쩌다 어른'이 되어버린 우리들이 이사회에 자화상이 아닐까 싶다. 파트별로 나눠서 이야기해 주는 강의는 강의라기보다는, 일상에서 벌어지는 소통의 문제점을 지적하며, 이끌어 가는 강의는 쉬우면서도 평소 생각하지 못했던 부분을 정리해 주는 강의였다.

문화 콘텐츠로 선정한 〈어쩌다 어른〉의 강의 중 인상 깊은 두 가지 강의를 요약하여 정리해 보았다. 여러 강의를 들으면서 기억이 남는 부분, 남지 않는 부분도 있었고, 나에게 방향성을 제시해 주는 강의, 나에게 공감을 가질 수 없는 강의도 있었다. 강의를 시청하면서 나도 방청객과 같은 얼굴로, 하하 웃고, 눈물도 몰래 흘리고, 고객을 끄덕이면서 공감도 하고, 강의자가 지적한 부분에서 나도 모르게 미안한 마음, 어디선가 가슴을 찌르는 듯한 후회, 그리움, 그리고 새로운 것을 알게 되었다는 즐거움을 느낄 수 있었다. 강의를 시청하면서 강사들의 공통된 모습은 모두 전문가로서 막힘 없이 말하고, 시청자들을 공감할 수 있는 예시와 말투 그리고 리드하는 모습을 보인다는 것이었다.

그리고 자신의 잘난 모습을 내색하지 않고, 주인공은 자신이 아닌, 강의를 듣는 시청자가 주인공이고 주인공이 되어야 한다는 것을 강의 속에 내포하고 있었다. 비슷한 주제의 강의도, 전혀 다른 강의로 다른 결과를 도출해 내는 모습은 인상 깊었다. 한편으로는 이렇게 유능한 강사가 거짓된 정보, 오류를 일부러 시청자에게 전달한다면, 시청자들은 옳은 정보라 판단하고 서서히 집단적으로 움직인다면 사회에 좋지 않은 영향을 주지 않을까? 생각을 해본다.

이것이 현 디지털 시대의 거짓 선동의 매개체가 되는 SNS 폐해가 아닐까 싶다. 현재 언택트 시대에 살고 있는 우리는 메타버스를 사회 속에서 간간이 만나고 있다. 더 나아간 메타버스 시대가 도래한다면, 현실과 비현실에 대한 경계가 필요할 것이다. 그것이 행할 수 있는 거 중 하나가 오프라인 강의가 아닐까 싶다. 문화 콘텐츠는 즐기고, 배우는 것을 넘어, 돈이 되는 세상이다. 변모하는 세상에 맞춰 변화된 삶을 사는 자, 새로운 문화에 대한 이질감이 없는 자 앞서가는 문화를 찾아다니는 준비된 자들은 시대를 앞서 나은 삶을 살고 있을 것이다.

나처럼 평범한 사람 삶을 사는 이는, 간접적으로나마 즐길 수 있는 콘텐츠는 고마운 존재이다. 내가 직접 경험할 수 있는 문화 콘텐츠도 앞으로 생각하면서 경험하며, 알고 즐기느냐, 모르고 즐기느냐는 차이가 크다는 걸 알게 된 과제였다.

차상봉 2기

〈코치 카터〉(2005년 作), 〈블라인드 사이드〉(2010년 作), 〈완득이〉(2011년 作), 〈스쿨 오브 락〉(2003년 作), 〈굿 윌 헌팅〉(1997년 作), 〈죽은 시인의 사회〉(1989년 作), 〈자산어보〉(2021년 作), 〈선생 김봉두〉(2003년 作), 〈파

파로티〉(2012년 作), 〈아이 캔 스피크〉(2013년 作)

　　이번 과제 문화 콘텐츠 주제 선정에 대해서 고민하는 데 많은 시간이
소요되었다. 단순히 '문화 콘텐츠로 내 인생에 변화를 줄 만한 작품들이
있었는가' 혹은 '어떤 작품들이 내게 변화를 가져다줄 수 있을까'하는 고
민 때문이었다. 곰곰이 생각해 보니 내 인생에 가장 큰 과도기는 고등학
교 시절이라고 생각된다. 많은 사람이 똑같이 겪게 되는 학교생활이고
특별할 것이 없을 수도 있지만 나에게는 정말 인생을 바꿔놓은 3년이었
다. 웃긴 이야기이고 부끄러운 과거지만, 당시 또래 친구들보다 조금 늦
게 찾아온 사춘기와 달라진 가정 환경 때문에 주변 사람들에게 많은 걱
정을 끼쳤다. 이런저런 일들로 엇나가게 되고 사고도 치면서, 유일하게
내가 위로받을 수 있고 믿을 수 있는 사람은 친구들뿐이라는 아집으로
생각하고 행동했다. 당연히 학교 선생님들과 트러블은 말할 것도 없고,
특히 담임선생님과의 관계는 정말 최악이었다. 인문계 다니는 학생이면
서 0교시며, 야간자율은 참석하지도 않고, 수업마다 담당 선생님께 지
적받고 오니 학기 중반이 넘어가게 되면 서로를 신뢰하지 않고 절대 발
전할 수 없는 관계가 되었다. 이 관계는 한 학년이 끝나도 달라지지 않
았다. 수업에 집중하지 않고, 0교시, 자율학습에 참석하지 않았던 것은
별 이유가 있었던 건 아니었다. 공부는 하기 싫고, 대학에도 뜻이 없었
기에 내가 굳이 지금 이걸 할 필요가 있겠느냐는 이유였다. 아주 이기적
인 생각이지만 그때 날 잡아줄 수 있는 스승이 있었다면, 내가 조금 더
달라졌겠느냐는 생각을 해보게 되었다.

　　그래서 이번 문화 콘텐츠의 주제를 스승에 관한 영화로 선정해 보았

다. 이번 기회에 처음 본 영화도 있었고, 다시 보게 된 영화도 있다. 인간은 살면서 여러 가지 방식으로 지식을 습득하게 된다. 책, 미디어 그리고 주변인이다. 개인적인 생각이지만 이 중에 가장 큰 영향을 끼칠 수 있다고 생각하는 게 주변인이다. 이는 가족, 친구, 선생님, 선배, 동료 등 주변에 어떤 사람과 함께 하느냐 혹은 누구에게 배웠느냐에 따라 환경이 달라지고 인생이 바뀔 수 있다고 생각한다.

앞서 본 10편의 영화도 이와 비슷하다. 문제아가 모여 있던 농구부, 웰튼 아카데미의 학생들, 문제아 완득이, 깡패 장호, 천재 윌은 자신을 알아주고 이해해 주는 선생을 만나 인생이 바뀌었다고 볼 수 있다. 위안부 피해자인 옥분과 흑산도 어부 창대는 각각 민재와 정약전을 만나 꿈을 이룰 기회를 얻었다고 생각한다. 벌써 20년 가까이 지난 세월이지만 철없던 시절에 들었던 친구만이 전부라는 생각이 얼마나 쓸모없는 아집인지 부끄러워진다. 굳이 담임선생님이 아니더라고 나를 이해해 주고 내 고민을 들어줄 사람은 분명히 있었을 거지만 노력은 해보지도 않고 포기했던 내가 인생이 바뀔 기회를 놓쳐버린 거 같다는 생각을 하게 된다. 물론 그때가 마지막 기회는 아닐 것이다. 지금 내 주변에 나를 바꿔줄 수 있는 사람이 있을 테고, 설령 없다고 하더라도 준비된 사람이 된다면 머지않을 미래에 만날 수 있을 것으로 생각한다.

코로나19의 장기화로 무료하고 지치는 일상에 문화생활은 마음을 재충전할 수 있는 시간입니다. 그래서 명품인생대학 문화 콘텐츠 경험은 코로나 블루(코로나 사태로 인한 우울감과 무기력감)를 극복하는 좋은 계기가 되었습니다.

평소 문화 콘텐츠 경험을 즐기는 아내의 영향으로 부산에서 진행되는 공연(뮤지컬, 연극)이나 전시회 등을 주기적으로 관람했지만, 최근 1년 6개월 가까이는 코로나19 여파로 공연이나 전시회가 줄줄이 취소되고 야외활동이 제한되어 대면으로 하는 문화생활은 향유하기 어려웠습니다. 그래서 앞으로는 문화산업이 비대면으로 변화되고 그에 따라 기술도 발달할 것 같다는 생각을 하였습니다.

독서와 영화감상을 통해 책 속과 영화에 나오는 모든 종류의 사람과 공감하게 해주고 간접 경험을 통해 시야를 넓힐 수 있었습니다. 그리고 몰랐던 새로운 지식을 습득할 수 있고 독서와 영화에 집중하면 일상의 걱정과 의무에서 벗어날 수 있는 장점이 있었습니다. 이번 문화 콘텐츠 경험을 계기로 독서의 습관화를 이루고 싶습니다.

오랜만에 뮤지컬 공연을 보고 느낀 점은 사람들이 '왜 비싼 돈과 시간을 들여 공연을 보는가?'라는 것입니다. 공연장의 시설, 무대 효과 등 여러 가지 요소가 있겠지만 가장 중요한 것은 출연진과 관객의 소통인 것 같다. 동일한 시간과 공간에서 관객과 출연진이 같은 감정을 소통하고 같은 사건으로 즐거워하고 슬퍼하는 일이 참 멋지다고 생각합니다.

앞으로는 코로나19가 종식되어 다양한 대면 문화생활을 하고 싶습니다. 비대면 문화생활도 좋지만, 직접적으로 뜨거운 현장의 열기를 느낄 수 있는 연극, 뮤지컬, 오페라 등의 공연 관람과 스포츠 경기를 보고 싶습니다. 현재 가장 기대하는 문화생활은 장달식 대표님의 오페라 〈미라클〉, 〈아쿠아 오 비노〉와 아직 언제 볼 수 있을지 모르는 이건희 삼성전 회장의 미술 컬렉션 관람입니다.

마지막으로 많은 사람들이 문화생활을 통해 행복하길 바랍니다.

황규현 3기

문화는 사랑 표현의 공간(場)이다

사랑에 성공한 자 vs 사랑에 실패한 자

Q1. 사랑을 표현할 마음이 없다면, 사랑을 키울 바람이 없다면 놀이동산은 존재할 수 있는가?

Q2. 사랑의 아픔을 겪어보지 않았다면, 괴테의 이 걸작은 탄생했을까?

문화는 치열한 경쟁의 산물이다

사람과 사람의 경쟁 vs 사람과 동물의 경쟁

Q1. 자본주의 경쟁의 최고 정점은 이곳이 아닐까? 경쟁과 승부를 즐

기는 것은 인간의 본성인가?

　Q2. 오랜 역사 동안 말이 사랑받은 이유? 인간 내적 두려움을 극복하는 대표적 상대가 아닐까?

문화는 풍요로움과 강인함의 표현이다

천년 고도의 유물 vs 천만 관객의 영화

　Q1. 20여 년만에 다시 찾은 경주국립박물관은 나에게 어떤 영감을 주었나?

　Q2. 강인한 캐릭터로 단순하게 표현하는 오락영화가 여전히 많은 사랑을 받는 이유는?

문화는 극단의 맛을 오가는 일탈이다

강렬한 풍미(주전탁) vs 은은한 풍미(원산면옥)

　Q1. 미치도록 강렬한 첫인상, 막걸리가 당기는 날 왜 이제는 홍어가 생각이 나는 것일까?

　Q2. 전국구로 유명한 수도권 내 평양냉면은 도대체 어떤 맛일까?

후기, Essay

봄의 끝자락 즈음, 나이를 제법 먹었다는 생각을 했다.

오랜만에 놀이동산을 갔는데 이젠 놀이기구가 보이지 않고, 그 속에 사람이 보였다.

오랜만에 사직야구장을 찾았는데 이젠 스코어가 몇 대 몇 인지가 눈에 들어오지 않고,

은퇴를 앞둔 노장스타의 해탈한 웃음이 보였다.

사람과 사람의 사랑이 눈으로 보이고, 눈으로 보이는 웃음에서 그 속 오랜 처절한 경쟁의 애환을 느꼈다.

그렇게 나는 이제 나이를 제법 먹었구나 싶었다.

쿰쿰한 장마 속에 막걸리가 자주 생각난다. 홍어가 그리운 것은 그 향의 강렬한 시큼함이 아니라

그 끝에 오는 화한 쾌감 때문이다. 그 쾌감을 느낄 줄 아는 나 또한 '이젠 나잇값을 하는구나' 한다.

20년 만에 다시 찾은 박물관을, 늦어도 10년 안에 다시 찾아가고 싶다. 14년 만에 다시 읽은

걸작도서도 7년 뒤에는 다시 읽어봐야겠다. 그때 나는 어떻게 흘러가 어떤 문화 속에 젖어 있을까?

이준엽 3기

명품인생대학의 이번 문화 콘텐츠 경험이 없었다면 내 인생은 과거와 똑같이 쳇바퀴 굴러가듯이 평범한 인생이 되었을 것이다. 퇴근을 하고 집에서 아내와 육아를 교대하고 집안일도 하고 나면 밤 11시가 되기 일쑤이다. '벌써 밤 11시네, 피곤하니까 얼른 자야겠다'라는 생각으로 그냥 하루를 보냈었다.

현재 상황에서 내가 문화 콘텐츠 경험을 할 수 있는 것은 아이를 재우고 나서 영화 한 편이나 유튜브로 뮤지컬을 보는 것이다. 문화 콘텐

츠 중에서 제일 간편하고 시간만 투자한다면 할 수 있는 경험이지만, 단조로웠던 나의 하루가 문화 콘텐츠로 인하여 풍요로워지는 느낌을 가졌다. '명품인생대학 과제가 아니었다면, 찾아봤을까'라는 생각을 하면서 유튜브로 뮤지컬을 찾아서 시청했다.

〈노르트담 드 파리〉 내 인생에서 처음으로 극장에 찾아가 관람했었던 뮤지컬이다. 영상으로 보는 것은 객석에서 노래를 감상할 때처럼 소름은 느껴지지 않지만, 한국 배우들과는 다른 원어민 배우들의 노래를 들을 수가 있어서 조금 색달랐다. 보고 나서 느낀 점은, '〈노트르담 드 파리〉 정말 좋네'가 아니고 '이렇게 좋은 것을 왜 잊고 못 느끼고 살고 있었을까'였다.

아내와 함께 뮤지컬을 관람했던 기억이 떠오르면서, 그땐 관람료가 너무 비싸서 처음이자 마지막이라고 생각했었는데, 막상 관람하고 나니 뮤지컬이 너무 좋아서 종종 관람을 하자고 약속을 했지만 지켜지지 못했었다. 아내와 거실에서 뮤지컬을 다 본 후에 그때의 약속은 못 지켰지만, 이제 아이가 어느 정도 크고 나면 다 같이 뮤지컬을 보러 다니자고 약속했다.

사실, 대학을 다닐 때는 친구들과 술자리를 가지고, 놀기 바빴다. '문화 콘텐츠 10개 경험하기 같은 숙제가 대학을 다닐 때 주어졌다면 나의 대학 시절은 어땠을까?', '조금이라도 달라지지 않았을까?', '생각의 시야가 넓어지지 않았을까?', '마음의 여유가 생기지 않았을까?' 라는 생각을 했다. 주변에서 이렇게 조언을 해주는 사람이 없었을 뿐더러 나도 콘텐츠를 경험해 보자는 생각도 하지 못했다. 앞서 말한 것처럼 지금은 육아와 집안일에 시간의 여유가 없더라도, 문화 콘텐츠를 경험했던 기억을 떠올리고 이로써 언제든지 문화 콘텐츠를 통해 마음의 여유를 되찾으려고 노력할 것이다.

이재희 3기

2022 디오티미술관 기획전 〈오늘은 행복으로 할래〉, 갤러리 을숙도 〈빛의 마술사 모네와 인상파展 레플리카 체험〉, 초록마술사의 어린이 편식예방 〈쿡앤매직〉, 스페이스 움 〈임이삭 초대전〉, 부산시립미술관 방문, 〈핑크퐁 키즈 재즈 파라다이스〉, 창원 과학 체험관 방문, 김해 화포천 습지 생태공원 방문, 영화 관람 〈범죄도시2〉(물금 롯데시네마), 〈인터스텔라〉(넷플릭스 다시보기)

기억이나 추억으로 남아 있는 문화체험의 경험이 있었을까? 스스로 질문해 보니 입 밖으로 내뱉을 수 있을 만한 경험이 없었던 것 같다. 문화적으로 성장하지 못한 걸까? 학창 시절 교과서를 통해 배웠던 미술이나 음악 시간에 배웠던 기억은 스스로 보이지 않는 유리 벽처럼 쉽사리 다가가기 문화란 어려운 영역이 아니었나 생각해 왔다.

문화체험이라는 과제를 받고 처음에는 깊은 고민에 빠졌다. '뮤지컬을 관람해야 하나?' '음악회라도 가봐야 하는 걸까?' 어려운 영역에서 억지로 이해하려 하고 공감해야 하는 의무감에 빠져야 할 것 같아 거부감이 들어 인터넷 검색창을 닫아버렸다. 머지않은 시간이 지나 아시는 분의 소개로 부산의 한 카페에서 미술 작품 전시회를 가게 되면서 나의 과제는 시작되었다. 화풍이 어떤지, 그림이 의미하는 바는 무엇인지 나에게는 그런 걸 느낄 지식이 있지 않았기 때문에 중요하지 않았다. 그냥보고 느껴보고자 했을 뿐이다. 15점 정도의 그림을 둘러보는 시간은 나에게 작은 휴식이라고 느껴졌고 그다음부터는 어렵지 않았다.

편식하는 아이를 위한 마술쇼, 을숙도 갤러리에서 봤던 모네의 레플리카 전시회, 부산대 근처에서 봤던 아마추어 작가들의 전시회… 길지 않은 시간 동안 가족과 함께했던 문화체험들은 인생의 머나먼 여정에서 잠시 쉴 수 있었던 시간이었다. 억지로 찾으려고 애쓰지 않았고 억지로 이해하고 공감하려 하지 않았기 때문에 더욱 편한 시간이 아니었나 싶다.

과제를 통해 나는 성장했다고 자신 있게 적을 만큼 대단한 체험을 한 것은 아니지만 문화라는 게 단지 거창하며 다가가기 어려운 무엇인가는 아니라는 것을 느꼈다. 그리고 가족과 함께할 수 있는 시간을 나뿐만 아니라 가족 모두가 감정적으로 분명 유익한 효과가 있는 것은 아닌가 싶다.

생각 이상으로 우리 주변에는 문화체험할 것들이 넘쳐나고 있었다. 조금만 둘러보아도 볼거리 즐길 거리가 가득했다. 나는 불편한 자세로 과제를 받았지만 억지로 시작했던 것들이 지금의 나는 이번 주말에는 무엇을 해볼까 하는 아주 약간 부지런한 인간을 만들어 주었다.

나에게 문화란 그런 것 같다. 무채색 바탕의 무미건조할지 모르는 인생을 오색 빛깔의 풍성한 인생으로 살아갈 수 있게 해주는 영양분이 아닐까 생각한다.

송종훈 3기

처음에는 막연한 생각이 들었다. 열 가지 문화체험 후 변화된 나를 어떻게 표현할까? 그리고 문화란 무엇일까? 사전적인 단어의 의미는 한 사회의 개인이나 인간집단이 자연을 변화시켜온 물질적, 정신적 과정의 산물 한마디로 정의하기란 불가능하다고 한다.

문화라는 단어도 힘들고 어려운데 그것을 열 가지나 체험하고 그 체험으로 변화하는 나를 느끼고 표현하기란 여간 어려운 과제가 아니다. 문화생활 하면 처음 떠오르는 단어가 유행이다. 이제껏 41년을 살아오면서 유행에 민감하지 않은 적이 있는가 싶은 정도로 나의 삶 속에 유행은 항상 그림자처럼 따라다닌다. 현재의 유행에 관해 확인해 보았다. MZ세대의 문화와 유행 나도 끝 자락이지만 MZ세대이다.

키워드는 여행, 골프, 패션, 먼저 눈에 들어온다. 코로나19로 외부생활은 하지 못한 젊은이들이 코로나19가 해제되면서 일상의 많은 혜택을 누리고 있다. 위 키워드 중 아주 신기한 단어가 있다. 바로 골프다. 주로 고가의 장비와 비싼 경비가 드는 골프가 MZ세대의 유행 중 하나이다. 부유층의 전유물로 여겨졌던 골프가 이제는 20-40대 세대의 스포츠 문화가 되어버리다니 시간의 흐름과 세대 간의 격차가 이렇게 빠르고 큰 것을 새삼 느끼게 된다.

그래서 나도 MZ세대 스포츠 문화체험을 해봤다. 예전에는 일하러 골프장에 가서 "언제 나는 팔자 좋게 골프 한번 쳐 보겠느냐고" 했지만, 지금은 시간이 허락된다면 갈 수 있는 곳이 되었다. 골프장에 들어섰을 때 처음 보이는 것은 골프장의 주변 시설이나 환경보다는 나보다 훨씬 어린 친구들 모습들이었다.

한 친구에 말을 건넸다 어디에서 왔고 재미있냐고 물었다. 답은 당황스러웠고 신기하기까지 했다. 경기도에서 부산에 여행을 왔고 친구들이랑 골프 하러 왔다는 것이다. 그런데 골프복은 친구한테 빌려 입었지만, 골프화가 없어서 골프화를 골프장에서 샀다고 한다. MZ세대의 문화는 빠르고 차분하며 대담하기까지 하다는 생각이 든다. 문화 쇼크가 이런 건가 싶다.

코로나19라는 문화

얼마 전 뉴스에서 〈범죄도시2〉라는 영화가 1,000만 관객이 넘었다는 기사를 봤다. 정보를 가지지 있지 않은 상태에서 다수의 사람을 따르는 군중심리일까 아닌 코로나19라는 질병을 겪고 사람들의 폭발적인 문화 충동일까? 나는 후자가 맞는다고 생각한다. 많은 사람은 문화의 충동을 코로나19라는 질병으로 짓누르고 있었고 일상이라는 큰 가뭄에 목말라 했던 것 사실이다. 코로나19도 어쩌면 문화라고 할 수 있을까 개인이나 집단을 물질적 정신적 변화를 준 셈이 되니 지금 시대에는 질병도 하나의 유행이 되고 문화가 되는 것이 아니니까 코로나19가 오기 전 직장인들이 회식할 때와 지금 해제 시점에서 회식문화를 보자. 집에 귀가 시간이 코로나19가 오기 전 새벽이라면 지금은 11 전 귀가가 대부분이며 나 또한 귀가 시간이 빨라지고 부인들의 잔소리는 줄어드는 효과의 생기고 있다.

이번 과제로 나의 변화를 생각해 봤다.

생각의 시야 와 시각 넓어지고 커졌다는 판단이 앞선다. 다양하고 많은 문화의 체험 속에서 예전에는 움직이고 생각했지만 생각하고 움직이고 또한 동시에 다양한 생각을 하며 움직이고 있다는 점이다. 생각하지도 생각을 할 수도 없었던 것들이 이러한 문화체험 속에서 유레카를 외치는 순간이 많아지고 있다는 것에 흥분되며 기대가 된다.

송관우 3기

나에게 문화란?

문화 한 번도 깊게 고민해 본 적 없는 단어이다. 너무나 다양해서 한마디로 정의하기 굉장히 어려웠다. 예술문화, 조직 문화, 군대 문화, 나라별 문화 등 무형적인 것부터 유형적인 것들까지 다양하게 생각해 볼 수 있는 단어인 듯하다. 짧은 나의 생각으로 문화란 무엇인가 생각해 본다면 개인의 행동, 습관, 철학들이 모여서 단체가 되고 그 단체에서 형성되는 어떠한 모습이 문화가 된다고 생각한다.

개인적으로 커피를 좋아해서 커피를 마시다 커피를 좋아하는 사람들과 만나게 되고, 그 만남에서 커피를 마실 때 원두를 직접 로스팅하거나, 커피를 잘하는 곳을 찾아다니는 문화가 만들어지고, 하나의 단체가 형성되어 그 단체의 문화가 형성되는 것으로 생각한다.

단체별로 형성된 문화로 인해서 협력하고 성장적인 방향으로 흘러갈 수 있으나, 형성된 문화로 다툼이 일어나고 전쟁이 발생하는 경우도 우리 주변에서 흔히 볼 수 있는 부분이다. 한마디로 개인들이 모여 단체가 형성되어 만들어지는 것이 문화라 생각한다. 평소 스포츠를 좋아해서 스포츠 관련 영화나 다큐멘터리가 나오면 챙겨보는 편이다. 이번 명품 인생대학 과제를 핑계 삼아 주말 이른 아침 시간에 넷플릭스를 통해서 스포츠 관련 영화를 볼 수 있었다. 4, 5번의 경우 사실 영화라기보다는 다큐멘터리에 가까운 콘텐츠다. 마이클 조던의 마지막 우승과정을 그린 이야기로 조던의 놀라운 승부욕과 우승하기 위해서 팀 동료에게 욕은 물론 모욕적인 말을 하면서 팀을 우승으로 이끈 리더십은 여러 가지 생각이 되는 부분이었다.

그리고 블라인드 사이드는 아내와 육아 퇴근을 하고 억지로 챙겨본 영화이다. 부모가 마약에 중독되어 가정에서 분리된 덩치가 아주 큰 흑인 아이의 이야기인데, 백인의 부유층에서 이 아이에게 먹을 것과 잠자리를 내어주고 진심으로 정을 주고 사랑으로 대해서 이 아이가 미식축구 선수로 성공하는 이야기인데, 흔히 영화에서 볼 수 있는 미국 상류층의 엘리트주의가 고스란히 담긴 내용이었다. 내용적으로는 뻔한 내용이지만 영화 안에서 흑인 아이에게 진심으로 공감해 주고 적극적으로 소통하는 모습을 보고 앞으로 나의 아이를 어떻게 키워야겠다는 생각을 깊게 할 수 있는 계기가 되었다.

극장 혹은 집에서 아내와 영화를 보면서 함께 하는 시간이 더 많이 가지고 영화 속에 아이를 키우는 부분에서 서로의 의견을 내고 대화를 할 수 있는 시간을 가지게 해주었다. 또한 리더십에 대한 생각을 다시 할 수 있었다. 강력한 카리스마로 팀을 이끌어 갈 것인가?, 부드러움으로 팀을 이끌 것인가 깊은 고민을 할 수 있었다. 누구나 언젠가는 팀을 혹은 가정을 이끌어 나간다. 나는 어떤 타입인가? 어떤 부분이 나와 맞는가 깊이 생각해 볼 수 있는 계기가 되었고 아직도 고민 중이다.

손철웅 3기

가끔 요즘 회상합니다. 결혼을 하기 전에는 혼자만의 시간이 많고 하고 싶은 생활도 자유롭게 할 수 있었지만, 결혼하고, 작년 12월 새로운 가족들이 생기면서 바쁘게 살아가는 현재의 생활을 돌이켜 보면 가족을 위해 노력은 하지만 개인의 행복을 위한 시간은 없다는 점은 아쉬웠습니다. 생각해 보니 제가 처음 명품인생대학 때 대표님께서 해주신 조언 중 가장 와 닿았던 것은 가족의 행복도 중요하지만, 개인의 행복을 위한 시간과 공간이 필요하다는 말씀이 또 한 번 생각이 났습니다. 물론 당시의 저의 바람이였던 개인 공간은 아이들에게 넘겨줬지만, 충분히 가치가 있었다고 생각합니다.

직장 생활, 코로나 사태, 그리고 육아를 병행하며 지내다 보니 저뿐만 아니라 우리 가족의 야외활동이 제로였음을 깨달았습니다. 그러던 와중 문화체험이라는 과제를 접하였고, 제일 처음 드는 생각은 야외활동은 꼭 해야겠다고 생각했습니다. 저는 최근 혼자서의 시간을 가지기에는 환경적으로 제한이 많다 보니 가족들과 주로 문화생활을 하였습니다. 가족과 아내와 함께 영화도 보고 책도 읽고 하였지만 그중에서 주로 지역 문화축제 및 근린공원을 다녔습니다. 지역의 문화가 깃든 축제인 만큼 코로나 이후 많은 사람의 모습을 아이들에게 보여주며, 사람들이 축제를 즐기는 모습을 알려주고 싶었습니다. 가끔은 지루했던 실내 생활을 잠시 잊고, 일상을 벗어나 새로운 사람들을 만나고 마음의 여유를 가져보는 기회가 가족뿐만 아니라 지금의 저에게 필요한 시간이라고 생각이 들었습니다.

물론 문화생활을 대표하는 관람과 청취도 해보고 싶었지만, 아직은 어린아이들과의 실내 활동은 건강에 대한 아내의 염려와 실내 생활의 지겨움을 느꼈던 저로서는 이러한 야외의 문화생활이 더욱 간절했기에 의미 있는 시간이 되지 않았었나 생각하게 되었습니다. 쉽게 접할 수 있는 지역 문화행사와 근린공원을 통한 문화생활을 접하면서 제가 생각하고 있던 문화생활에 대한 생각도 조금 바뀌게 되었습니다. 흔히들 예약하고 관람, 청취, 감상 등을 하는 연극, 뮤지컬, 전시회 등의 활동이 문화생활의 영역이라고 생각했었는데, 일상에서 쉽게 접할 수 있는 활동도 지금의 저에게는 무료했던 시간을 해소해 주고 웃음을 찾을 수 있는 문화생활임을 알게 되었습니다.

무엇보다 약 10년간의 양산 생활하면서 타지에서 혼자만의 생활에 익숙해져 있었던 저로서는 문화생활은 거의 접하지 않았었는데, 타지에서 가족들이 생겨 함께하며 문화생활도 즐기는 제 모습을 보면서 마음이 풍족해짐을 느꼈습니다. 앞으로도 이러한 시간과 기회가 많았으면 합니다.

구민효 3기

핑계를 조금 대자면 점점 나이가 들어가고 주변 환경의 변화가 생기면서부터 무언가에 도전이나 경험하고 싶다는 생각을 하지 않았다. 그저 편안하고 익숙한 환경에서 그냥 가만히 있고 싶었던 것 같다. 어릴 적 생각에 '시간이 지나 나이를 먹는다면 젊음을 잃는 건 싫지만 그만큼의 여유를 가지고 있지 않을까'라는 생각을 했다. 이 생각은 그저 어린 나이의 단순하고 추측이었을 뿐이었다. 어릴 적 생각했던 나이는 이미 훌쩍 지났지만 현실은 여유라곤 찾아볼 수 없게 여전히 급하게 쫓기고 있다. 쫓기는 데는 특별한 이유는 없다. 그냥 이 바쁘게 흘러가는 생활 속에 섞여 하루하루를 버티며 나름 애쓰며 보내고 있는 중이었다.

이런 단조롭고 쫓고 쫓기는 생활 속에서 문화 경험은 그 애쓰는 생활을 잠시나마 잊게 해주는 시간이 되어주는 것 같다. 문화체험을 통해 다양한 새로운 분야의 사람들과 만나 여러 정보를 배우고 공유할 수 있는 통로와 같다. 그리고 문화를 배움에 운동은 각자 다른 환경의 사람들과 공통된 목표를 가지고 땀을 흘리면서 삶의 활력을 되찾는 느낌을 받았으며 다른 목표를 가진 사람은 그 사람만의 과정과 목표를 통해 또 다른 배움의 기회가 될 수 있었다. 계속 불안한 마음을 안고 살아가는 생활 속에서 그 시간만큼은 불안한 마음을 내려놓고 수 있는 시간이 되었고 조금이나마 성장하고 다시 한번 깊게 생각할 수 있는 계기가 되었다. 이번 기회에 문화체험을 접할 수 있는 정말 좋은 기회였다. 나는 문화를 경험한다는 것에 대하여 어렵고 부지런해야 하며 또 낯설다는 선입견을 가지고 있었는지도 모른다.

내가 기존에 경험한 문화와 새로운 문화의 마찰이 있을 수 있다. 또 새로운 것을 도전해야 한다 등과 같이 말이다. 문화는 문화에 따라 또는 접근 방법과 운에 따라 반복되는 무기력한 삶 속의 활력소가 될 수도 있었다. 문화는 집단이 함께하는 것도 있지만 개개인의 문화도 있다는 걸 알았다. 개인의 문화가 모여 집단의 문화가 생성되는 것이 아닐까? 집단의 문화도 중요하지만 개개인의 문화 또한 다양하고 새로운 경험을 할 수 있는 가까운 문화체험이 아닐까 한다. 이 부분에서 느끼게 된 것이 사람을 대하는 영업이란 직업에서 일이라는 사고에만 빠져 딱딱한 업무로만 생각하지 말고 고객을 하나의 문화로 생각하고 경험하고 배운다고 생각하면 훨씬 더 그 사람에 대해 이해하고 친밀하게 다가갈 수 있는 능력이 향상되었으며 조금이나마 일을 즐길 수 있는 여유가 생겼다.

어떤 문화의 영향으로 내 하루 한 달 아니 삶 전체의 영향을 줄 수 있는 중요한 매개체가 아닐까 하는 생각이다. 문화는 어렵고 낯선 존재가 아니라 항상 우리 주위에 쉽고 가까이에 존재하고 있다. 이를 항시 명심하고 도전했던 경험과 마음을 항시 새기고 문화 경험에 대해 지속적으로 접근하고 도전하는 삶을 살도록 할 것이다.

강종환 3기

화훼단지 방문 및 나무 구입, 분갈이 활동, 전통 찻집 방문 및 다도 활동, 유명 모래작가 및 아마추어 작가들의 작품감상, 경복궁, 창경궁, 종묘 탐방, 거제 정글돔 관람, 〈해적〉, 〈신비한 동물들과 덤블도어의 비밀〉, 〈닥터 스트레인지: 대혼돈의 멀티버스〉, 〈범죄도시2〉, 〈쥬라기 월드〉 등 관람

이른 아침 나는 힘든 몸을 위해 커피를 찾는다. 아직 깨지 못한 몸을 깨우기 위해서다. 커피를 마시며 여유를 느끼고 커피의 부드러운 향과 고소함을 위해서가 아니다. 그저 카페인의 각성효과를 위해 커피를 마시게 되었다. 나는 매일 마시는 커피의 맛조차 어느 순간 느끼지 못하고 그저 카페인을 탐하는 존재가 되었다. 커피를 마시는 것 또한 내가 쉽게 접할 수 있는 문화인데 말이다.

힘든 몸을 위해 하는 나의 행동은 잠이다. 잠을 통해 피로를 풀고 건

강을 챙긴다. 하지만 정신 건강을 위해 나는 무엇을 해왔을까? 나를 괴롭히는 스트레스로부터 자유롭고 싶어질 때 문화생활을 하였던 것 같다. 마음의 여유를 찾고 나 자신을 온전히 느끼고 싶을 때 말이다. 최근 경험했던 문화활동 중 나는 서울의 경복궁과 종묘, 창경궁을 다녀온 것이 가장 기억에 남는다.

서울에 친구의 결혼식이 있었고 친구의 결혼을 축하하고 난 뒤 '그래 오늘은 문화생활을 즐기는 날로 잡자' 다짐했다. 그래서 나의 발걸음은 경복궁으로 향했었다. 야간 개장 입장을 위해 주변 한복대여점에서 한복을 입고 입장하였다. 입장하는 순간 나는 조선 시대 왕이 된 듯한 느낌을 받았다. 광화문에서부터 시작해 근정전, 경회루까지 마치 내가 왕이 된 듯 발걸음을 옮겼다. 여유로웠다. 바람이 불어올 때 나풀거리는 한복의 소매와 갓의 끈, 어느새 주변의 고궁들과 나는 어울리는 그림으로 그려졌다.

하지만 내가 알고 있는 조선 시대 왕들의 삶은 고단함 그 자체였다. 나라를 다스리며 격무에 시달리고, 왕권 강화와 권력 유지를 위해 온갖 악행과 술수들이 난무하는 곳으로 기억한다. TV와 같은 대중매체 문화의 영향이다. 하지만 이렇게 힘든 곳이기만 했을까? 대중매체에서 나온 것과는 다르게 이곳은 여유롭고 평화로운 곳이 이었을 것이다. 왕들도 지금의 나와 같은 기분을 느꼈을 테니 말이다. 나는 이런 생각을 하며 고궁을 빠져나왔다.

문화는 그것을 즐기기 위해서 무언가를 준비하고 결심해야만 하는 것으로 생각했다. 경복궁을 다녀온 것처럼 말이다. 하지만. 나는 이번 에세이를 적으며 그 생각이 바뀌었다. 조용히 책을 읽거나 영화를 보고 공연을 관람하는 것처럼 일상의 생활에 이미 문화가 깊이 자리 잡고 있었다. 나는 그것을 차마 알지 못했었다. 그저 스트레스가 쌓이면 번화가의 화려한 조명 아래서 마시는 술에서 스트레스가 풀린다 생각했다.

그것이 전부가 아니었다. 일상에서의 문화생활에 대한 고마움을 이번 에세이를 통해 알게 되었다. 앞으로 나는 문화생활의 소중함과 감사함을 알고 문화생활을 더욱 즐기기를 다짐한다.

2-5 입학하면서 독후감 쓰기: 《너 그러면 행복하겠니》

김대민 1기

어느 날 문득 한 권의 책을 맞이하게 되었다. 책과 나와의 첫 만남은 다소 어색했다. 잠시 생각을 되돌아보니 지금까지 나의 삶 속에서 책과의 만남이 이렇게 오랜만에 찾아온 낯선 손님을 맞이하는 느낌이 들었다.

그러기에 충분했던 것 같다. 대학을 졸업하고 직장이라는 또 다른 사회의 첫걸음을 내딛는 이후로 책 한 권의 여유와 생각의 시간이 정말 부족했던 걸까… 조심스럽지만, 자신의 깊은 반성과 과거의 삶을 되돌아보는 시간을 가지게 되었다. 가장 먼저 책 한 권이지만 메마른 나의 삶의 잠시나마 소나기와 같은 반가운 친구를 선물해 주신 이 책의 저자이시자 나의 '명품인생' 멘토님께 감사의 마음을 전하고 싶다.

교육공무원이었던 아버지와 풍요롭지는 않았지만 평범했던 학창 시절, 나 또한 비록 지방의 작은 대학교이지만 대학 진학을 취업을 위한 관문으로 생각하여 취업을 위한 방법으로 공대를 택하게 되었고, 이러한 선택은 현재 나의 모습을 만들었다. '지금까지 나의 선택과 삶이 과연 진정으로 내가 바랐고 꿈꿔왔던 삶이었는가?'라는 물음에는 선뜻 대답할 수 없는 것이 사실이다. 그래서인지 때로는 현재의 삶에 후회와 부정의 'Why'가 늘 나의 주변을 맴돌고 있었던 것 같다.

직장생활에서 일이 뜻대로 풀리지 않을 때, 성과에 대한 보상이 만족스럽지 않을 때, 나 자신도 모르게 주변과 상황을 탓하며 결과에 대해 옳고 그름을 자신만의 논리로 상황을 부정하고 스스로 면죄부를 주고 있었다는 것을 지금에서야 느끼고 생각하게 되었다. 하루하루 방향을 잃고 표류하는 바다 위의 작은 배 한 척과 같이 의미 없이 그냥 시간이 가는 대로 나의 삶도 그렇게 흘러 지나왔다.

하지만 내 인생의 카이로스라고 믿었던 순간에서 지금의 아내를 만나게 되었고 어느덧 나 또한 곧 한 아이의 부모가 되려 한다. 그래서 지금, 이 순간과 가슴속에 새기게 된 삶의 목표가 생겼다. 먼 훗날 나의 자녀에게서 "아빠처럼 살면 좋겠다"라는 말을 듣고 싶다는 목표가 그것이다. 이 말은 나의 삶이 가장 소중하고 가까이에서 함께 지켜본 가족에게서 받는 나의 삶에 가장 큰 행복과 보상이 아닐지 라는 생각을 해보게 된다.

내가 살아온 인생의 뒷모습이 나의 가장 소중한 누군가에게 희망과 목표가 될 수 있다는 것. 작지만 소박한 그 꿈을 위해 오늘도 스스로 조용히 큰 다짐을 하며 미분값이 크다고 높은 의미가 있는 적분값을 가지는 것이 아니라는 글귀를 되새기고 인생에 있어 미분과 적분을 조화롭게 설정하여 인생을 설계하고자 한다.

가끔 지금. 이 순간은 너무 힘들고 때론 지쳐서 포기하고 싶다. 하지만 이제는 생각과 행동이 변하고 있다는 것을 느낀다. 행복은 목표를 향해 쫓으면 잡을 수 없고 가령 그 행복을 손에 넣더라도 연기와 같이 허무함과 아쉬움이 남을 것이다. 그래서 현재의 삶 속에서 나의 또 다른 가치를 발견하고 항상 새로운 꿈을 꾸며 조금씩 아주 조금씩 행복의 계단을 천천히 오를 것이다. 한 계단 오른 만큼 나는 저 행복의 계단과 그만큼 가까워졌음을 느끼고 지금, 이 순간과 삶에서 기회를 만들고 행복을 만들고 싶다.

가끔 또다시 나의 행복에 대한 의문이 생길 때마다 다시 이 책을 펼치며 지금의 마음을 기억하고 행복한 인생의 설계를 해보고 싶다. 그리고 항상 스스로 질문 할 것이다…
"너 그러면 행복하겠니?"라고.
감사합니다. 그리고 행복합니다.

이 책은 내가 읽었던 여느 책들과는 다른 조금 사연이 있는 책이다. 내가 출장을 가며 비행기에서 출판도 되지 않은 책을 핸드폰으로 읽었던 책이며 첫 시작은 책의 내용과 그 내용에 대한 공감보다 어떤 사명감(혹시 어색한 부분이 없나?)을 가지고 책을 읽어 내려가기 시작했다.

그 이유는 저자와의 약속이었다. 책이 출판되기 전 저자의 시각과는 다른 사람의 확인이 한 번 더 도움이 되지 않을까 하는 부분이었다. 그 덕분에 나는 중국 출장 시 비행기에서 보내는 지루한 시간을 이 책과 함께 보냈다. 근래에 내가 읽었던 책과는 많이 다르다는 느낌이 든다. 여느 책을 읽더라도 그 책의 목적은 어떤 변화였다. 지금의 문제가 무엇이고, 그 해결은 어떻게 하였는지. 그 해결의 결과로 무엇을 얻었는지. '내가 그런 걸 갈망하고 있나?'라는 생각이 들 정도로 한결같았던 것 같다.

하지만 시작부터 '이 책은 조금 다르다'라고 생각하게 되었다. 이 책은 독자가 무엇인가를 하기를 바라지 않는다. 책 속의 시대와 시절이 변화하며 그 시간 속에 같은 경험을 공유하고 느끼라는 듯 이야기해 주는 책이었다. 글을 쓴다는 것 그것은 나와 거리가 아주 먼 지금의 나의 생활, 습관과는 아무 상관없는 다른 세상의 사람들이 하는 행동이라는 나의 선입견을 바꿔놓았다. 내 생활을 표현하고 지금 내가 하는 모든 일들 내 주변 지인들과의 대화 모두 글의 소재와 내용이 될 수 있다는 생각이 들게 되었다. 지금 나의 기쁨, 슬픔, 절망, 사랑 이 모든 것에 관한 생각과 경험을 기록하고 뒤돌아보았을 때, 이 기록된 부족한 자료로 나도 터무니없을 것 같은 책을 한 권 써 내려가고 싶다. 그리고 이 책에 나온 것처럼 나의 인생을 설계하고 디자인하기 위한 목표를 세웠다.

'행복은 설계순!'이라고 한다.

지금 내가 가진 게 없고 남들보다 더 높은 멋진 꿈을 가지고 있지 않지만 나도 이 계획서(설계)처럼 한다면 그 누구보다 부자는 아니라도 행복한 삶을 살고 있지 않을까? 라는 조그마한 행복을 꿈꿔본다. 그 행복 중에 나도 내 딸아이가 장성했을 때 내 볼에 뽀뽀하는 꿈을 꾸어본다. 그 어떤 인생보다 달콤한 인생이지 않을까.

이런 행복을 위한 이 계획서의 실행 여부와 그런 노력이 이 한 권의 책으로 시작하여 그 누구보다 더 멋진 미래를 만들고 행복할 수 있을 것으로 생각한다.

문서영 2기

나는 행복에 대해서 진지하게 또는 긴 시간을 투자해서 생각해 본 적이 없었던 것 같다.

2013년 11월 태어난 아이를 보며 처음으로 행복에 대해 진지하게 고민했다. 이 아이가 행복하기 위해서 무엇을 해야 할까? 그때 많은 책과 인터넷을 찾아 헤맸다. 그중 아이가 행복하기를 원한다면 부모 자신부터 행복해지기 위해 노력해야 한다. 부모가 행복해야 아이가 행복하기 때문이다. 라는 글에 공감이 갔다. 그렇게 나의 행복에 대한 고민을 시작했지만, 육아로 일로 한동안 그저 흘러가는 대로 지내다가 《너 그러면 행복하겠니》를 만나게 되었다.

책을 읽는 동안 누구의 엄마, 누구의 아내, 누구의 딸이 아닌 어린 시절의 나, 학창 시절의 나, 지금의 나, 미래의 나 오로지 나를 생각하는 시간에 말로 표현할 수 없는 뭉클함, 감동, 행복함을 느꼈다. 내가 원하는 행복이 무엇인지도 모르고 나의 자리가 남들 자리보다 더 높은 곳을 바라보면서 그곳에 가면 저절로 행복이 따라올 것으로 생각하고 달려왔지만, 마음은 늘 공허했던 것 같다.

명품인생이 아닌 명품만 좇고 행복을 나 자신이 아닌 밖에서 찾으려했다는 것을 이 책을 통해 알게 되었다. 작가님의 삶을 들여다보면서 행복해지기 위해 노력 없이 기다리고만 있는 나를 보게 되었다. 반성했다. 행복해지기 위해서는 늘 고민하고 행동하고 노력해야 한다는 것을 알게되었다.

행복은 추상적이고 막연한 것으로 생각했는데, 명품인생대학 2기에 입학하면서 구체적으로 그림을 그릴 수 있게 되었다. 그래서 나는 행복에 대해 진지하게 고민할 수 있게 된 점을 멘토님께 감사한 마음을 전하고 싶다. 행복에 대해 끊임없이 물으며 책을 읽어가는 중 '나와 내 가족만 행복하면 나는 행복할까?'라는 질문을 스스로 하게 되었다. 물론 행복하겠지만 그 행복 속에 허전함을 느끼고 있는 나에게 다행인간(多幸人間)이라는 사자성어가 가슴에 와닿았다. 인상 깊었다.

나누는 행복이 진정으로 행복할 수 있다는 아주 큰 깨달음을 얻게 되었다. '여유가 생기면 언젠가 기부도 하고 나눔도 하겠다'라고 생각했는데, 없어도 지금 나눌 수 있는 작은 것에서부터 실천할 수 있다는 걸 알려준 이 책에 다시 한번 감사한 마음이 든다. 주어진 것에 감사하며 소소한 행복을 찾으며 하루하루 살아가겠지만 《너 그러면 행복하겠니》를 만나고 행복을 조금 더 넓고 구체적으로 그리게 되었고, 내 생각을 남긴 이 글을 책 속에 넣어 책상 책꽂이에 꽂아두었다. 살아가면서 지칠 때 행복을 향해가고 있는지 의문이 들 때 책과 이 글을 함께 읽으면 큰 위로가 될 것 같다. 힘을 얻을 것 같다.

책을 읽고 독후감을 쓴다는 게 학창 시절 이후 너무 오랜만이라 처음에는 마음이 무거웠지만, 내 생각을 글로 옮기면서 한 번 더 생각할 수 있는 뜻깊은 시간이 되었다. 앞으로도 읽은 책에 대한 느낌, 생각을 잊지 않게 적어 두어야겠다는 생각이 들었다. 나와 내 가족의 행복, 그리고 많은 사람에게 나누기 위해 하루하루를 소중히 열심히 살아야겠다고 생각하며 책을 덮었다. 마지막으로 내 이름을 잊고 살지 않기 위해 한번씩 나를 들여다보며 살아야겠다. 뜻깊은 시간이었다.

평소 인기 도서나 지인이 추천해 준 책 위주로 읽기만 했지, 내용에 대하여 깊이 음미하거나 독후감을 쓴 적이 없어 글을 적는 이 순간이 어색하기만 하다. 하지만 같은 책을 읽은 사람들의 좋은 글들을 보니 조금 용기가 생긴다. 처음 이 책을 접했을 때는 단순히 아 그렇구나? 이런 생각으로 가볍게 넘긴 것 같다.

하지만 명품인생대학을 통해 나의 인생을 설계하고 다른 사람이 그리는 행복한 미래를 공유하는 순간 이 책은 조금 특별하게 다가왔다. 같은 내용을 보고 듣더라도 각자 느낀 점과 생각이 다르듯《너 그러면 행복하겠니》를 통해 받는 영향은 제각각이겠지만 행복에 대한 고민과 어떻게 살아야 할지에 대한 방향성을 제시한 것은 틀림없다고 생각한다.

책 내용 중에는 작가가 자주 언급하는 '행복은 설계 순'이라는 말이 있다. 현재 나의 업무에 대입해 보니 조금 더 쉽게 이해가 되었다. 제품을 제작하기 위한 시작은 설계이다. 설계단계에서 원가, 가공 방법, 품질관리에 대한 검토가 되어야 한다. 제품을 행복에 대입해 보면 설계 없이 인생을 살아간다면 행복하기 어려울 것 같다.

혼자 인생을 설계했다면 어떻게 해야 할지 막막했을 텐데 나는 운 좋게도 명품인생대학을 통해 멘토와 선배, 동기들이 있어 좀 더 쉽게 방향을 설정할 수 있다. 앞으로 인생을 설계하고 중간에 오류를 발견하면 변경을 통해 더 좋은 행복을 향해 나아가겠다.

작가의 삶은 보통의 사람보다 인생의 아픔과 굴곡이 느껴진다. 쇠는 두드릴수록 단단해진다는 말이 있듯이 이런 시련이 지금 성취의 촉매가 된 것 같다. 작가는 고등학교 3학년 시기와 인천에서의 2주간의 입원은 시련임과 동시에 작가의 성향을 변화시키고 시인으로서의 출발을 알리는 계기가 되었다. 그리고 진급 누락 상황에서 찾아온 아주대에서 산업 전자 교육과정에서 수석을 차지한 것이 인상적이다. 이미 전자 관련 전공이나 관련 업무를 한 까닭에 다른 사람보다 약간 유리한 상황에서 출발했지만, 머리털이 빠지는 원형 탈모증을 겪을 정도로 노력하여 좋은 결과를 얻어냈다. '나였다면 남들만큼 혹은 적당히 하지 않았을까?'라는 반성을 해본다. 지금까지 후회 없이 노력한 적이 있는지 되돌아본다.

또 독일 유학 당시 하고자 하는 일을 위해 익숙함과 보장된 삶을 포기하고 도전했다. 얼핏 보면 무모하다고 볼 수도 있지만 그만큼 간절함으로 해석된다. 독일에서 받기 어려운 학위를 빨리 받은 원동력은 스스로 하고자 하는 의지와 간절함인 듯하다.

시인, 공학박사, 오페라 극작가, 작곡가 등의 타이틀은 얼핏 보면 이상하게 보인다. 남들이 보기에는 괴짜이며 특이한 사람이라는 시선을 받았을 것 같다. 나는 타인이 이상하게 보이지 않겠냐는 생각에 못 한 일이 있었던 것 같다. 앞으로는 타인에게 피해를 주지 않는다는 가정하에 주변의 시선보다 내가 행복하고 하고 싶은 일을 해야겠다. 작가에게 부러운 것 중 하나는 확실히 즐기는 것이 있다. 커피와 와인. 평생 즐길 수 있는 게 무엇일까? 지금은 당장 답하기 어렵지만 꼭 한두 가지라도 찾아야겠다. 커피는 좋아하기에 기회가 된다면 홍대에 있는 칼디에서 특별한 맛을 느껴보고 싶다.

이 책을 읽으면서 가장 크게 공감된 문구는 '너도 가끔 생각하며 살고 있니?', '항상 그렇지는, 아닐지라도 가끔은 생각을 좀 하며 살아가자'라는 문구를 보니 느끼는 점이 있다. 생각 없이 타성에 젖어 하루하루를 소비하고 있는 건 아닐까? 나는 생각한 대로 사는 걸까? 사는 대로 생각하는 걸까? 라는 다소 나답지 않은 생각이 드는 요즘이다.

책에서 제안한 감사노트를 실천해 봐야겠다. 감사노트와 하루 일을 매일 간단하게 기록을 남겨야겠다. 이런 기록을 통해 내가 어떻게 살아가는지 확인하고 돌아볼 수 있을 것 같다.

마지막으로 막역히 '돈이 많으면 행복하겠지?'라는 생각이 있었다. 돈이 많으면 행복할 수도 있지만 연예인이나 재벌들을 보면 꼭 그런 것도 아닌 것 같다. 구체적인 계획으로 작은 것부터 실천해야겠다. 너무 어려우면 스트레스가 되고 포기할 수 있으니 작은 것에서부터 행복을 찾아야겠다.

지금 이런 생각이 30년 후에 큰 변화를 불러올지 아닐지는 모르지만, 고민했다는 사실이 중요하다.. 한 번에 바꾸기엔 어려우니 꾸준함이 필요하다.

"너 그러면 행복하겠니?"라는 질문에 "30년 후에 저 이래서 행복했습니다"라는 답변을 하기를 고대하며 마무리한다.

이 책은 저자 장달식 자서전 수필로써 책의 페이지를 넘기기 전 이 책의 제목을 보고 무엇을 전달하려고 하는지 생각해 보았다. 이 책의 이름인 "너 그러면 행복하겠니?" 글귀는 마치 나에게 속삭이듯 "너 그렇게 살면 행복하니? 넌 행복하니? 너는 행복하다고 생각하니?"라고 나에게 물어보고 있었다. 저자가 전달하려는 메시지는 이게 아니라 생각하는데 난 왜 그렇게 해석해서 보인 것일까… 순간 난 행복이라는 단어가 어색한 삶을 살아가고 있음이 아닌가 생각하게 되었다.

이 책은 성공이라는 결과물을 보여주려는 것이 아니라, 삶의 과정을 보여줌으로써 누구나 기회는 있을 수 있고, 노력하면서 하나에 삶이 아니라, 다양의 삶을 살아갈 수 있음을 보여주면서 기회의 메시지를 전달하고 있다고 보인다. 저자는 공학박사, 시인, 오페라 작곡가, D사 대표로 한 가지도 힘든 일을 다수의 일을 한다는 건 정말 대단하다고밖에 설명할 수 없는 것 같다.

책의 시 중 〈독초와 너에게〉 시가 나에게 강한 느낌을 주었다. 독초는 내 가슴을 내리치는 듯한 느낌을 받았지만, 시인이 주려는 메시지는 풀이할 수 없었다. 여러 번 읊조리면서 읽어보았지만, 마찬가지였던 거 같다. 앞서 여러 독자도 마찬가지였던 거 같다. 글 중 '작가의 손을 떠난 작품은 이미 그것을 사용한 사람의 것'이라는 것이 명쾌한 답인 거 같다. 저자가 주례에 신랑 신부에게 읽어준 너에게 시의 마지막 소절인 '내 님의 이름이다'에서 울컥하는 감정을 느꼈다. 나도 아직 감성은 죽지 않았다는 느끼게 해주었다. 《카이로스》 시집을 구해서 읽어보도록 해야겠다.

유압 후배들의 감사패는 저자가 엔지니어로서 인정받고, 후배들에게 어떤 사람이었는지를 보여주는 결과물이다. 감사패를 받은 사람, 만든 사람들은 어떤 의미인지 알 것이다. '나도 작은 감사패를 받고, 만들 일이 생길까?'라고, 생각해 보게 하는 대목이었다.

'인생은 내 의지가 아니라 또 다른 힘으로 결정된다!'

이 글귀는 내가 살아온 인생을 대변해 주는 말처럼 다가왔다. 저마다 각자 의지로 인생을 살아오고 있을 것이다. 의지로 인하여, 행복에 더 가까이 갈 기회도 생길 것이다. 하지만 주위의 여건에 따라서 일찍 행복을 쟁취하는 사람도 있을 것이고, 다소 늦게 찾아오는 사람, 이방인처럼 불쑥 찾아오는 사람도 있을 것이다. 이렇든 저렇든 사람은 공평하다고 생각하기 때문이다.

책을 읽고 후기를 마무리하려고 한다. 이 책을 읽고 좋았던 점은, 자랑이 아닌, 인생은 이렇다는 과정을 보여주고 있어 좋았다. 자서전은 보통 자신을 알리는 용도, 성공 스토리를 적는 느낌이 강하다고 생각했는데, 이 책의 저자는 그런 점을 강조하지 않아, 사람 냄새가 나는 거 같아 좋았다. 그리고, 자서전에서 말하는 명품인생대학에 학생으로 현재 등록이 되어 있다. 큰 목표는 아니지만 'Big Picture'에 다가갈 수 있게 멘토의 도움을 받아 캔버스에 조금씩 그려나가도록 하겠다.

평소 즐겨 읽지 않는 수필이라는 장르의 책을 읽게 되었다. 물론 그 계기가 된 것은 저자이신 장달식 작가님이 근무하는 회사의 대표라는 직책을 가지고 있었기 때문에 구매하게 되었고, 이 책을 접하게 되었다. 저자의 첫 에피소드는 어린 시절 이야기였다.

저자가 다니던 고등학교의 이과와 문과를 선택하는 과정에서 저자는 어설픈 글쟁이로 살거나 답이 없는 논쟁으로 시간을 낭비하기엔 인생이 아까울 것 같아 이과를 선택하였고, 어머님의 꿈이 영향을 주었다고 한다. 나는 고등학교 시절 이과와 문과를 선택하는 과정에서 많은 고민과 번복이 있어 많이 공감되었다. 단순히 수학이라는 과목이 싫어서 문과를 선택하였고, 집에 돌아와 아버지께 이야기하였을 때, 굶어 죽고 싶어서 문과에 가냐며, 많은 꾸중을 들었다. 나는 아버지를 설득하지 못하였고, 다음날 학교로 돌아가 이과로 재선택을 하여 공대를 졸업하고, 지금 '대성나찌유압공업㈜'이라는 유압회사에 근무하고 있다. '그때 선택이 달라졌다면 내가 지금 있을 곳은 어디였을까'라고, 생각해 보게 된다. 돌이켜 보면 수학이 싫어 문과가 가고 싶었던 내가 과연 지금처럼 만족스러운 삶을 살 수 있었을까? 생각해 보면 그때 바보 같았던 나를 꾸중했던 아버지께 고마움을 느낀다. '아마도 아버지는 내가 기계를 만지는 사람이 될 것이라는 걸 알고 계시지 않았을까?'라고 생각해 본다.

이 책에서 가장 공감되는 부분은 '엔지니어인 까닭으로 설계에 익숙해져 있기에, 기계는 물론 여행할 때도 설계하고 여러 가지 방법으로 검증한다. 그런데 많은 사람이 가장 중요한 인생을 설계도 하지 않고 생각 없이 남들만 바라보며 살다가, 자기 생각대로 인생이 풀리지 않으면 충격을 받게 된다'라는 부분이다. 우리는 인생을 설계한다고 하면 다들 존경하는 인물을 떠올리며 그 인물에 좌우명 혹은 인생을 흉내 내고자 하고, 혹자는 자기 계발 서적을 통해 미래를 설계한다.

하지만 최근 명품인생대학에 참여하면서 인생 설계라는 것이 그렇게 거창해서는 금방 지쳐버릴 수 있다는 것을 알게 되었다. 명품인생대학의 학장이자 멘토인 장달식 전무님에게 처음 찾아갔을 때는 "지금 나는 어학이 부족하여 일본어와 중국어를 공부해서 다른 부서의 도움을 받지 않고 내 일은 내가 해보겠습니다"라고 내 미래를 그렸으나 전무님께서는 이것은 인생의 목표이자 큰 그림이 될 수가 없다고 하셨습니다. 회사 생활을 하며 두 가지의 언어를 공부하는 것은 쉽지 않고, 인생에서 목표란 적어도 죽은 뒤 비석에 적을 수 있는 업적을 남겨야 하지 않겠냐며 말씀하셨다.

'목표는 거창하되 그 목표를 이루기 위한 과정은 절대 거창해서는 안 된다'라고 생각했다. 그래서 나는 일본어 공부라는 것에 초점을 맞추기로 하였고, 첫 목표는 초등 한자 1,000자를 외워보는 것이다. 이 작은 목표를 이루고, 그 목표를 달성한 내 자신에게 뿌듯함을 느낀다면 조금 더 높은 목표를 가져보아도 되지 않겠냐고 생각해 본다. 저자가 마지막에 쓴 것처럼, 반쯤 채워진 것이 빈 노트보다 더 좋은지 아닌지 판단하기 어려우나, 이제 남은 반 페이지는 더욱 진한 향이 피어오르고 색채가 더욱 고운 색으로 채워지길 바라고 꿈꾼다, 내 인생도.

살다 보면 혹은 누군가를 만났을 때 그런 생각이 들게 될 때가 있다. '저 사람의 인생에서는 역경이란 것이 있었을까?'라는 스스로가 만든 프레임에 갇혀 누구를 평가할 때가 있다. 처음 이 책의 1부 〈시인·작곡가로 살아가기〉 그리고 2부 〈엔지니어로 살아가기〉 부분을 읽고 나서 느낀 점을 한 문장으로 표현해 보고자 한다면 "한없이 평화로워 보이는 바다라도 그 안에서는 분명 파도가 넘실거린다"라는 것이다. 이 책에는 한 사람이 걸어온 인생과 그리고 그가 말해주고자 하는 행복과 어떻게 살아야 하는지 담고 있다고 생각이 된다. 내 스스로 하여금 반성의 계기가 되어주었고 공학박사이기도 하며 시인이기도 하며 작곡가인 작가를 통해 행복을 설계해 볼 수 있는 기회가 되었다.

대부분의 사람들이 비슷하지 않을까 예상하지만 행복에 대해서 제대로 생각해 본 적이 있을까? 적어도 나는 없었다. 사는 게 치열하기 때문이다. 소위 먹고 살기 바쁘기 때문이다. 우연의 계기라고 생각되지만 미약하게나마 이 책을 읽고 행복에 대한 스스로의 정의를 내릴 수 있을 것 같다. 하지만 이 책의 내용은 어렵기 때문에 계속 읽어보면서 Re-Design 해나갈 수 있어야겠다.

책에 나오는 내용 중에 행복도 물리학의 작용—반작용의 법칙처럼 남에게 행복을 전하면 자신도 행복해지는 것이라는 내용이 참 좋게 다가왔다. 행복을 남에게 줄 수 있는 사람이 되었으면 좋겠다. 마치 해바라기의 행복을 주는 사람이라는 곡의 "내가 가는 길이 험하고 멀지라도 그대 내게 행복을 주는 사람"이라는 가사처럼 말이다. 생각해 보면 나와 가장 가까운 나의 가족에게 먼저 행복을 주는 사람이 되어야겠다고 생각했다. 물론 나 자신부터 행복해지고 나서부터 말이다.

그러면 나는 '어떻게 행복해질 수 있을까?' 이과적인 문제의 답처럼 정해진 답을 없을 것이다. 저 물음에 대한 대답은 마치 고3 시절의 수학 문제처럼 풀리지 않는다. 책을 읽기 전에는 말이다. 주관적인 물음에 주관적인 대답을 하는 것이 정답이라고 생각하지는 않지만 오답도 아니라고 생각한다. 책을 읽고 난 후 내가 내린 저 물음에 대답 행복을 목표로 사는 것이라 스스로 정의를 내렸다. 책에서 서술하고 있는 명품인생대학처럼 말이다.

내 나이 35세, 적지도 많지도 않은 나이지만 명품인생을 살 수 있도록 노력할 것이다. 아직 한 분야에 대해 전문가라고 할 수 있는 지식도 경험도 없다. 이공계열 전공도 아니고 그렇다 할 외국어 능력도 없다. 다만, 인내를 가지고 한 걸음씩 다가간다면 언젠가는 좋은 결과가 있지 않을까 기대한다.

그리고 감사의 마음으로 보다 겸손한 자세로 인생을 살아갈 수 있도록 해야겠다. 당연히 누릴 것이라 여기었던 모든 당연한 것에 대해서 돌아보고 되새겨보는 기회를 가져야겠다.

"누구에게나 어려운 시간대는 있고 또 그 시간대는 흘러 지나간다"라는 글귀는 마치 무심히 옆에서 묵묵히 위로해 주는 동네 형이 해주는 위로의 한마디처럼 느껴졌다.

독서가 취미도 아니고 책을 읽는 습관도 없는 내가 이 책을 완독하기에는 역부족이겠지만 분명 읽으면서 느끼었던 감정들은 좋은 향기로 오래도록 남아 있을 것이다. 짤막하고 깊이가 없어 보이는 이 몇 문장들이 내가 살아갈 인생에서 만나게 될 나태함과 부정적이 사고방식들을 깨트릴 수 있는 '터치 스톤'이 될 수 있기를 희망한다.

송종훈 3기

변화를 두려워하는 나

"변화를 두려워 말라, 변화하지 않으면 생존하지 못한다"라는 표어나 문구가 있다. 정부 기관이나 기업체의 캠페인 표어나 문구로 많이들 쓰는 용어다. 나만의 좌우명이라 할까 아니면 나만의 캠페인이라 할까 거창하지만, 머릿속에서 항상 춤추고 있는 문장은 틀림없다.

2011년 9월 대성나찌유압공업㈜ 입사하면서 전과 다른 나를 찾으려고 노력했었다. 그러나 나의 내면을 변화한다는 것은 두렵기도 하면서 언제나 변화의 시작을 망설인다. 힘들게 시작하지만, 전과 같은 나와 타협하여 변화에 매번 실패하였고 환경, 금전, 가족, 이라는 핑곗거리가 차곡차곡 쌓아가며 자존감이 떨어진 나를 보며 변화에 적응 못 하며 살아온 것이 사실이다. 아니 내면에서는 변화하지 않으려고 했는지도 모르겠다. 그래서 뭔가가 필요로 했다. 그것이 명품인생대학 입학하는 계기가 되었다. 인생의 행복 기준과 행복한 인생을 살기 위한 인생 설계 행복 학습을 통한 나의 성장하는 모습이 상상되고 조금씩 잃어버린 꿈에 한 발짝씩 다가갈 것 같아 기대된다.

《너 그러면 행복하겠니》 읽는다

명품인생대학의 입학이라는 계기와 동기로 내 손에 다시 들게 된 한 권의 책 변화에 두려워하고 자신과 타협의 늪에서 빠져나오지 못한 내가 독서를 한다. 《너 그러면 행복하겠니》라는 책을 읽는다. 나라는 사람이 스스로 자랑스럽다고 생각하는 반면 책 한 권 읽는 것이 무슨 큰일이나 자랑스럽기까지나 하는 생각이 든다. 언제나 나의 내면에는 긍정과 부정, 천사와 악마 서로 싸우듯 생각들이 교차한다.

작년 봄소식을 전할 때쯤 대표님의 책이 내 눈앞에 보였다. 우리 회사 대표님은 팔방미인인데 이번에 책까지 정말 대단하신 분이 틀림없다. 다들 책 선물 주고받기도 하고 개인적으로 구매하여 열심히 독서하더니, 독후감을 쓰고 대표님의 생각과 경험을 이해하려고 노력 중이다. 나도 책을 읽으면서 작가를 이해하려 하고 이해가 되는 것이 처음이다.

어린 청년 시절 병마와 싸워 이겨낸 승리 힘든 역경 속에서도 꿈을 포기하지 않았던 굳은 의지, 엔지니어로서 열정, 가족의 사랑(자식들에게 다정다감하고 부인에게 오직 사랑으로 전하는 변명서) 대목은 쉽게 지워지지 않는 유성 매직과 같이 내 마음에 쓰였다. 재미있는 대목은 대표님을 상당수 상사의 어찌어찌 할 수 없는 이상한 놈으로 만들고 취급해 버렸던 내용들…

그러나 능력을 믿어주고 응원해 주신 구원투수들 덕분에 삶의 무게를 덜 수 있었던 내용은, 예전 나의 옛 직장 상사의 기억이 떠올라 추억에 잠시 젖어 들었다. 평범하게 직장생활하고 평범한 가족과 시간을 보내고 일이 힘들면 힘들다, 좋으면 좋다, 싫으면 매우 싫다는 아주 주관적이고 개인적인 생각 속에서 패자로 살아가는 시간은 계속 흐르고 있다.

가족과 직장의 책임감이라는 굴레는 점점 목을 조여오고, 정작 내 내면의 나만의 꿈이라는 희미하고 형상도 없는 연기 같다. 꿈을 이루지 못한 꿈에 대한 그리움과 먹먹함은 먹고 사는 문제로 잊은 지 오래다. 그래서 더더욱 인생 디자이너 장달식 대표님의 작품 또는 모델에 내가 적합한지에 대한 의문으로 작년 명품인생대학 입학을 포기하였다.

1년이라는 세월이 흘렀다. 좋은 동기부여가 생겼는데 바로 대표님의 칭찬 한마디이다. 칭찬은 고래도 춤추게 한다는 문장이 나의 마음에 백발백중 적중했다. 대성나찌유압공업㈜ 개선 제안 왕이라는 타이틀을 2연패 하고 아이디어가 좋은 사람으로 조금씩 인식되어 갈 때 하나둘 자존감이 높아지고 잊어버렸던 꿈들이 하나둘 샘솟았다.

나의 슬럼프의 끝이 보이기 시작한다는 느낌이 들기 시작했고, 큰 병에서 조금씩 회복하듯이 마음을 다잡고 다시 명품인생대학 입학에 도전할 수 있었다. 이젠 자신감이 넘치며 열정이라는 연료를 사용하는 엔진이 가동되어 버렸다. 인생 디자이너 장달식 대표님의 손길로 훌륭한 작품 또는 유명한 모델로 만들어져 대중에게 기억되고 싶다.

고교 시절 서브 보컬로 잠시 학교 밴드에 참가했을 때 악기를 배우고 싶었고 드럼을 연주하고 싶었지만, 선배의 등쌀에 밀려 포기한 나의 조그만 꿈이 꿈틀거리기 시작했다. 마흔 살이 되어서야 "여보 나 음악 해도 돼? 드럼 한번 시작해 보려고" 아내의 융단폭격 잔소리를 예상했지만, 어둠 속의 한 줄기 빛 같은 "해보던가?" 성의 없게 말 한마디 건네는 것 같았다. 하지만 그 속에는 많은 의미가 내포되어 마치 외국어를 번역기에서 들려오듯 '열심히 해봐 당신 꿈이었잖아, 행복하면 좋겠어'라고 해석되었다.

목표는 정해졌다. 명품인생대학은 내 꿈을 찾아주는 내비게이션이며 행복을 만드는 법에 대해 배우는 대학이라 믿어 의심치 않는다. 이젠, 나의 변화에 주저하지도 두려워하지도 않는다. 행복의 나라로 가는 명품인생대학 비행기의 티켓은 이미 발권되었다. 명품인생대학 비행기를 타고 하늘을 날며 변화된 내 모습이 행복한 나를 꿈꾸며 이 글을 마무리한다.

이준엽 3기

책을 읽기 전 '행복'이 무엇인지 정의를 찾아봤다. '주관적 안녕감' 즐거움이라기보다는 오히려 특별한 사건이 없는 편안한 상태를 의미한다. '내가 대학교를 졸업하고 회사에 입사했을 때의 느낌이 행복일까?'라고 생각해 보니 그런 것 같다. 취업난 속에서 '내가 취업을 할 수 있을까?'라고 느꼈던 불안감이 취업과 동시에 사라지고 안정감을 느끼면서 직장이 있다는 것에 감사한 마음을 느낀다. 스스로의 안정감을 느끼면 나는 이러한 기분을 행복이라고 생각한다.

'명품인생대학' 입학을 준비하면서 내 인생의 최종적인 목표, 명품인생의 조건이 무엇인지 생각을 해봤다. 처음엔 회사의 임원이 되는 것, 경제적인 여유가 풍족한 자산가를 생각했다.

《너 그러면 행복하겠니》를 읽으면서 위처럼 생각했던 나에게 부끄러움을 느꼈다. 위의 목표 또한 훌륭한 목표하고 생각하지만, '먼 훗날 내가 목표를 이루었을 때, 행복한 인생일까'라고 자신에게 물음을 던졌지만 확신하지 못했다. 남에게는 정말 잘 살았다고 이야기는 들을 수 있겠지만 그건 남의 평가일 뿐, 스스로 행복하지 못한다면 잘 살았다고 생각할 수가 없기 때문이다.

그래서 뭘 하면 행복할까 라는 물음에 처음에는 떠올리기가 힘들었지만, 이 책의 한 내용을 보면서 생각할 수 있었다. '인생의 맛은 미분이요, 인생의 열매는 적분이다', 인생의 적절한 미분값을 설정하고, 삶의 조각들을 쌓아가다 보면 향이 풍성하고 열매가 가득한 인생을 살게 될 것이다.

소소하지만 나에게 행복감을 줄 수 있는 것, 첫 번째로 운동을 생각하고 목표로 적었다. 체력이 증진되고 있다는 느낌을 받을 때의 행복감을 느꼈던 경험을 많이 했던 한 사람으로서 운동을 떠올렸다. 현재는 부족한 운동량으로 체력이 많이 저하된 상태지만, 조금씩 운동을 하며 체력을 증진해 나가는 목표를 설정했었다.

하지만 '체력을 증진해 나간다' 목표를 달성했다는 근거가 무엇일까. 목표를 세우려면 측정이 가능한 것일수록 좋다는 멘토의 이야기가 생각이 나서 달리기로 운동을 정했고, 목표는 5년 내에 3km를 13분 안에 통과하는 것으로 세웠다.

　책 내용 중, '감사노트 쓰기'에서 감사한 일은 쉽게 잊지만, 억울한 일은 잘 잊지 못한다는 내용이 있다. 나 또한 그렇게 살아왔다고 생각했다. 사소한 일에도 감사함을 느끼면서 산다면, 스스로의 감정은 감사함을 떠올리기 전보다는 편안함을 느끼고, 행복한 삶이 될 수 있겠다고 생각했다. 최근에 있었던 감사한 일을 떠올려 보아도 좋았던 기억으로 떠올라 기분이 좋아진다. 감사한 일을 계속 기록해 온다면, 훗날, 힘든 일이 있어 무너지더라도, 다시 일어날 수 있는 원동력이 될 수 있겠다 생각했다. 나 또한 저자처럼 감사노트와 매년 나의 10대 뉴스를 스스로 작성해 본다면, 자신에 대한 자존감이 올라가고 행복감을 느낄 수 있을 것 같아, 감사노트 작성을 실천해 보기로 했다.

　이제 곧 한 아이의 아빠가 되는 위치에 서게 된 나, 인생을 어떻게 살아야 할지 고민하던 이때, 《너 그러면 행복하겠니》는 스스로 진정한 삶의 의미를 찾고 그 길로 들어설 수 있도록 하며 아빠로서의 삶, 가장으로서의 삶의 응원이 아닌 나 자신의 행복과 명품인생을 살아가기 위해 큰 도움을 주는 책이라고 생각한다. 행복한 인생에 대해 진지하게 고민도 하지 않았던 나에게 큰 숙제를 주는 동시에 앞으로의 내 인생의 방향을 잘 잡을 수 있도록 해주는 이 책을 가까이 두고 싶다.

이 책의 첫인사는 "너 그러면 행복하겠니?"라는 물음이었다. 단순하면서도 어려운 질문에 나는 말문이 막혔고, 장달식 대표님은 이 책을 통해 이 물음에 대한 답을 어떻게 풀어놓으셨을지 궁금증 가득 품고 책의 표지를 넘겼다.

《너 그러면 행복하겠니》 책의 구성은 〈1. 시인, 작곡가로 살아가기〉, 〈2. 엔지니어로 살아가기〉, 〈3. 인생 디자이너로 살아가기〉, 〈4. 행복에 이르게 하는 작품들〉 총 네 가지의 주제로 구성되어 있었다. 그리 두껍지 않은 책 《너 그러면 행복하겠니》 속에서 무수히 많은 내용의 함축과 생각들을 읽을 수 있었기에 독후감은 문단에 따라 나누어 작성하였다.

〈4. 행복에 이르게 하는 작품들〉은 장달식 대표님의 시인, 작곡가로서 활동하며 창작하신 대표 작품들을 감상할 수 있었다. 이 문단은 대표님의 작품을 느낀 것에 의의를 두고 독후감에서 다루진 않으려 한다.

시인, 작곡가로 살아가기

시인, 작곡가 장달식 대표님의 여러 작품 중 나의 가슴에 감동을 남겼던 시는 당연 〈독초〉이다. 나는 〈독초〉라는 시를 보고는 한참을 책장을 넘기지 못했다. 처음에는 잘 쓰인 문장에 감탄했고, 계속해서 곱씹어 보니 독초 속에서 지난날, 그리고 앞으로 내가 꺾어야만 할 독초들이 떠올랐다. 무언가를 포기해야만 했던 내 마음과 독초가 통해서인지 들판에 외로이 핀 독초가 내 마음에 바람으로 불어와 진한 여운을 남기고 갔다. 지금 나의 삶에서 사랑하지만 꺾어야만 할 독초는 무엇일까? 나의 물음에 든 생각은 주말마다 즐기는 술자리이다. 한 주의 스트레스를 풀고 위안을 얻지만, 매주 반복되는 폭주에 나는 건강을 잃어 가고 있다. "그 뿌리 중 하나가 나로 인해 생겨남이라" 결국은 이 모든 것이 나로 인해 파생되었다고 생각하니 술은 꼭 꺾어야 할 독초 같다. 지금은 술에 빗대어 생각해 보았지만 여러 가지 상황과 내 감정이 다른 독초를 만들어 해석이 달라질 것 같아 두고두고 읽어보고 싶다.

엔지니어로 살아가기
―

    엔지니어로 살아가기에서 가장 감명 깊던 부분은 가려 하지 않았던 출발이다. 물론 주행모터 개발, 사축식 주행모터 개발, VBO 시스템 개발 등 대표님께서 이루진 업적에 나의 눈을 사로잡았다. 하지만 나의 마음은 가려 하지 않았던 출발에 녹아 있었다. 유압은 내 인생에서 생각해 본 적 없는 전혀 다른 차원의 새로운 분야였다. 대학 학사 수준이지만 금속재료기사, 용접기사 자격증 등을 취득하며 금속재료 엔지니어로서 준비하던 나였다. 하지만 인생은 늘 그렇듯 나의 뜻대로 흘러가지 않았다. 단군 이래 가장 어렵다는 취업 시장과 취업이라는 심리적 압박감은 나의 목표를 안개 속에 숨겨버렸다. 다행히 대성나찌유압공업㈜의 연구개발 직무를 맡게 되면서 그래도 엔지니어로 일을 시작할 수 있다는 안도감에 만족했었다.

로버트 프로스트가 노래한 '가지 않은 길'이 아니라 '가려 하지 않은 길'에서 출발하였으나, 이 길에도 한 번 살아볼 만한 일들이 기다리고 있었다. 나는 이 글귀에 매우 공감했다. 유압을 모르고 시작하였으나 유압 시스템에 흥미를 느끼고 유압 엔지니어로서 자부심을 가지게 되었다.

인생 디자이너로 살기

인생 디자이너로 살기를 읽으면서 공감하게 된 것은 "매일 설계 업무를 보지만 인생을 설계하지 않는다"는 대표님의 글귀이다. 매일 설계 계산식을 이용하고, 관련 규정을 찾아본다. 그리고 설계 일정을 관리하며 업무를 보고 있다. 그럼, 나의 인생을 위해 어떤 계산을 하고 관련 책들을 읽으면서 내 인생의 설계를 하고 있었나? 나는 나의 인생을 설계하지 않았다. 무력감을 느꼈다. 한편으론 대표님께서 이끌어 주시는 명품인생대학에 입학한 것이 어쩌면 나의 인생 설계의 첫걸음이라고 생각한다.

명품인생대학을 입학하기 위해 나는 나의 인생목표를 설정해야 했다. 인생의 설계와 목표를 언어로 표현하고 정의하는 것은 매우 어려웠다. 하지만 대표님께서는 명품인생 설계에 대한 방법들을 제시해 주시며 나의 목표 설계를 도와주셨고 명품인생대학에 입학할 수 있었다.

명품인생대학의 목표는 현재 나의 목표이고 미래의 목표는 언제든지 바뀔 수 있을 것이다. 앞으로 인생을 살아가며 나의 가치관이 바뀌고 그에 따라 나의 인생목표도 달라질 수 있기 때문이다. 아무것도 하지 않고 '살아 가지니까 살아간다'는 식으로 나의 인생을 대한다면 그 무엇도 바뀌지 않을 것이다. 대표님의 책에서 읽은, 행복의 모범 답안으로 제시해 주신 행복은 "인생 설계와 그 설계를 수행하는 수준에 따라 정해진다"

는 글귀에서 목표도 중요하지만, 그 목표를 이루어 나가는 과정에서 행복을 찾으라는 뜻으로 생각된다. 나도 나의 인생 설계를 통해 목표를 설정하고 그 목표를 이루어 나가는 과정에서 행복을 찾으려고 한다.

Design Your Life, Manage Your Design!
장달식 대표님 감사합니다.

손철웅 3기

살아오면서 내가 행복에 대해서 생각해 본 적이 있는가? 스스로 물어보았다. 크게 뛰어나지도 뛰지도 않으며 평범하게 살아간다고 생각하였다. 평범한 일상 속에서 나의 행복은 무엇이냐고 긴 시간을 투자해서 생각을 해본 적은 없었던 것 같다.

그렇게 회사 생활을 하면서 결혼을 하게 되었고 아내를 바라보며 처음 행복에 대하여 진지하게 생각해 보게 되었다. 나에게 있어서 행복은 추상적이며 경제적인 조건과 항상 관련이 있다고 생각했었다. 또는 행복이란 내가 희생해서 나의 아내, 나의 가족이 행복할 수 있다면 그것이 곧 나의 행복이 될 수 있으리라 생각했다.

그러던 어느 날 한 권의 책을 읽어보게 되었다. 청년 시인의 자서전을 읽으면서 행복에 대해서 많은 지혜를 알기도 하였지만, 무엇보다 책 속의 쓰인 아름다운 표현들이 가슴에 와 닿았다. 나의 경우 행복을 얘기하면서 최근 가장 큰 부분을 차지하는 것은 결혼이며, 아내와의 생활이다. 결혼 전 독립하여 혼자 지낼 때와 현재를 비교하면 훨씬 행복해졌다고 생각한다. 다만 이 기준은 앞뒤의 상대적 비교이며 나의 자그마한 행복 기준에서 행복하고 생각한다. 책을 읽으면서 결혼에 관한 아름다운 문구가 있어 나도 모르게 여러 번 읽게 되었다.

"채도가 높지 않은 밋밋한 색이 있는가 하며, 차가운 한줄기의 바람에 하룻밤에 변해버리는 가을 단풍과 같은 선명한 색의 인생도 있다. 결혼은 인생의 색채를 변경하는 중요한 이벤트이다" 이 문구를 보고 최근에 나의 상황과 비슷하다는 생각이 들기도 하였고, 왠지 모르게 문구가 마음에 들어 이 부분을 여러 번 읽게 되었다. 결혼 후 아내가 함께함에 있어 남들이 봐서는 어떨지 모르겠으나 나의 행복의 색깔을 화려한 장밋빛으로 물들고 있다고 생각했다. 그리고 책을 읽던 와중에 아내에게 물어보았다. "당신은 나를 만나 결혼을 해서 행복한가요?" 아내가 웃으며 나와 생각이 같다고 했다. 이러한 부분에 행복을 느꼈고 생활 속에 소소한 행복이라 생각한다.

이처럼 일상 속에 소소한 행복이 있지만, 결혼을 하고 가장이 되고 나중에 아이가 생겨 가족 구성원이 더욱 커지게 된다면 가장으로서 나의 개인적인 욕심을 버리고 가족에게 좀 더 양보함으로써 가족이 행복하다면 그것이 곧 나의 행복이라 생각을 했다. 책을 읽기 전에는 그렇게 생각했었다. 하지만 개인의 행복, 나의 행복이 없다면 나는 행복한 것이 아니라는 부분은 나에게 꽤 충격적이었다. 분명 문구로는 맞는 말이지만 앞서 말한 대로 나의 행복에 대한 패러다임이 다르게 해석될 수 있다는 생각에 제법 고심을 하게 되었다. 곰곰이 생각해 보니 엄격한 아버지 밑에서 자란 나 역시도 아버지처럼 가족을 위해 희생하고 그러한 부분에서 만족감을 느끼는 것이 행복이라는 생각을 고정관념처럼 가지고 있지 않았나 생각하게 되었다. 이러한 부분은 앞으로 스스로 고민하고 깨달아야 할 부분이라고 생각했다. 내가 행복하기 위해서는 나의 인생을 설계해야 하고, 내가 어떤 부분에서 행복을 가질 수 있을지 진지하게 고민하게 되었다.

나는 무엇을 해야 행복할까? 생각해 보니 '무엇을 해야 행복할까'보다 '나는 어떤 사람이 되어야겠다'는 생각이 좀 더 나에게 있어 행복이 가까워지지 않을까 생각이 들었다. 내가 살아온 인생의 뒷모습이 내 가족, 나의 친구, 누군가에게 도움이 되고 희망이 되는 목표가 되고 싶다는 생각이 들었다. 그러기 위해서는 좀 더 내가 행복하고 만족할 수 있는 삶을 살아갈 수 있도록 설계를 고민해야겠다.

시간이 지남에 따라 나의 정신과 감정도 성숙해지고 있다고 생각한다. 비록 지금의 나는 회사 생활과 결혼 생활을 병행하며 흔히 말하는 워라밸라이프를 즐기기에는 경험과 지식이 부족하다. 가끔 힘들고 지칠 때가 생겨 내려놓고 싶을 때도 있었다. 하지만 나뿐만 아니라 누구에게나 목표를 향해 나아감에 있어 쉽게 성취하는 법은 없다고 생각한다. 쉽게 목표에 도달한다면 허망하고 공허함이 더욱 나를 뒤덮을 것이다. 목표를 향해 조금씩 다가가는 법을 배우며 인내와 행복에 다가가는 연습을 할 것이다.

독후감을 적으면서 책의 내용보다는 나의 감성과 느낌을 써 내려온 것 같다. 아름다운 시적 표현과 가슴에 와닿는 문구, 내가 생각했던 패러다임을 다시 한번 고민하게 하는 내용, 이러한 부분을 통해 지금 이렇게 글을 써 내려가는 것을 포함해 흥미롭게 다가온 책이었다. 최근 역사 속 인물에 관한 책들에 관심을 가져 딱딱한 위인전에 관한 글귀만 읽다가 아름다운 표현이 있는 자서전을 보니 최근 감정에 메말라 있지 않았나 고민도 하게 되었다. 감성적으로 메말라 있다 보니 최근 생활도 돌이켜 보면 약간 건조한 생활을 하지 않았나 반성하게 된다.

이 책을 여러 번 읽어보았지만, 그때의 감성에 따라 다가오는 느낌이 미묘하게 차이가 있는 것 같다. 다음번에는 촉촉한 감성을 가진 느낌으로 이 책을 읽어보려고 한다. 그렇다면 지금 나의 행복으로 가는 목표가 뚜렷하지 않은 부분이 조금은 선명하게 나타나지 않을까 싶다. 그리고 개인의 행복뿐만 아니라 조금의 여유가 생겨 가까운 사람 또는 다른 사람에게도 행복을 전할 수 있는 그러한 사람이 될 수 있는 목표가 추가될 수 있도록 노력해야겠다.

이렇게 독후감을 적어보는 것이 오랜만이라 어색한 부분도 있었지만 스스로 생각해 보는 시간과 감상에 빠져보는 것은 나에게 있어서 뜻깊은 시간이었다.
감사합니다.

"공학박사의 문학적 책을 접하다"

━

대성산업으로 이직 후 이틀 차에 이 책을 처음으로 접하였습니다. 공학박사의 에세이라 첫 이미지는 공학적인 부분과 삶을 연결하는 다소 딱딱한 부분이 많겠다는 선입견을 품고 첫 페이지는 정독하였습니다. '첫 페이지를 시작하며'의 마지막 구절이 정확한 맛 표현인 것 같습니다. 이과적 안목과 문과적 소질을 사용하여 집필된 이 에세이를 읽었을 때 색다르고 정말 맛있는 책 한 권을 읽을 수 있었습니다.

우선 책 한 권을 쓸 수 있다는 것은 정말 인생을 맛있게 살아가며, 쉬지 않고 노력 그리고 연구하여야만 쓸 수 있다고 생각합니다. 일반적인 사람들은 전무님의 책 1/3 정도도 다 채우지 못하고 생을 마감할 것입니다. 저 또한, '나의 이야기로 책 한 권을 채울 수 있을까?'라는 의문점이 들 수밖에 없었습니다. 답은 전혀 채울 수 없고 앞으로도 채울 생각이 없었다는 것입니다. 결핵 판정을 받으시고 자칫 무너질 수도 있었던 그 시간에 살아 있음을 표현하고자 시를 쓰시고 시집까지 집필하신 이야기는 굉장한 울림을 주었습니다. 거기에서 멈추지 않고 오페라 작곡가까지 되는 모습은 귀인이라는 말이 절로 나오는 내용이었습니다. 공학박사가 오페라 작곡을 하는 이력은 세상 어디에도 없는 굉장한 이력일 것입니다.

"외국어를 모국어로 생각하여 사용하지 말라"

— 외국어를 사용할 때 제일 중요한 것은 모국어로 생각하여 번역하는 것을 금해야 한다는 내용에서 아주 깊게 공감하였습니다. 자연스럽게 나오는 외국어는 상대방도 자연스럽게 들을 수 있지만, 외국어를 머릿속으로 번역하여 사용하면 상대방이 백이면 백 이해하지 못하는 경험을 많이 하였기 때문입니다. 이태리어에서 라틴어까지 구사하는 전무님의 언어 열정은 우리가 모두 정말 본받아야 하는 모습이라 생각합니다. 저 또한, 5년 후 목표로 세운 영어 말하기 시험 등급을 취득한 후 다른 언어에 도전하고 싶은 마음에 생겼습니다. 3개 국어를 구사할 수 있는 사람이 되도록 하겠습니다.

"1993년 3월 6일 독일 유학과 엔펌"

— 1993년 3월 6일 시작된 독일 유학은 정말 놀라운 도전이라 생각합니다. 서른이 넘어 아이 둘을 데리고 돈 없이 독일로 유학을 하러 간다는 도전은 아무나 할 있는 일이 아니며, 인생을 올인하는 도전이지만 끝내 논문이 통과되고 학위를 받으시는 스토리는 나도 해보고 싶다는 용기를 주는 내용이었습니다. 퇴직하신 후 만든 엔펌은 정말 신선하고 창의적이라 생각합니다. 변호사로 구성된 로펌은 친숙하지만 엔지니어링 구성된 엔펌은 생각지 못한 발상입니다. 퇴직 후 편안하게 쉴 수도 조금 더 편한 일자리를 찾을 수도 있으나, 끊임없이 도전하는 모습은 정말 본받고 싶습니다. 저 또한, 끊임없이 일하기 위해서 공인중개사라는 목표를 가지고 있습니다. 반드시 도전하여 취득에 성공하여 또 다른 도전을 행하도록 하겠습니다.

"다행인간"

에세이 중 다행인간이란 "많이/많은 인간을 행복하게 하라" 이 말은 전무님께서 자주 말씀하시는 것처럼 주변 사람들은 행복하게 만들어야 그로 인해 나도 행복해진다고 말씀해 주신 것처럼 에세이를 읽는 동안 행복한 시간이었습니다. 저 또한 저만의 행복을 넘어서 우선, 주변 사람들을 행복하게 만들 수 있도록 노력하고 싶어졌습니다.

황규현 3기

'너 그러면 행복하겠니' – 다행인간

(*독자의 관점에서 쓰고자 저자의 직성명이나 English name 대신 '다행인간'으로 표합니다)

과격한 제목이고, 불편한 질문이라 생각했다.

행복하겠냐고 묻는 의문형인지, 행복할 수 없는 짓만 하는 나와 누군가를 질타하고자 함인지 어느 쪽이든 듣고 답하기 편한 발언은 아니다.

저자인 다행인간과 물리적으로 가까운 거리에 터를 두고 있는지라 그로부터 직접 이 책을 선물 받는 엄청난 행운을 누리긴 했지만, 이 책의 첫인상과 독서는 불편하고 어려웠다.

왜 불편하고 어려운가? 이 의문의 이유를 찾는데 적지 않은 시간이 걸렸다. 최근에 난 그 이유를 조금은 깨닫고 조금은 나를 변화하고자 했다. 그런 나의 조그마한 심신의 변화를 놓치지 아니하고 조금 더 깊이 고찰하고자, 나는 그간 고사해 왔던 명품인생대학의 입학을 결심했다.

'다행인간'

—   '행복'이라는 단어를 말이나 글로 2021년 중 내가 사용한 적이 있던가? 지난 3년간은 있었던가? 아니, 30년 넘게 살면서 '나 행복하다. 저 행복합니다'라는 표현을 누군가에게 해본 적이 있었던가?'

내 인생에서 '행복'이란 단어 자체를 써본 적이 거의 없다는 사실을 인지하고 나니, 다행인간의 저서가 왜 불편하고 어려웠는지가 명확해졌다. '행복'이란 단어를 쓰지도 않고 '행복하다'라는 형용사의 의미가 무엇인지 설명 조차 모호해 하는 내가, 행복을 추구하는 그것도 많은 행복(多幸)을 추구하는 저자의 에세이가 쉽게 읽혀지고 첫 만남에 감화된다면 그것은 난센스일 것이다.

나 역시 행복을 추구하는 인간의 본성에서 벗어나지 않는 사람이다. 특별하지 않은 사람이란 것이다. 특별하지 않은 만큼 인간이 추구하는 행복은 궁극적이고 특별한 것이라 생각했다. 이 막연하고 미련한 생각은, 언제부터인지 기억조차 나지 않을 정도로 오랜 기간 내 몸과 마음속에 차곡차곡 쌓이고 굳어와 울퉁불퉁한 바위산같이 자리 잡고 있었다. 큰 뜻을 품고 먼 길을 가려는 나그네가 어찌 넘어가야 하나 좌절하게 하는 큰 절벽 같은, 그런 바위산 말이다.

다행인간은 이러한 내 속의 바위산에 균열을 가했다. 사실 이 균열작업은 에세이와 무관하게 다행인간과 내가 물리적으로 같은 시간과 공간을 많이 공유할 수밖에 없는 현실적인 관계에서 이루어진 바가 큰지라, 독자의 관점으로 서술해야 하는 이 글에서는 사실 큰 반칙을 범하고 있는지도 모르겠다. 그런 면에서 철저한 독자의 시각으로 보았을 때, 이

에세이가 어렵고 불친절하다는 느낌은 여전하다.

'행복 기울기의 측정', '행복 공간의 창출'

나는 특별한 신념이나 종교가 없다. 궁극적이고 특별한 행복을 굳이 정의할 필요가 없고, 천국(Heaven)이나 극락(極樂) 같은 궁극의 공간을 찾을 필요도 없다. 내 속에 있던 바위산에 균열이 생기고 조만간 이를 허물어 버릴 기대감이 생기니, 평범하고 평온했던 일상의 행동이나 감정이 눈으로 달리 보이고 머리와 마음속 깊이 청량감이 생긴다. 다행인간은 지금의 나보다 더 어린 나이에 이를 깨닫고 '내일은 꺾어야만 할 꽃(독초)'과 같은 훨씬 더 멋진 시적 단어로 이를 표현했지만, 사람 가진 역량이 저마다 같지 아니하고 모두가 시적 재능을 가질 순 없으리라.

다시 돌이켜 보면 난 '행복'이란 단어를 거의 쓰진 않았지만, '다행'이란 단어는 어렵지 않게 흔히 써왔다. 특정 시점 이전 내가 걱정했던, 혹은 나와선 아니 되는, 결과가 특정 시점 발생하지 아니하였을 때 육성으로든 마음속으로든 '다행이다'를 자주 언급해 왔다. 이 단순한 안도감조차 그 값은 크지 않더라도 분명한 행복의 양의 기울기를 가지고 있었으며, 그 안도감을 외부든 내면으로든 공유하고 표현하는 만큼 행복 공간은 조금이나마 분명 창출되었다.

값이 적은 기울기를 계속 측정하면서 이제는 측정 기간을 미래로 조금씩 늘려가고자 한다. 더 복잡한 기울기를 다양하게 측정하는 기술을 배우고 싶다. 이른바 행복 미분값을 명품인생대학에서 제대로 공부하고

자 한다. 또한 그곳에서 많은 사람과 자신만의 미분값을 공유하며, 그 자리에 행복 공간이 나날이 더 넓고 크게 쌓이길 기대한다.

'설계'를 위한 '기록'
—
하나의 와인 잔을 보면서도 굽이굽이 기울기를 고찰하고, 어떠한 내부 공간구조로 기울기가 0인 지점까지 와인의 풍미를 최대한 살리는가를 고찰하는 다행인간은 진정 '설계'에 단단히 빠진 사람임에 틀림없다. 이 다행인간의 설계에 대한 열정과 다방면에 대한 깊은 관심이 이 에세이의 근간임을 인지하고 나서야, 이 에세이가 편하고 쉽게 읽히기 시작했다. 사실 다행인간은 "너 그러면 행복하겠니"라는 표현을 누군가에게 서슴없이 할 만큼 불친절한 사람이 결코 아니다. 그만큼 '행복'이 인생에서 가지는 가치가 큰 것을 강조하기 위함이며, 다행인간 이라는 표현처럼 많은 사람이 많이 행복하기를 바라는 깊은 바람의 표현일 것이다.

다행인간은 설계의 기본이자 기초작업이라 할 수 있는 '기록'의 중요성을 강조한다. 사실 이 책의 전반적인 구성도 시를 포함한 주요 기록물이 자주 등장하고, 그 기록물을 배경으로 한 다행인간의 소회, 성취감, 아픔이 다양하게 묻어 있다.

'기록'에 대한 중요성을 인지하고 실행하는 것은 나에게 실로 큰 변화를 이끌고 있다. 지금까지 나는 매일 '망각'하는 밤을 보내왔다. 잠이 드는 순간은 오늘의 일을 다 잊는 시간이었고, 아침에 눈을 뜨는 순간은 다시 깨어나는 시간이었다. 실생활에서 누구를 마주하든 나보다 상대방이 상처받는 걸 경계해 왔고, 누군가 무언가 해주길 기다리기보단 솔선수범하고자 했다. 이는 내 선천적인 성향이 선하거나 배려심이 깊어서가 아니라, 나는 오늘 밤이면 다 '망각'하는 사람이기 때문이었다.

이제는 망각하는 밤이 아닌, '기록'하는 밤을 맞이하고자 한다. 오늘 누군가에게 감사했던 일, 내가 잘했던 일, 부족했던 일을 기록하고 상기하려 한다. 그리고 이제는 깨어나는 아침이 아니라, '실행'하는 아침을 맞이하고자 한다. 감사함에 보답해야 하고 바로 잡아야 할 일이 많다.

이제 나는 행복해질 준비가 되어 있다.

구민효 3기

입사 첫날 《너 그러면 행복하겠니》라는 책을 받고 읽게 되었고, 또 다시 얼마간의 시간이 지난 후 다시 읽을 수 있는 기회가 되었다. 같은 책을 다시 한번 읽는다는 것은 또 다른 의미가 있을 수 있다고 생각한다. 변해 있는 상황을 통해 처음과 다른 또 다른 무언가를 생각할 수 있는 좋은 기회로 생각한다.

**'문화를 이해하려거나 외국인들과 같이 사업을 하려면
반드시 그 나라말을 배울 필요가 있다'**

― 언어를 배운다는 것은 그 나라의 문화를 이해한다는 말과도 같은 것 같다. 나는 배운다는 것에 대한 목표나 동기가 없었

다. 나의 목표이나 업무적으로도 필수적으로 필요한 중국어 학습을 목표로 하게 되었다. 하고 싶다 해야 한다는 생각은 있었지만 확실히 실행해 나가야 하는 동기나 목표가 없었다. 이번을 기회로 삼아 해야 하는 명확한 동기 설정과 목표 달성을 위한 첫걸음으로 실행에 옮길 수 있는 중요한 계기가 될 것이다.

'포기하지 않으면 성공한다'

━

이 말은 사축식 주행 모터 개발 프로젝트 진행에서 나온 말이다. 어려운 개발로 프로젝트 중단하라는 압력을 받았지만 포기하지 않고 5년에 걸쳐 6번이나 시행 품의서 변경을 해가며 결국 성공시킨 인간 승리와 같은 명언이라고 생각했다. 포기하지 않고 동료들과 함께 다시 공부하고 목표를 위해 끊임없이 노력한 결과들 이라고 생각한다. 항상 좋은 결과만 있을 수 없지만 그 과정에서 기술, 경험, 동료애를 통해 자기만의 노하우로 가장 값진 성공이자 무기가 되었을 것이라 생각한다. 나 또한 그 경험을 받아 조금 더 전문적인 지식과 노하우를 쌓을 수 있도록 하고 실무에 적용할 수 있도록 해야겠다고 생각을 하게 되었다.

2-6 《너 그러면 행복하겠니》를 1년 후 다시 읽고

김대민 1기

어느덧 2년의 세월이 지났다. 그리고 다시 처음의 마음으로 자신을 되돌아보며 과연 지금의 '나는 행복한가?'라는 질문을 자신에게 던져보았다. 그동안 나는 나의 행복한 삶을 위해, 미래의 행복한 삶을 살기 위해 많은 변화가 있었다. 현실의 부정과 좌절의 마음을 버리고 늘 나의 주변 사람들과 지금 처한 현실에 감사한 마음을 가졌으며 힘들고 어려운 상황을 포기하거나 주위를 탓하며 책임을 돌리기보단 할 수 있고 이겨낼 수 있다는 긍정적인 자신감을 가지고 스스로 행복한 삶을 살고 있다는 믿음이 있었다. 하지만 스스로 이 질문의 답을 머뭇거리는 나의 모습에 다시 한번 충격과 놀라움에 자아 성찰의 시간을 가져보게 되었다. 그러면서 《너 그러면 행복하겠니》를 다시 읽으며 조심스레 마음으로 행복의 의미를 가슴속에서 찾아보았다.

지금의 나는 2년 전과는 다르다. 삶을 살아가면서 보고 느끼며 생각하고 판단과 행동하는 모든 것이 변화되었다. 삶에 대한 목표가 분명해지고 그 목표를 위해 한걸음 천천히 다가서는 이 모든 시간이 즐거움과 설렘으로 가득 차 있기 때문이다. 그리고 분명한 것은 나의 목표에 조금씩 가까워지고 있음을 스스로 느끼고 있다. 이것만으로도 행복한 삶을 살고 있다고 믿었지만 무언가 설명하기 힘든 공허함이 느껴졌다. 과연 내가 목표를 이루고 스스로 만족한 삶을 살았다고 생각되는 그때 나는 행복하다고 당당히 말할 수 있을까? 그것이 진정한 행복의 의미인가에 대한 고뇌를 해보았다. 한참의 시간이 지난 뒤 책의 마지막 장을 넘기면서 새로운 행복의 나침반을 찾을 수 있었다.

나는 행복한 삶을 살기 위해 행복을 목적으로 그것을 쫓아 삶을 살아가려 했다. 그러다 보니 잘하고 있는지 잘되었는지 스스로 평가해 보게 되고 그것이 자신도 모르게 심리적인 부담감으로 느껴졌는지 모른다. 행복을 목적으로 두기보단 나 자신이 행복이 되면 미래의 행복한 삶을 살기 위해 노력해야 하는 이유와 조건들이 무의미해지지 않겠냐는 생각의 전환을 해보게 된다.

지금, 이 순간에도 나를 다른 이와 비교해 보며 상대적인 행복의 평가 기준을 만들기보단 스스로 행복이 되면 주변과 상황이 어떻게 변화되어도 행복의 의미는 분명해질 수 있다는 라는 생각을 해본다. 그렇게 스스로 행복이 되어 살아가게 되는 것이 행복한 삶을 살겠다는 목표를 가지고 그것을 향해 달려가는 것보다 진정한 의미의 행복한 삶을 살고 있는 당당한 자신을 만날 수 있는 새로운 행복한 인생의 방법이 아닐까, 조심스레 이야기해 보고 싶다.

그리고 이러한 행복을 나의 삶과 함께하는 이들과 함께 만들고 싶다는 새로운 삶의 목표를 가지게 되었다. 내 가족과 친구들 그리고 나와 삶을 함께하는 사람들이 모두가 행복하다면 또 그것이 꼭 말로 표현하지 않아도 그 행복함을 내가 느낄 수 있다면 나의 행복은 새로운 변화를 맞이하게 될 것으로 생각된다. 그래서 나는 내가 행복 바이러스가 되어 모든 이들에게 행복을 전달하는 역할을 하는 새로운 목표를 가지고 나만의 행복한 삶을 살아가고 싶다.

시간이 지나고 또다시 나에게 행복하냐는 물음을 하게 된다면 그때는 주저 없이 행복한 대답으로 나의 삶을 표현하고 싶다.

정수현 1기

1년 전쯤에 이 책을 처음 읽었을 때 감사한 일 적기, 인생 설계, 명품 인생대학은 나에게 참 낯선 느낌으로 다가왔다. 사실 나의 미래에 대해서도 막연하게 '돈 많이 벌어서 행복하게 잘 살아야지'라고 생각하며 살아왔는데, 평소에 생각하지 못한 많은 부분에 대하여 다시 한번 돌아보게 되었다. 그리고 현재, 5년 후, 최종 목표를 생각하며 체계적이고 진지하게 고민하는 나를 보게 되었다.

책은 항상 처음 읽을 때와 다시 읽을 때의 느낌이 아주 다르다. 이 책 역시 다시 읽으니, 처음과는 사뭇 다르게 나에게 다가왔다. 특히 '인생 설계의 심화'에서 읽은 초등학생의 일화는 초등생의 아이를 키우는 부모의 관점에서 더 와 닿았다. 나는 최근 큰아이의 중학교 진학 문제로 많이 고민했고 큰 결정을 내리게 되었다. '사이코 사이버네틱스'라는 용어처럼 우리 아이는 외교관이라는 구체적인 목표를 가지고 자신의 꿈을 위해 나름 초등학생 관점에서 인생 계획을 세웠다. 우리 부부는 더 좋은 환경에서 아이가 자신의 꿈을 더 이룰 수 있도록 이사를 어렵게 결정했다. 새로운 시작은 늘 어렵듯 새로운 환경에서 아이가 적응하는 부분도, 내가 그 아이를 경제적으로 뒷받침해 줘야 하는 부분도, 아내가 전적으로 아이들에게 매달려 아이들을 관리해야 하는 부분도 쉽지 않았다. 결정을 내리고 빠르게 실행했지만 매 순간 잘한 일인지를 스스로 되물으며 고민하는 시간이 반복되었다.

나는 '인간의 뇌는 생각보다 합리적이거나 이성적이지 않아서 잠재의식에 성공했다고 설정하면 성공한 것으로 여기고 그 실제적인 결과도 같게 나타난다는 정신적인 자동 유도장치' 대목을 읽으면서 아이의 미래와 내 미래에 대한 여러 가지 불안을 잘하고 있다고 스스로 위로하고 다독이는 시간을 갖게 되었다. 나는 미래에 대한 두려움과 현실의 여러 가지 불안을 느끼며 살아가고 있지만 지금 나의 결정이 내 아이들에게도 나에게도 반드시 긍정적인 결과가 되리라 믿기로 했다. 이 책을 읽고 나서 왠지 모를 안도감이 들었다.

인생 설계라는 단어가 처음에는 나에게 무척 생소했었지만 어쩌면 이 책을 통해서 나 자신도 이제 내 가족과 나의 인생의 목표를 세워간다는 생각이 든다. 그리고 그 목표를 향해 나아가는 내 모습에서 느끼는 불안감을 이제는 희망이라는 긍정적인 마음으로 그 과정을 즐기고자 한다. 먼 훗날 이 책을 다시 읽게 되면 그때 나는 또 어떤 느낌일까 기대도 된다. 어쩌면 의무감에서 다시 읽었을 책이지만 사실은 지금 나에게 제일 필요한 책이었는지도 모르겠다. 내 가족과 나와 그리고 나와 관계된 모든 이들이 지금보다 더 행복해지기를 바라며 이 글을 마친다.

이태영 1기

첫 페이지 등장하는 제주도에서 학회는 나에게 새로운 경험이었다. 푸르른 하늘과 바다, 시원한 바람은 일상에 지쳐 있던 나에게 향긋한 꽃내음 같은 평안함을 주는 데 충분했었다. 그 기억을 다시금 떠오르게 하는 이 책을 읽으며 나의 변화된 생각과 모습을 이야기하려 한다.

행복한 인생 설계를 위해 입학한 명품인생대학에서 나의 최종 목표에 대해 다시금 생각하게 되었다. 최종 목표인 건강, 외국어, 가족, 유압 설계 네 가지 키워드를 얼마나 실천하며 해내고 있는지 확인해 보았다. 아침에 일어나면서 외국어 강의를 듣는 것, 퇴근 후 Push-up 운동하는 것, 새로운 유압 설계 Tool을 익히는 것, 가족과의 시간을 갖는 것 목표에 부합되게 하고는 있으나 진정성과 발전성에 의구심이 드는 것을 지울 수는 없었다. 조금 더 세분된 목표를 갖고 작은 성공을 통해 5년 후 목표 달성을 할 수 있는 지구력을 길러야겠다.

카이로스와 크로노스의 시간 개념 설명은 나의 시간을 활용하는 데 정의를 내려주었다. 행복한 인생을 위해 나만의 의미 있는 시간을 가지려 하고 있다. 같은 시간을 어떻게 사용하느냐에 따라 그 사용된 시간의 축적이 나를 만들 것이기 때문이다. 행복한 인생 설계를 위한 기본 조건처럼 생각이 된다.

인생 처음으로 오페라 〈아쿠아 오 비노〉를 관람하여 문화인이 된 것같은 뿌듯함을 느끼는 계기가 되었으며 오케스트라의 웅장함은 잊을 수 없다. 클래식에 대한 나의 이미지가 바뀌게 되었으며 그로 인해 둘째 딸이 플루트를 하고 싶다는 말의 부정적인 생각보다 긍정적인 마음으로 바라볼 수 있어 가족 간의 소통하는 데도 많은 영향을 주었다. 이러한 것이 행복으로 가는 또 다른 길인 것으로 생각하게 되었다.

시는 나와 거리가 먼 것으로 생각하였다. 아니 성인이 된 이후 시를 접해 본 적이 없었다. 이러한 나에게 책 속의 시는 여러 생각을 할 수 있는 마음의 깊이를 주었다. 〈너에게〉라는 시는 명명을 통해 의미를 부여하고 그것으로 부족한 것을 충족시킬 수 있게 할 수 있다고 생각하였으며 내 임이 누구 또는 어떤 것이냐에 따라 달라질 수 있다는 생각이 들었다. 나는 내 임이 내 자신이라고 생각이 들었다. 이것이 작가의 의도가 맞는지는 알 수 없지만 내 느낌은 그렇다.

《너 그러면 행복하겠니》를 다시 읽으면서 이 책과 나는 많은 공감을 하고 있으며 조금 더 행복한 인생으로 가는 것 같은 기분 좋은 느낌을 얻었다.

처음에 읽었을 때는 책을 요약하며 생소한 느낌으로 한 페이지씩 넘겼었다. 나에 대한 인생을 생각하며 책을 읽기보다는 작가의 인생과 생각이 무엇인지 궁금해하며 읽었고, 책으로부터 배우는 긍정적인 변화보다는 너무 오랜만에 하는 독서라는 초점에 맞추어져 책을 요약까지 하며 정리했었고 지금도 내가 요약 내용을 보면 웃음이 나온다.

다시 책을 넘겨보니 그동안 명품인생대학 과제를 수행하며, 학습된 새로운 생각과 인생의 가치관으로 인해 책의 내용이 내 현실에 적용될 수 있다는 믿음과 내가 실천할 수 있다는 자신감으로 다가오게 되는 것 같다. 내 인생 47년 중 최근 2년만큼은 행복이라는 단어를 정말 많이 사용하고 있고 정말 최고의 변화가 아닌가 생각한다.

'인생은 내가 행복하고 남을 또한 행복하게 하는 것'이라는 것은 쉽지만 실행하기 어려운 말이다. 하지만 내가 행복하면서 남을 피해 주지 않는 것이 행복할 수 있는 최소한의 조건이 아닐까, 생각한다. 물론 '다행인간'이 되고 싶지만, 최소한 내가 피해를 주고 있는 것은 없는지 생각해 보기도 하고, 상대방에게 비판보다는 격려를 하고 싶고, 내가 배우고 가지고 있는 것을 나누어 주는 것이 어떨지 하는 마음이 생기기 시작했다.

그렇지만 항상 내가 주고 싶은 것을 상대방이 받고 싶어야 한다. 그러면 상대방이 나로 인해 행복할 수 있고 나에게 받고 싶은 것은 무엇일까? 나는 특별한 능력도 없고, 말주변도 없고, 한턱낼 수 있는 돈도 없다. 결국 내가 가진 것은 진실한 자세, 남을 향한 칭찬과 격려가 전부인 것 같다.

나는 무엇을 해야 행복할까? 지금도 여러 가지 고민하고 있지만, 나도 모르게 행복이 행운처럼 찾아오지 않을까 하는 기대도 하고 있다. 또한 어쩌면 지금이 가장 행복한 순간이 아닐지 하는 생각을 가지게 된다. 플라톤의 다섯 가지 행복의 조건을 보면 나는 이미 행복해질 준비가 되어 있다는 자신이 생긴다.

미분을 다시 정의하면 기울기라고 표현한다. 행복의 기울기가 급격하면 불안을 느낀다고 한다. 사실 내 인생에서 급격한 행복은 없었던 것 같지만, 지금 나는 사소한 행복이 크다. 가족과의 시간, 어머님과의 시간, 동료들에게 힘이 되고 싶은 마음, 함께 성장시키고 싶은 회사가 있고, 늘 장애물은 존재하지만, 서로가 필요한 인간관계 속에서 함께 극복해 나가는 모습 자체가 내가 가진 행복이라는 생각을 하게 되었다.

이런 생각의 변화로 인해 새로운 행동 습관이 많아진 것은 아니지만, 그래도 다음과 같이 새로운 모습들도 생겨났다. 요즘은 아침 등굣길마다 하는 인사가 있다. "우리 딸, 함께 오늘도 행복해지자~" 또 주말에 어머니 댁에 갈 때마다 다짐한다. "오늘 하루 행복하게 해드리고 싶다!" 내 가족이 나로 인해 웃는 모습을 보면 나도 행복하다.

최근 딸을 행복하게 하기 위한 이벤트가 있었다. 아쉽지만 딸에게

《너그행》,《인간의 조건》, 명품인생대학에 관해 얘기하면 별 관심이 없다. 오로지 대입 준비와 가끔 좋아하는 배우인 김선호를 보는 것뿐인 것 같다. 그래서 내가 준비한 이벤트로 딸이 정말 행복해하는 모습을 목격했고, 내가 딸에게 고맙다는 인사까지 받고 나도 정말 행복했던 함께 날이 있었다. 내용 아는 지인을 통해 배우 김선호의 사인을 받아 줬고, 김선호가 딸의 학교와 반, 이름을 직접 적어서 사진과 사인을 보내주었다. "양산제일고 ○학년 ○반 김지민 항상 건강하고 목표를 응원할게!~" 나는 이 순간 최고의 아빠가 되었고 우린 모두 행복할 수 있었다. 이것도 내가 변화된 모습일 수 있을까? ^^

"행복하자"라는 아침의 인사 횟수가 딸의 머릿속에 조금씩 쌓여가서, 언젠가 남을 행복하게 해 줄 수 있는 사람으로, 남에게 '행복하자'라는 표현을 할 수 있는 사람으로 성장하기를 기대하고, 이에 따라 본인도 행복한 인생이 되길 항상 기도한다.

신상우 2기

책을 다시 읽어보기 전까지 《너 그러면 행복하겠니》를 읽기 쉬운 책이라고 생각했다. 어려운 용어가 많지도 두껍지도 않았기 때문이다. 처음 책을 읽었을 때는 두 시간 정도의 시간 동안 읽고 책의 내용과 저자의 생각을 다 이해한 걸로 착각했다. 하지만 다시 읽어보니 책 속의 많은 메시지를 단순히 텍스트로 지나치고 내 삶과 생각에 반영하지 못한 것이었다. 《너 그러면 행복하겠니》를 다시 읽어보니 내용에 대하여 더 깊이 생각하게 되었다. 처음에는 부분 부분으로 이해하고 지나쳤지만, 시간이 흐른 후 천천히 다시 읽으니 더 넓고 깊이 이해하게 되었다. 처음에는 별다른 생각 없이 지나쳤던 부분도 책에 이런 내용이 있었나 싶을 정도로 새롭게 다가오기 시작했다.

특히 사축식 주행 모터 개발 프로젝트 당시 외부의 압력과 "유치원생처럼 일한다"라는 소리를 들어가면서도 5년에 걸쳐 여섯 번이나 시행기안서 변경을 해가며 결국 성공시킨 사례는 많은 생각을 하게 만들었다. 지금까지 커다란 노력이 필요하거나 어려운 일은 시작도 전에 지레 겁먹은 적이 많아 반성하게 되었다. 본인이 노력하는 한 포기하지 않으면 성공한다는 생각을 가지게 되었다.

그리고 불필요하게 세밀한 관리를 위한 관리를 하는 방식을 멀리하고, 60년 계획을 세워오라고 하거나, 어린 사원부터 자신의 주도하에 과제를 주도하도록 책임과 자율권을 주는 방식은 처음에는 이상하다고 생각했다. 아마도 당시에 익숙하지 않았기 때문인 것 같다. 하지만 지금 명품인생대학과 FHU(미래유압대학)등 대표님과 공유한 시간이 늘어감에 따라 그 의미를 조금씩 깨닫고 있다. 기계의 한 부품처럼 수동적으로 살지 않고 자신의 인생을 디자인해서 살기를 바라는 마음인 것 같다. 명품인생대학이란 좋은 기회로 인해 인생을 디자인하고 디자인한 대로 행복한 인생을 살기 위해 노력하는 중이다.

그 외에도 처음보다 두 번째에 새롭게 다가온 내용이 많아서 인생의 목표가 희미해지거나 스스로 나태해질 때 다시 읽어야겠다. 책을 반복해서 읽으니, 대표님의 좋은 생각과 행동을 이해하게 되어 나의 꿈과 비전에 영향을 주기 시작했다. 대표님과 똑같이 못 하겠지만, 나뿐만 아니라 주변의 사람들을 행복하게 할 수 있는 나만의 방법을 고민해 보겠다.

마지막으로 "너 그러면 행복하겠니"라는 화두는 나 자신을 뒤돌아보게 한다. '진정한 행복이란 무엇일까?'를 비롯해 책의 여러 구절이 나에게 많은 생각을 주기 때문에 좋은 책이라 생각하며 많은 사람에게 추천하고 싶다.

차상봉 2기

저자 장달식의 《너 그러면 행복하겠니》라는 책을 처음 읽어볼 때는 과연 유압 부분 박사 학위를 가지고 대기업의 임원까지 하셨던 분의 글은 어떨지 하는 호기심이 컸었다. 수필이라는 장르의 책을 즐겨 보지는 않아 책을 읽기가 힘들었지만, 챕터 하나하나에 소소한 재미가 있어 완독했었다. 당시에는 저자의 이야기를 집중하게 보게 되었고, 거기에서 느낀 점들을 독후감으로 쓰기도 하였다. 하지만 지금 다시 읽어보니 책에 대한 깊이 없이 얕은 수준의 내용만을 보았다고 생각하게 된다.

재학 중인 명품인생대학의 학장이자 저자인 장달식 대표님의 과제로 《너 그러면 행복하겠니》를 다시 한번 읽고 깨달은 점 또는 삶에 적용하면서 달라진 점을 작성해 보려고 한다. 나에게 있어서 한 번 읽었던 책을 다시 읽는다는 것은 쉽지 않은 도전이었다. 유일하게 몇 번을 보았던 조앤 K. 롤링의 《해리 포터》 시리즈를 제외하면 말이다. 하지만 이번 기회로 책을 다시 읽게 되면서 새로운 사실을 알게 되었다. 책은 한 번 읽어보았다고 모든 내용을 알고 느낄 수 있는 것이 아니라는 것을. 저자의 경험을 바탕으로 한 하나하나의 챕터에서 책을 다시 읽으며 1년 동안 대표님과 생활하면서 해주신 명언들과 경험들이 조금 더 눈에 들어오게 되었다. 그 이야기를 들었던 기억들이 떠오르며 그 상황을 상상하게 되었다.

지나가던 부인은 그 모습을 보며 한 번 봤던 책인데 뭘 그렇게 재미있게 보냐며 물었다. 나는 내가 재미있게 보는지 어떻게 알았냐고 되물어 보니 지금 모습이 웃고 있는 거 모르냐며 이상한 표정을 짓고 지나갔다. 전세 자금을 들고 유학을 가겠다고 마음먹은 순간 선배가 해준 말, 산업 전자 4년 교육과정을 5개월 만에 진행하며 머리카락이 빠지도록 공부한 이야기, 대표님의 오페라 〈아쿠아 오 비노〉의 탄생 과정, 잘 익은 여름 김치의 알싸한 맛 같은 이야기를 읽으며, 영화를 한 편 다 보고, 그 영화의 원작 소설을 읽는 듯한 기분이 들었다. 다 알고 있는 내용이지만 원작에서 주는 작은 디테일이 새로운 재미를 주었고, 처음 책을 보았을 때와는 다르게 와닿았다.

최근 대표님께서 말씀해 주신 책은 한 번만 읽어서는 자기 것이 될수 없다는 이야기하셨다. 처음 볼 때는 밑줄을 긋고, 두 번째는 동그라미를 그리고 마지막 세 번째에는 표시된 부분만 읽으면 그 책은 자신의 것이 된다는 이야기를 해주셨는데, 이번을 계기로 책을 여러 번 읽는 것에 대한 부담이 줄어들게 되는 새로운 경험이 되었다.

명품인생대학에서 세운 목표인 제2외국어에 대한 부분에서 다시 한 번 생각하게 되었다. '나는 내 목표를 너무 단순하게만 생각한 것이 아닌가?' 그리고 '내가 이루고자 하는 최종 목표를 위해서 내가 준비해야 할 과정들은 충분히 인지하지 못한 것이 아닌가?'라는 생각이 들었다. 독일 전시회 때 겪은 저자의 경험을 통해 타국과 업무를 할 때 그 나라의 언어를 할 수 있으므로 인해 얻을 수 있었던 기회를 놓치지 않기 위해서라도, 내가 정한 목표와 그 과정을 다시 한번 정리해 볼 필요를 느끼게 되었다.

문서영 2기

'삶이 꼭 행복해야 하나?'라는 생각으로 살아왔었다. 나에게 행복은 나의 자리가 남들 자리보다 더 높은 곳에 있고 더 많은 부를 가져야 한다고 생각했었다. 그러지 못한 나는 행복할 수 없을 거로 생각했다. 명품인생이 아닌 명품을 좇는 나에게 작가님이 질문은 던졌다.
"너 그러면 행복하겠니?"라고…

작가님의 책을 처음 만났을 때 행복이 무엇인가에 대해 진지하게 고민했다. 행복은 스스로가 아닌 밖에서만 찾으면 행복할 수 없다는 걸 알게 되었다. 또한 행복은 기다리는 것이 아니라 끊임없이 노력해야 한다는 것을 작가님의 삶을 통해 배웠다.

최근에 여러 가지 일로 마음이 힘들 때 이 책을 다시 읽게 되었다. 어려운 환경 속에서 좌절하지 않고 한 발짝씩 앞으로 나아가는 작가님을 보며 나 또한 생각을 바꾸고 앞으로 나아가야겠다는 마음에 변화가 생겼다. 생각의 변화가 생활의 변화를 가져다주었다.

두 번 읽으면서 새롭게 깨달았다. 꿈이 있어야 행복한 삶을 살아갈 수 있다는 것을… 엄마로서 아내로서 딸로서 하루하루 열심히 살아가고 있지만 마음 한구석이 허전했던 이유를 찾았다. 내 꿈이 무엇이었는지 모르고 앞만 보고 살았기 때문이다. 우선 꿈의 분석표를 만들어 나의 꿈을 세분화해야겠다. 행복한 삶을 위해 지금 당장 행복한 인생 설계를 위한 목표를 먼저 세워야겠다. 그 목표는 돈과 명예의 외적인 목표가 아닌 나의 내면에 집중하여 세우고자 한다. 나의 꿈이 무엇인지? 꿈을 위해 무엇을 해야 하는지? 다시 한번 진지하게 고민해야겠다. 마음이 지치고 힘들 때 어디로 나아가야 할지 모르는 나에게 잔잔한 위로를 준 작가님께 다시 한번 감사의 마음을 전하며 책을 덮었다.

조영욱 2기

《너그행》과 두 번째 만남이다. 두 번째의 만남은 첫 만남과는 다르게 다가왔다. 설렘으로 다가왔던 첫 만남과 다르게, 두 번째의 만남은 친근하면서도 걱정스러운 만남이었다. 이 책을 읽으면 저자의 행복이 느껴진다. 그리고 실제로도 행복한 삶을 살아가고 있을 것이다. 행복의 만족도는 사람마다 다르겠지만, 행복은 공평하다고 생각한다. 저자는 행복이 넘쳐흘러서 남에게 행복을 전도하며, 행복을 주려고 하는 것이 아니다. 《너그행》을 읽는 독자에게 행복을 설계하는 방향을 잡아주려는 것이다.

《너그행》이란 책을 알기 전까지는 행복이라는 단어를 깊이 생각해 보지 않았던 거 같다. 내가 기분이 좋으면 행복한 거고, 기분이 나쁘면 불행한 거고, 또 기분이 좋으면 행복한 거고… 그냥 그저 그런 반복적인 일상 속 나의 감정 중 하나의 일부분이었을 뿐이다.

유년기부터 청년기까지는 마냥 행복했던 시기였다. 행복은 그냥 생활의 일부분이었고, 행복의 크기는 중요하지 않았다. 행복이란 감정이 항상 옆에 친구처럼, 연인처럼, 가족처럼 영원할 줄 알았다. 하지만, 성인기에 들어서면서 행복이란 감정에 인색해진 내 모습도 모르고 살고 있었다. 그리고, 어느덧 '행복? 행복이 뭐지? 과연 난 행복한가? 아니, 난 행복하지 않아… 불행해…' 하는 모습으로 나도 모르게 불행한 사람으로 변화되어 있었다.

그래도 다행히 지금은 《너그행》에서 제시한 제목처럼 행복의 본질을 찾아가고 있다. 이전에는 나의 삶의 만족, 기쁨이 행복이라고 생각하고, 정의하며 살아갔다면, 이후에는 작은 행복이라도 설계하고, 남도 같이 행복할 수 있는 정의로 변화되었다. 행복을 위해 기다리지 않고, 행복을 위해 먼저 다가가고 실천하려고 하고 있다.

그래서 명품인생대학에서 더 나은 행복을 찾기 위해 행복을 설계하고 한 단계, 한 단계 나아가고 있다. 성과에는 미달하더라도 항상 생각하고, 나를 믿는다면, 저자가 말하는 행복을 나도 느낄 수 있을 거로 생각한다.

행복의 크기는 중요하지 않다. 작은 행복을 설계하는 자가 큰 행복을 설계하고 큰 행복의 기회를 얻을 수 있기 때문이다. 저자의 시 '내 인생의 풋대'에서 "너 그러면 행복하겠니 네 인생은 무슨 색이야?" 물음에 답변할 수 날이 왔으면 좋겠다.

조낙현 2기

2019년 말 내가 재직 중인 회사의 대표로 계신 장달식 박사님이 "공돌이의 아내에게 추천하는 책이야"라며 건네주셨던 한 권의 수필집이 1년간 내 삶의 특별한 이벤트를 만드는 불씨가 되고 있음을 느낍니다.

처음 이 책을 읽고 나서 학창 시절부터 청년기에 있었던 인생 굴곡을 극복하고, 지금의 행복한 인생을 설계하고 있는 작가님의 모습에 부러움과 나 또한 그렇게 해볼 수 있지 않겠냐는 생각이 들었습니다.

'지금까지의 삶을 돌이켜 보면서 내가 좋아하는, 내가 하고 싶은 것들을 얼마나 해봤던가? 그리고 그 일이 현재 진행형인가? 목표는 있었나?'라는 질문을 통해 그동안 무심했던 나에 대해 자아 성찰을 하게 되었습니다.

이 책의 핵심 키워드 중 하나인 "행복은 설계 순이다"라는 말과 같이 앞으로의 인생에 대해서 더 깊이 고찰하고, 멀리 내다볼 수 있는 인생 설계가 필요하다고 생각하게 되었고, 때마침 작가님의 재능기부로 시작한 명품인생대학이 2기 모집을 하고 있어서 망설임 없이 입학하였습니다.

지난 1년 동안 명품인생대학을 통해 내 삶의 고찰과 내 주변 사람들에게 고마움 표현, 그리고 5년, 30년 후의 인생에 대한 상상과 설계, 그걸 차근차근 실행해 나가는 나 자신을 보면서 인생이 즐거워지기 시작했다는 걸 많이 느낍니다.

명품인생대학 2년 차에 들어선 지금은 새내기 때 세운 계획이 더 구체화하고, 현실성이 가미되어 목표에 변화가 생기기 시작했다는 점입니다.

처음 세운 Big picture가 '동종의 건강관리가 필요한 사람들에게 100세까지 건강한 노후 관련 컨설턴트가 되자'였고, 그 과정의 하나로 세웠던 내 자신의 건강관리 5년 목표가 1년 만에 달성되었습니다. 그 성취감을 통해 더 구체적이고 더 큰 단기 목표가 생겨나면서 삶의 새로운 원동력이 되고 있습니다.

《너 그러면 행복하겠니》 책 한 권으로 시작된 나의 즐거운 인생 설계가 이제 2년 차에 들면서 행복이라는 의미가 삶의 결과가 아닌 과정이라는 것을 새삼 깨닫게 되었습니다.

이 책을 통해 즐거운 인생 설계를 하고 계시는 모든 분에게 응원합니다.

처음 이 책을 읽고 난 이후 벌써 1년 5개월이라는 시간이 흘렀다. 이 짧다면 짧고 길다면 긴 시간 동안 나는 얼마나 많은 것이 바뀌었을까? 다시 한번 이 책을 읽으며 생각해 보았다.

#변화된 나의 모습

1) 바쁜 일상에서도 나만의 시간에 목적을 찾아가는 나의 모습

나는 늘 1시간 일찍 출근해서 어학 공부를 해오고 있었다. 하지만 그 목적은 한해 또는 시간이 흐른 뒤 내가 보낸 시간에 대해 아쉬움과 미래의 불안함을 해소하기 위함이었다는 것을 알게 되었다. 뚜렷한 목적 없이 그냥 열심히 살아왔기 때문에 괜찮다고 나 스스로 위안을 해왔다. 하지만 지금 목적이 명확해졌다. 내가 어학을 공부하는 이유 그리고 어학만이 아니라 더 넓은 상식을 가지기 위해 시간은 더 쪼개서 독서를 시작했다. 그 독서는 지금까지의 내 모습을 바꿔놓았다. 주말과 휴일에 틈틈이 독서하고 그런 나의 모습에 아들도 독서의 양이 늘어나기 시작했다. 나만이 아니라 내 아들의 모습도 변화되고 있다.

2) 내 인생을 디자인하기 시작하다

나는 늘 꿈을 가지고 살아가고 있었다. 그래서 목적이 명확했고 그 목적을 달성하기 위해 최선을 다하고 있다고 생각했다. 하지만 내가 가진 꿈은 나를 행복하게 해주는 것이 아니었다. 오로지 물질적인 꿈… 나를 옥죄고 더 결과에 조급해하는 모습만을 느꼈다. 결국 나는 행복하지

않았다. 나에게 가장 큰 행복을 주는 시간이 가족과의 대화와 함께하는 시간이었음을 모른 채… 그래서 다시 나의 시간을 계획했다. 그리고 주말과 휴일에는 가급적 친구들을 만나지 않는다. 친구들과의 약속과 과다한 업무는 월요일에서 금요일에 완료한다. 그리고 주말과 휴일은 늘 가족들과 보낸다. 지금도 행복해야 나중에도 행복해야 할 수 있다.

3) 생각의 변화 (포기하지 않으면 성공한다)

결국 결과만 바라보던 나는 작지만, 많은 실망과 좌절을 해왔다. 하지만 "포기하지 않으면 성공한다" 이 말은 성공이 아니라 과정을 진행하며 이미 일부의 성공을 가져왔다고 생각한다.

송종훈 3기

2021년 2월 3기 입학도 어느덧 2년이 가까워졌다. 명품인생대학 3기를 시작하며 장 달 식 작가님의 《너 그러면 행복하겠니》 읽고 입학했을 때와의 다른 느낌으로 이 책을 다시 읽게 되니 감회가 새롭다.

행복해지고 싶은 갈망

요즘에 나에게 행복이란 무엇인가? 에 고민스러운 나날이었다. 아주 적절한 시기에 삶의 해답서 같은 이 책을 다시 읽을 수 있어 다행스럽게 생각한다. 이 책은 정신적으로 힘들 때 작가님 인생의 역경을 극복하고 여러 가지 재능의 행복을 찾아 나와 너 우리를 행복하게 만드는 모두의 행복 비법서이다.

해결하지 못한 여러 가지 업무로 부정적인 시선과 실패의 두려움은 11년 회사 생활에 최대 위기임이 틀림없을 만큼 나에게는 커다란 짐을 지고 있고 성공을 신에게 기도하는 입장이다. 과연 내가 잘하고 있는지도 같이 하는 동료들도 잘 이끌어 가는지도 모른 채 어떻게든 부딪쳐서 나아가야 했다. 그리고 앞으로의 시련에 준비하는 부담감도 큰 것이 사실이다.

나도 대부분 사람과 비슷하게 힘들고 어려운 일이 있을 때마다 종교적 신념, 가족 및 지인의 위로, 기대어 잠깐이나마 현실도피의 하려 할 때 나는 이 책을 읽고 장 달 식 작가님의 행복론은 나의 황량한 사막의 목마름에 오아시스가 되었다.

시련과 열정
—

이 책의 내용에서도 몸이 좋지 않아 뒤늦게 대학에 입학했었던 일, 꿈을 이루지 못한 것에 대한 아픔 대한 정신적 육체적 피로와 병마, 시집 출간을 준비해 오던 출판사의 부도와 금전적인 아픔 등 그 무엇을 하려 해도 무난하게 넘어가지 않는 일들 지금 작가님의 추억이나 회상의 대상일지 모르나 당시 인생 선택의 갈림길에 서서 여러모로 힘든 상황이 아닐 수 없었을 것이다.

큰일이 있을 때나 선택의 갈림길에서 신앙심을 기준으로 인생철학이 명확하고 긍정적인 생각이 해결에 실마리를 풀어헤쳐 인생의 길을 작가님의 스스로 찾아 나아가는 모습이 머릿속에 상상이 된다.

다재다능한 작가님은 시인이자 오페라 극 작곡가
—
사축식 주행 모터 개발 선두 주자의 엔지니어.

아직도 이해가 내가 잘 이해가 안 되는 부분은 작가님의 섬세한 문학 집필과 예술적 성향이 강한 부분의 성품에 어떻게 냉철한 판단을 하고 냉혹한 현실을 이겨낸 엔지니어라는 것이다. 차갑고 어둡게만 느껴질 것 같은 엔지니어의 생활과 인생 초기의 아픔이 반대 감정인 따뜻하고 뜨거운 열정이 시와 집필 그리고 오페라 극작 곡에 녹아 있는 것은 작가님의 행복해지고 싶은 또 다른 행복 추구가 아니었나 나는 짐작해 본다.

다행인간
—
책의 내용 중 내가 가장 좋아하는 부분은 다행인간의 철학적인 의미인 "많이/많은 인간을 행복하게 하라" 작가님에게 신이 신의 뜻을 행하고 행복을 전도하는 신의 기사인 것처럼 나에게는 느껴지는 구절이다. 2년 전 이 책과 명품인생대학에 입학하기 전 부정적이고 싸워 이기기 위한 전쟁 같은 삶을 살아갔다면 지금은 나의 행복을 찾아 설계하며 긍정적인 생각과 행복한 사고 열정을 나누어 줄 수 있는 사람으로 변해가고 있는 것 같아 조금은 변화된 내 모습에 놀란다.

진정한 삶의 의미를 찾아 주고 싶어 하고 행복의 깨달음을 전해주는 작가님의 명품인생대학의 기초 이념이 아닌가 하는 나만의 생각을 해석해 본다.

― 한 해 동안의 명품인생대학의 강의로 "배운 대로 실천하고 가르침대로 따른다"의 나만의 슬로건 자랑스럽고 2023년을 맞이하는 12월의 마지막 날 이렇게 의미 있는 이 글을 작성하는 내가 행복하며 2022년 참으로 행복했노라 그리고 2023년 행복할 거라 스스로 외친다. 내 삶의 멀고 먼 항해에서 시간과 육체의 엇박자의 멀미가 오더라도 이제는 "너 그러면 행복하겠니"라는 멀미약이 있어 든든하고, 씩씩하게 달려나갈 것이다.

구민효 3기

저자의 청년부터 현재까지의 다양한 삶이 녹아 있는 글들을 통하여 끊임없는 도전과 개척 정신을 그리고 시인과 작곡가의 삶을 시작으로 엔지니어의 삶, 인생 디자이너의 삶 그리고 행복에 이르게 하는 작품까지 한 분야로서의 전문적 삶 또한 간단하지 않다고 나는 생각한다.

바쁜 현대 삶 속에서 보통 하나의 배움으로도 버겁다는 생각을 한다, 하지만 어쩌면 인생에서 다양한 재능을 개발하고 떨친 작가의 인생을 간접적으로 접할 수 있는 기회이며 나의 인생에도 또 따른 도전이 생기지 않을까 하는 기대를 가져본다.

'이태리어에서 라틴어까지'

'문화를 이해하려거나 외국인들과 같이 사업을 하려면 반드시 그 나라말을 배울 필요가 있다'

'독일에서 공부를 하게 되어 독일어 공부하였고, 성경을 원문으로 읽기 위해 히브리어와 헬라어를 시도하였다.

그리고 한걸음 더 나아가 이태리어를 공부 하다가 이왕 할 바에는 동양의 한자와 같은 라틴어를 해야 한다고 생각이 변했다'

다른 나라에서는 구할 수 없는 부품이 독일의 전자석 업체에 있는 것을 알아내었지만 이를 확인하고 구매가 이루어지기까지 넘어야 할 산들이 많았다. 결과적으로 독일의 문화와 시스템을 이야기하면서 그들과 친해지게 되고 구매가 성사되었으며 영어보다는 독일어를 사용하였기에 가능하였다고 생각된다. 이것은 나 또한 적극적으로 동의하고 있는 부분이었다.

언어를 습득한다는 것은 외우는 것이 아니라 그 나라 사람과 이야기하고 소통하기 위한 것이라고 생각한다. 또한 소통을 위해서는 그 사람을 이해해야 되며 그 사람을 이해하려면 그 사람의 환경을 이해해야 한다. 이를 통해 그 사람이 속한 그 나라의 문화를 이해해야 한다는 생각을 하게 되었다. 국내에서도 외국어 공부는 충분히 할 수 있다 하지만 외국어 외 그 나라의 문화를 이해하지 못한다면 그 언어를 완벽하게 소화하지 못할 것이라고 생각한다.

나 또한 중국이라는 나라의 언어를 배우고 있고 높은 수준으로 올리고 싶다. 이를 위해 평소 중국어에 관해 언어 공부만 집중적으로 했다면 이제는 중국 문화에 대해서도 눈을 뜨고 귀를 열어 중국어를 배우기보다는 그 나라 문화를 이해해야겠다는 생각을 가지게 되었다.

나를 겸손하게 했던 사축식 주행모터 개발 프로젝트
'포기하지 않으면 성공한다'

한 종류의 모터만으로 양산물량이 부족하여 20톤급 바퀴가 달린 굴삭기와 45톤급 무한궤도 방식 굴삭기 모두 적용에서 욕심을 버리고 45톤급 굴삭기 한 가지 목적으로 설계를 바꾸고 교과서라고 생각했던 설계 철학을 버리고 새로운 개념을 받아들여 재설계한 후 모터개발을 성공!

어려운 개발로 프로젝트 중단하라는 압력을 받았지만 포기하지 않고 5년에 걸쳐 여섯 번이나 시행 품의서 변경을 해가며 결국 성공시킨 인간 승리와 같은 명언이라고 생각했습니다. 누구나 압박을 받는다면 포기하거나 지시에 순응할 수밖에 없을 것이라고 생각했다.

하지만 압박을 견디며 성공하고자 하는 목표 하나만을 가지고 포기할 건 포기하며 쓴 과정을 통해 달콤한 결과를 얻을 수 있었던 것 같다. 나 또한 그 경험을 본받아 어떤 어려운 환경에 처하더라도 달콤한 결과를 얻을 수 있도록 쓴 과정을 이겨내 볼 수 있도록 해야겠다

직장을 다닌다, 육아를 한다, 시간이 없다, 등등 이런저런 핑계로 책을 보지 않고 살아왔다. 책 읽을 시간이 없다는 건 핑계다. 시간을 내서 읽어야 하는 것이 책이라는 말은 항상 생각하고 있지만 하루하루 핑계를 대면서 살아왔던 것 같다. 21년 멘토님의 《너 그러면 행복하겠니》 책을 다시 읽은 건 과제를 하기 위함도 있지만 그때의 마음과 지금의 마음이 얼마나 다를지 궁금하기도 하였다 살면서 읽었던 책을 다시 본 적은 없었다. 어떤 새로운 맛이 느껴질지 무척 궁금한 마음으로 책을 다시 읽어보았다.

가장 인상적으로 다가온 것은 Design Your Life이다. 인생을 설계하자고 생각하면 흔히 어떠한 공부를 하고 그 이후 취직 또는 사업을 하면서 성장을 계획한다. 회사에 온 경우에는 언제 진급하며 결혼은 언제 하고 아이는 몇을 언제 낳을 것인가를 계획한다. 그런데 멘토님의 말씀처럼 인생 설계에 앞서 언급된 계획보다 본질적인 것들을 분석하고 목적을 정의해야 한다. 정말 나의 인생을 퀀텀 점프하기 위해서 필요한 것이 무언인지 목적을 이루기 위해서 어떻게 인생을 디자인하고 설계할 것인지 아주 깊은 고민을 할 수 있는 부분이었다.

《너 그러면 행복하겠니》를 처음 접했을 때는 아이가 없었지만 지금은 한 아이의 아빠가 되었다. 나의 인생이 이제 나의 아이에게도 직/간접적으로 큰 영향을 미칠 것이다. 나의 인생을 설계해서 나의 아이 인생도 행복하게 설계될 수 있도록 해야겠다고 생각하였다.

행복은 설계 순!! 정말 요즘 많이 느끼는 말이다. 행복은 성적순이라는 말도 틀린 말은 아니지만 '이제 행복은 설계 순으로 바꾸어 말해야 할 때'라고 생각한다. 행복은 부의 정도나 능력의 정도 그리고 성적의 순서에 따라 결정되지 않는다. 정답이 아닐 수도 있지만 적어도 모범 답안으로 제시하자면, 행복은 인생 설계와 그 설계를 수행해 나가는 수준에 따라 정해진다. 설계한 대로 그 길을 잘 걸어나가다 보면 좌절과 불편한 일들을 만날 수도 있지만 행복을 만나는 하나의 과정들이라 생각하면 행복을 찾을 수 있을 것이라 생각한다. 각자 생각하면 행복의 기준은 많이 다를 것이다. 하지만 멘토님의 책과 같이 진정한 행복을 찾기 위해 인생을 디자인하고 설계한다고 분명 나만의 행복을 찾을 수 있으리라 생각한다.

이재희 3기

나는 독서에 대한 관심이 낮은 편이다. 어쩌면 우리에게 필요한 지식은 인터넷 창을 켜서 몇 분 몇 초면 찾을 수도 있고 필요할 지식은 알고리즘에 의해 주입되는 세상에 살고 있다는 이유로 나는 독서를 즐기지 않는 것이라 결론을 내렸다. 아직 독서의 가치를 느끼지 못한 것이 아닌가 생각하지만, 오히려 아무것도 없는 캔버스라면 부담 없이 밑그림을 그려갈 수 있지 않겠냐는 마음으로 두 번째 독서를 시작했다. 나는 좋은 책이란 스스로 이렇게 정의한다. '내용이나 결말을 알고도 찾게 되는 것!' 그렇기에 다시금 열어보기에 어렵지 않았던 것 같다.

'행복도 물리학의 작용─반작용의 법칙처럼…'

아직도 나는 책의 한줄기 글귀처럼 살려고 노력하고 있다. 행복도 물리학의 작용 반작용의 법칙처럼 말이다. 《너 그러면 행복하겠니》를 읽은 지 1년 7개월이 지났다. 무엇이 달라졌는지 사실 느끼지 못하는 상태에서 명품인생대학 과제들을 하나씩 열어보았다. 거기에 무엇이 변했는지에 대한 발자취가 남아 있었다. 내가 먼저 행복해지고자 했고 가족을 행복하게 해주고자 노력했던 자국들… 그리고 뭐가 되고 싶었는지 그리고 뭘 했는지… 결국 그것들은 나에게 '터치 스톤'이었다.

아마도 또 망각하게 될 것이다. 하지만 다락방 먼지 쌓인 졸업 앨범처럼 한 번씩 열어서 결국 생각을 다잡게 될 것이다. 그래서 이 책은 오랫동안 눈에 잘 띄는 곳에 두어야 되겠다. 삶은 개구리 증후군이라는 단어가 있더라. 미세한 온도 변화를 감지하지 못하고 뜨거운 물에 죽게 되는 개구리처럼 나는 30년을 넘게 미지근하게 살아왔던 것 같다. 끓는 물에 소멸하기 전에 좀 더 기민하게 인생을 설계해야 될 필요성을 느꼈다.

'너의 인생은 무슨 색이야?'

인생이라는 망망대해 속에서 방향 없이 욕망을 추진력 삼아 살아왔었다. 부정적인 기운으로 세상을 바라봤다. 그래서 돌아보면 내 인생은 회색에 가까웠던 것 같다. 하지만 지금은 파스텔 색조와 같은 인생을 살아가려 하고 있다. 채도가 낮지만 투명하지 않고 따뜻한 느낌마저 받기 때문이다. 이 책을 읽었기에 내 인생의 색을 어떠했는지 어떤 색이 되고 싶은지 생각할 수 있지 않았을까 생각한다. 적어도 지금은 그렇다. 인생이라는 망망대해 속에서의 나의 나침반은 행복을 향하고 있다는 것.

이준엽 3기

명품인생대학 3기로 입학한 지 1년 10개월, 약 2년의 시간이 흘렀다. 책을 다시 읽는다는 건, 대학 시절 이후로 굉장히 오랜만에 하는 경험이었다.

《너 그러면 행복하겠니》를 다시 읽으면서 2년 전 처음 읽었을 때, 그때의 향기가 느껴진다. 결혼한 지 얼마 안 되었던 신혼이었고 아이도 없었는데 지금은 회사 근처로 이사도 했고, 이쁜 아이도 태어났다. 그 2년의 시간은 너무나도 쏜살같이 흘러갔음을 느꼈고, 명품인생대학 3기로서 인생을 잘 지내고 있는지 곰곰이 생각하게 만들었다.

'나의 인생은 어떻게 변화되고 있을까?' 확연히 달라진 건 내 시간을 만들기 시작했다는 것이다.

입학 전 운동 부족을 이야기했던 나인데, 일주일에 세 번 이상은 운동을 한다. 퇴근 후, 집안일을 하고 아이를 재우면 오후 9시가 되기 일쑤이다. 예전이었으면 그냥 씻고 잘 법한데 입학하고 나서 왠지 모르게 운동을 하러 나선다. 운동을 갔다 오면 피곤하지만 내 시간을 만들었다는 뿌듯함과 오늘 하루도 열심히 지냈다는 생각이 든다. 수동적으로 과제를 목표로 운동을 했다면 요즘은 능동적으로 운동을 한다. 운동 습관이 완성되었다. 5년 후 목표로 건강을 목표로 세웠던 운동인데 5년, 10년이 지나도 일주일에 세 번 이상은 운동을 계속할 것 같다.

두 번째로 경제적인 목표이다. 자동차 할부금, 학자금 대출 등 외벌이를 하면서 적지 않은 돈을 대출 상환에 사용하면서 아내와 아이에게 못 해준 게 너무 많았다. 대부분의 대출 상환을 마무리하면서 조금의 여유가 생겨 거제도로 가족 여행을 떠났었다. 아이가 태어난 지 15개월이 지나고서야 첫 가족 여행이었다. 가족을 너무 못 챙겼던 거 같아 미안하고, 아이와 함께 여행은 처음이라 많이 설레었다. 여행 계획을 아이 위주로 세워 우리 부부에게 휴식을 주는 여유는 없었던 여행이었지만, 아내와 아이는 줄곧 행복해했다.

경제적인 목표는 조금 늦어지면 어떨까? 지금 아내와 아이의 행복한 모습을 보니 난 행복하다. 개인의 경제적 목표는 조금 내려볼까 한다. 가족 여행도 자주 다니고, 아내와 아이에게 경제적으로 필요한 것도 지원을 해줄 수 있도록 목표를 다시 세워야겠다. 약 2년의 시간이 흘렀다. 내 삶은 바뀌고 있고 나는 행복을 조금씩 느끼기 시작했다.

이제 이 책을 2년 뒤에 다시 읽었을 때의 내 삶은 어떻게 또 변화되고 있는지 궁금해진다.

《너 그러면 행복하겠니》

—　　　　　　지독하리 아프게 연말을 보내고, 새해를 맞이했다. 독감으로 100시간이 넘게 지속된 고열에, 몸이 메마르고 마음이 뒤틀린 듯했다. 그간 매해 이맘때쯤 흔하고 풍만하게 떠올랐던 지난 한 해 중의 감사한 마음도, 소박하게나마 몇몇 목표를 다져보던 새해 다짐도 무너진 심신 앞에선 먼 세상 딴 얘기일 뿐이었다.

내 존재를 단순화해야겠다 싶었다. 아프지 않은 몸에 감사하고, 복잡하지 않은 생각으로 인생을 덤덤하게 맞이할 시기가 이젠 왔다는 생각을 했다. 해 뜨면 일하러 나가고, 해 지면 집에 돌아오는 착실한 가장. 모자라진 않지만, 절대 과하지 않은 순수한 직장인.

그런 단순함을 좇으며 2023년 몇 번의 새로운 뜬 해를 맞이했을 때, 《너 그러면 행복하겠니》를 다시 읽고 두 번째 독후감을 적게 되는 과제를 수행하게 되었다. 순수한 직장인으로 돌아온 나에게 '이 작은 과제마저도 충분히 과하다'라는 생각도 잠시 들었다.

다행인간

—　　　　　　2년여, 정확히 22개월 만에 《너 그러면 행복하겠니》를 다시 마주했다. 흐른 시간만큼 작가인 '다행인간'과 함께한 시간이 많아진 만큼, 에세이는 첫 만남보다는 훨씬 편하고 간결하게 다가왔다.

다만 다시 마주하며 가장 놀라웠던 점은, 이 에세이에 정말 많은 사람이 등장한다는 사실이었다. '다행인간'을 사랑해 준 사람, 사랑인지 몰랐는데 돌이켜 보니 사랑이었던 사람, 아낌없이 사랑을 줬는데도 더 주고 싶은 사람. 그리고 '다행인간'에게 도움을 준 사람, 도움인지 모르고 오해했는데 돌이켜 보니 큰 도움을 줬던 사람. 첫 만남에선 미처 뇌리에 크게 남아 있지 않던 다양한 사람과의 다양한 만남이, 다시 만나보니 크고 입체적으로 다가왔다.

이 에세이와의 두 번째 만남에서, 나는 이제 사람이 보인다. '다행인간'을 다행하게 만든 사람 말이다. '다행인간' 주변엔 좋은 사람이 참 많았다. 그리고 나는 사랑을 느낀다. 그 좋은 사람들을 기억하고 기록하는 '다행인간' 또한, 정말 사랑이 넘치는 좋은 사람이다.

사랑
—

2년여 전 이 에세이를 처음 접했을 때의 내가, 지금의 나보다 부족했다고 생각하진 않는다. 첫 만남에서의 이 에세이를 시간에 쫓겨가며 대충 훑으며 읽은 것도 아니었다. 단지 신체적으로 현상을 바라보는 눈의 시야가 좀 더 넓어지고, 정신적으로 다양한 애정을 포용할 수 있을 만큼 생각의 결이 부드러워졌을 뿐이다.

'행복'의 원천은 결국 '사랑'이 아닐까. 이 에세이를 다시 읽으며 확신했다. 저자인 '다행인간'은 종교적인 표현을 자제하고자 산문에서 '사랑'이란 표현을 조심스러워 하지만, 종교가 없는 나는 이 '사랑'이 가지는 보편적인 가치가 매우 크다고 다시금 느낀다. 또한 '사랑' 그 자체로서 가지는 힘 또한 어마어마하게 강하다는 믿음이, 처음으로 생겼다.

내 인생에서 스스로 행복하고 또 누군가를 행복하게 해주기 위한 사랑이 부족했다 생각했다. 이룬 것이 많은 누군가가 부럽기보다, 사랑해주지 못한 나 자신에 대한 반성이 컸다.

그래서 한동안 난, 그렇게 많이 아팠나 보다.

강종환 3기

공학자이면서 작곡하고, 글을 쓰는, 어쩌면 나에게는 조금은 신기한 장달식 멘토님께서 《너 그러면 행복하겠니》를 출간하셨었다. 이 책을 처음 읽은 지 2년이 지났지만, 그때의 책을 읽은 소감은 아직 생생하게 느껴진다. 역시나 조금은 신기하신 분, 하지만 존경하고, 본받고 싶은 분이라는 것을 《너 그러면 행복하겠니》를 통해 느끼게 되었다. 그로부터 2년 후 나는 다시금 《너 그러면 행복하겠니》를 읽게 되었다. 다시 읽게 된 이 책을 통해 2년 전 느꼈던 감정들을 정리하며 다시금 투영시켜 삶의 원동력으로 삼으려 한다.

나는 이 책에서 장달식 멘토님이 말하고자 하는 바를 문단을 통해 알 수 있었다. 〈1. 시인, 작곡가로 살아가기〉, 〈2. 엔지니어로 살아가기〉, 〈3. 인생 디자이너로 살아가기〉, 이 책을 다시금 읽으면서 멘토님께서 겪으셨던 삶과 말하고자 하는 것들을 나의 삶에 더하여 본다.

시인, 작곡가로 살아가기

—

2년 전 이 책을 처음 읽었을 때 〈독초〉라는 시에 집중했었다. '독초'에 느낄 수 있는 것들을 되뇌면서 무엇을 상징하고 나는 그것을 어떻게 받아들였는지에 집중하였다. 어떠한 짙은 여운을 주는 시였다. 2년이 지난 지금 다시 읽어보니 그 여운은 더욱 짙은 향을 내고 있었다. 글은 불변하듯 '독초'의 향 또한 영원히 지속될 것이다.

그리고 이 문단의 다른 한 가지 나는 이태리어에서 라틴어까지라는 주제에 관심이 가게 되었다. 멘토님께서 제2외국어를 공부하면서 겪었던 고난과 또 언어 공부에 대한 팁을 알 수 있었다. 나 또한 영어를 공부하고 있다. 하지만 요즘은 매너리즘에 빠져 있다. 전화 영어를 1년 넘게 하고 있지만 실력이 늘지 않고 있다. 읽고 해석하는 것은 큰 어려움이 없지만 말하는 건 거의 유아 수준이다. 외국어를 배울 때 처음엔 답답하더라도 그 나라 말로 배워야 한다는 멘토님을 말씀처럼 글로 배우는 영어가 아니라 대화가 오갈 수 있는 영어를 배우고 싶다. 《너 그러면 행복하겠니》를 통해 다시 마음을 다잡고 영어 공부에 매진하여볼 생각이다.

엔지니어로 살아가기

—

엔지니어로 살아가기에는 주행모터 개발, 사축식 주행모터 개발, VBO 시스템 개발 등 멘토님께서 이루진 공학자로서의 개발에 성공한 아이템에 눈이 갔다. 나도 유압시스템 분야에서 연구개발 부서에서 일하는 만큼 멘토님의 이루신 업적이 얼마나 큰 모험이었고 끝내 성공했을 때의 성취감을 간접적으로 알고 있기 때문이다. 개발자로서 나도 멘토님만큼의 열정이 있느냐는 자신의 물음에는 선뜻 대답하지 못했다. 그저 대성나찌유압공업㈜ 연구개발 부서에서 나에게 할당되는 업무를 수행하는 것에 만족하고 위안 삼았다. 다시금 로버트 프로스트가 노래한 '가지 않은 길'이 아니라 '가려 하지 않은 길'에서 출발하였으나, 이 길에도 한 번 살아볼 만한 일들이 기다리고 있었다. 개발자로서 마음속에 새겨 놓고 있어야 할 글귀라 생각한다.

인생 디자이너로 살기
—

2년 전 인생 디자이너로 살기를 읽었을 때는 명품인생대학을 이제 막 시작했을 시기였다. 아직 내 삶에 어떤 영향이 있었다고 보긴 조금 힘든 시기였다고 생각한다. 그로부터 2년 동안 명품인생대학은 나를 인생 디자이너로 만들어 주었고, 지금도 계속해서 인생 디자이너로서의 커리어를 만들어 가는 중이다. 〈너도 가끔은 생각을 하며 살고 있니〉의 내용들처럼 기계적인 삶을 사는 것이 아니라, 내 삶에 대해 진지한 고민과 생각을 통해 밸브를 개선해 나가는 것처럼 명품인생대학을 통해 내 인생을 좀 더 나은 방향으로 개선해 나가는 중이다.

처음 《너 그러면 행복하겠니》를 읽었을 때 작성한 독후감을 읽어보면 좁은 시야를 가지고 책을 읽었다는 느낌을 받았다. 책 속에 녹아 있는 멘토님의 인생과 철학들을 읽지 못하고 책에 글로 표현된 내용에만 집중한 것 말이다. 하지만 지금 《너 그러면 행복하겠니》를 다시 읽어보니 멘토님의 인생과 철학을 느낄 수 있었다. 멘토님께 배운 커피, 와인과 같이 그 향과 맛을 느끼듯 말이다. 《너 그러면 행복하겠니》라는 책은 커피, 와인과 같이 내 삶의 즐거움이 될 것이며 내 삶의 나침반이 될 것이다.

Design My Life, Manage My Design 장달식 멘토님 감사합니다.

이 책을 읽고 난 이후 벌써 1년 9개월이라는 시간이 흘렀다. 이 책을 처음 접하게 되었을 때는 책뿐만 아니라 명품인생대학, 인생설계가 나에게는 참 낯선 느낌으로 다가왔다. 이전까지 나의 미래에 대해서 생각을 하면 물질적인 풍요를 가장 많이 생각하였다. 하지만 시간이 지나 사회와 일상생활을 하다 보니 그것이 나의 인생을 풍족하게 하는 것과는 거리감이 있다고 차츰 생각하게 되었다. 이러한 시기에 명품인생대학을 경험할 수 있게 되었고, 명품인생대학 동기들과 함께 인생을 설계해 나가는 기회를 가질 수 있게 되었다.

처음 책을 읽을 때와 두 번째 읽을 때는 확연히 느낌이 달랐다. 처음 책을 읽을 때는 책 속의 대표님의 엔지니어로서의 삶을 기준을 중점으로 보게 되었다면, 이번에는 인생 디자이너가 되어가는 과정이 기억이 많이 남게 되었다. 처음은 엔지니어지만 시간이 지남에 따라 오페라, 시와 같은 흔히 말하는 공대생과 접점이 어려운 분야들이 나타나면서 이러한 예술 분야를 통해 융합과 커리어의 확대됨은 확실히 수많은 엔지니어 중에서는 흔하지 않은 케이스라 생각을 한다.

나 또한 개발 엔지니어로서 '과연 예술 분야 같은 접점을 만들어 갈 수 있을까'라는 생각도 많이 했었다. 어느 분야에 관심을 가지고 파고들어 나의 행복을 찾아가는 것이 정도라고 생각하기도 했지만, 행복의 기준을 어디에 두느냐에 따라서 개인의 행복 만족도는 달라지는 것이라 판단들을 많이 한다. 나 또한 대표님과의 명품인생대학 초기 면담을 하기 전에는 개인의 행복보다는 가족들을 위한 희생이 우선시되어야 한다고 생각했다. 하지만 명품인생대학을 하면서 그 생각이 많이 바뀌었다.

일례로 가끔 나는 다른 이와 비교해 보며 행복의 기준을 나의 기준이 아닌 주변 상대방의 기준으로 쫓아가는 경향이 있었다. 그러나 첫 번째로 《너 그러면 행복하겠니》를 읽었을 때 "감사할 것이 매일 다섯 가지가 있나요?"의 답변으로 "손을 들어 손가락이 자유롭게 움직이면 손가락마다 감사를 표하세요!"라는 문구를 보고 조금씩 타인과 비교하는 방식을 내려놓게 되었다. 당시에는 이 글귀를 내 방 책상 구석 편에 적어놓고 키보드 치는 나의 손가락들을 보면서 감사의 인사를 전했었는데, 1년 9개월이 지난 후 다시 한번 책의 글귀를 보니 꽤나 반가웠다.

어느덧 책을 접한 지 2년이 지나가고 시간이 지남에 따라 나의 정신과 감정도 성숙해지고 있다고 생각한다. 비록 지금의 나는 회사 생활과 결혼 생활을 병행하며 흔히 말하는 워라밸 라이프를 즐기기에는 경험과 지식이 부족하다. 가끔 힘들고 지칠 때가 생겨 내려놓고 싶을 때도 있었다. 하지만 나뿐만 아니라 누구에게나 목표를 향해 나아감에 있어 쉽게 성취하는 법은 없다고 생각한다. 쉽게 목표에 도달한다면 허망하고 공허함이 더욱 나를 뒤덮을 것이다. 목표를 향해 조금씩 다가가는 법을 배우며 인내와 행복에 다가가는 연습을 할 것이다.

이렇게 독후감을 적어보는 것이 오랜만이라 어색한 부분도 있었지만 스스로 생각해 보는 시간과 감상에 빠져보는 것은 나에게 있어서 뜻깊은 시간이었다. 감사합니다.

Design Your Life, Manage Your Design!

| 개인별 목표 관리 |

명품 인생 대학

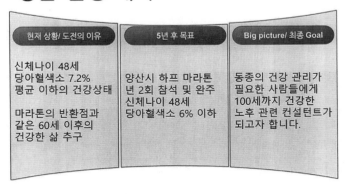

| 본 인 | 가족 대표 | 동 료 | 멘 토 |

2019. 11. 13

명품 인생 대학

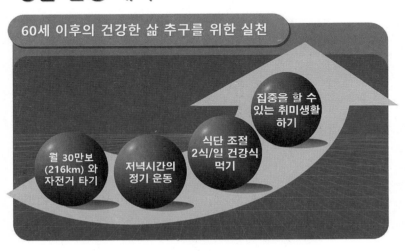

명품 인생 대학_실천 계획

월 30만보 (216km) 와 자전거 타기

저녁시간의 정기 운동

식단 조절 2식/일 건강식 먹기

명품 인생 대학 실천 계획		목표	달성 방안
실천	걷기	300,000보/월	출근 후 옥상 걷기, 점심시간 옥상 걷기, 퇴근 후 양산천 걷기
	자전거 라이딩	1회/월	동호회 가입하여 정기적 라이딩 실천
	저녁운동(실내)	2회/주	홈트레이닝, 실내 자전거 타기
	식단조절	건강식 2끼/일	혈당 조절은 위한 단백질, 현미밥 위주 식단
달성	신체 나이	44세	인바디 측정 기준 목표 관리
	당아 혈색소	6%	규칙적인 운동 습관을 통해 혈당 관리

명품 인생 대학_7차 보고(2024.01.17)

1. 2023년 실천 결과

2023년		목표	Jan-23	Feb-23	Mar-23	Apr-23	May-23	Jun-23	Jul-23	Aug-23	Sep-23	Oct-23	Nov-23	Dec-23
실천	걷기	300,000보/월	245,303	249,243	366,577	324,569	318,038	314,897	300,434	309,404	253,209	262,709	287,010	326,082
	자전거 라이딩	1회/월	5	2	3	3	3	5	6	7	8	8	6	5
	저녁운동(골프등)	2회/주	자전거 조립, 정비 모임						실내자전거(주 3회), MTB 대회 출전					
	식단조절	건강식 2끼/일	OK	OK	OK	OK	OK	Fail	Fail	OK	OK	OK	OK	OK
달성	신체 나이	44세	33	33	33		33	34	33	33	34	33	33	34
	당아 혈색소	6%				6.80%					6.20%			

2. 2020~2023 누적 실적

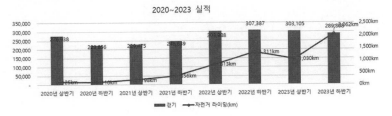

2020~2023 실적

걷기 ■ 자전거 라이딩(km)

명품 인생 대학_7차 보고(2024.01.17)

4. 세부 실천 내용
 1) 기간 : 2023년 01월~ 12월
 2) 평일 실천 현황
  일 평균 2,000Kcal 소모를 위해 꾸준한 1일 1만보 걷기.
 3) 주말 실천 현황
  ① 자전거 아마추어 대회 준비를 위해 주말 운동량 증가
  ② 국토 종주를 위한 장거리 라이딩 훈련

평일 걷기

주말 자전거 타기

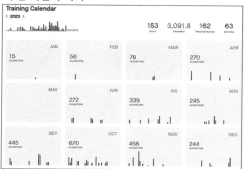

명품 인생을 통한 나의 변화 모습

2019년 - 가족들과 라이딩 시작

2020년 - 동호회 활동 시작

2021년 - MTB 대회 참가

2022년 – 자전거 제작과 정비
ROAD Bike 조립
MTB 조립

2023년 – 그란폰도 대회 참가

2023년 – 제주를 시작으로 국토종주

| 기록 사진 |

≡ 입학 허가증 수여

≡ 자기 개발 과제 중간 점검 발표

≡ 30년 후 나에게 쓴 편지 읽기

≡ 온라인 영상으로 감사편지 읽기

≡ 1-2기 단체 사진

≡ 1-2기 단체 사진

≡ 3기 단체 사진

명품
인생대학

초판 1쇄 발행 2024. 3. 21.

지은이 멘토 장달식 외 18인의 멘티
펴낸이 김병호
펴낸곳 주식회사 바른북스

편집진행 박하연
디자인 양헌경

등록 2019년 4월 3일 제2019-000040호
주소 서울시 성동구 연무장5길 9-16, 301호 (성수동2가, 블루스톤타워)
대표전화 070-7857-9719 | **경영지원** 02-3409-9719 | **팩스** 070-7610-9820

•바른북스는 여러분의 다양한 아이디어와 원고 투고를 설레는 마음으로 기다리고 있습니다.

이메일 barunbooks21@naver.com | **원고투고** barunbooks21@naver.com
홈페이지 www.barunbooks.com | **공식 블로그** blog.naver.com/barunbooks7
공식 포스트 post.naver.com/barunbooks7 | **페이스북** facebook.com/barunbooks7

ⓒ 장달식 외 18인, 2024
ISBN 979-11-93879-32-0 03190